Manuela Senn

Schaffe Raum
fürs Wesentliche

Ein ganzheitlicher Ratgeber
für mehr Lebenszufriedenheit

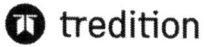

Das Werk, einschließlich seiner Teile, ist urheberrechtlich geschützt. Für die Inhalte ist die Autorin verantwortlich. Keine Haftung übernimmt sie für die im Buch genannten Webseiten, da diese sich nach der Buchveröffentlichung verändern können. Jede Verwertung des Buchinhalts oder einzelner Auszüge ohne Genehmigung ist unzulässig. Die Publikation und Verbreitung erfolgen im Auftrag der Autorin, zu erreichen unter: tredition GmbH, Abteilung "Impressumservice", Heinz-Beusen-Stieg 5, 22926 Ahrensburg, Deutschland.

1. Auflage
Originalausgabe
© 2023 Manuela Senn
Lektorat: Claudia Silbereisen
Covergestaltung: Weiss Werkstatt München
Bildnachweis: © iStock/uuoott
Druck und Distribution im Auftrag :
tredition GmbH
ISBN 978-3-347-98575-9
www.manuelasennbefreit.de

Inhalt

Über dieses Buch..11

1. Freiraum schaffen und zulassen..............13

Ein Teil der Vorgeschichte.......................................15
Raum schaffen..21
    Den Raum weiten..24
    Auf-Räumen und Weg-Räumen für mehr Raum...........25
    Raum für Gefühle...26
Schaffen Sie Frei-Raum...29
    Raum für mehr Effizienz schaffen und gestalten...........30
    Ein „Nein" für mehr Freiraum............................31
Ihr Weg ist das Ziel..35
    Gefühle zulassen und bewusst spüren...........39
Risiken, Nebenwirkungen und
Abwehrmechanismen ... auf dem Weg zu uns selbst.. 43
    Chance und Risiko vieler Möglichkeiten...........44
    Scheinbares Nichtstun öffnet den Raum..........45
    Abwehrmechanismen erkennen, annehmen und
    überwinden..47
Keine Angst vor Veränderung..............................51
    Den inneren Schweinehund überwinden........51
    Es lohnt sich, Veränderungen umzusetzen......52
    Die Krux an der Geschichte...............................53
    Warum wir dennoch an unseren Vorsätzen scheitern...55
    Wie eine wirklich nachhaltige Veränderung gelingt.......56

Von Zufriedenheit erfüllt,
statt voller belastender Gedanken...................59
Achtsamkeit für mehr Sozialkompetenz
... oder reiner Egoismus?............................61
   Was Achtsamkeit bewirkt................................62
   Achtsamkeit im Alltag.....................................66

2. Bewusstsein schaffen...................69

Bewusstsein entwickeln..................................71
   Unbewusstes Handeln identifizieren..............71
   Bewusstsein für unsere wahren Bedürfnisse
   und unser Handeln...74
   Veränderungen als Chance begreifen.............77
   Bewusst selbstwirksam handeln......................84
Bewusste Routinen..89
Bewusstsein für die Kehrseite
... oder die Folgen unseres Handelns...................93
Bewusstsein für Zeitverschwendung.........................99
Bewusst essen..105
Bewusstsein für uns selbst
und die Beurteilung anderer...........................111
   Bewusster Umgang mit anderen..................114
Bewusstsein für das rechte Maß.....................119
   Wollen wir einfach zu viel?............................121
   Warum handeln wir, wie wir handeln?...........123
   Bewusstsein für
   Aus-, Neben- und Wechselwirkungen der Dosis.........126

Bewusste Informations- und Wissensaneignung. 131
   Die Vorteile
   zwischenmenschlichen Wissensaustauschs nutzen.....132
   Die Tücken des Wissenstransfers in Unternehmen......135
   Wissen bewusst und nutzbar machen........................137
Bewusstsein fürs Wesentliche........................141
   Unsere wahren Bedürfnisse erkennen...........................143
   Bewusstsein für Zusammenhänge entwickeln............145
Bewusstsein für
Überforderung versus Unterforderung.................151
Bewusstsein für die eigene Leistung.....................155
Bewusst Ressourcen nutzen........................157
   Fragen Sie sich, was Sie tun wollen...............................158
   Bewusstes Handeln für Zufriedenheit............................161
   Im Einklang mit uns selbst und der Umwelt.................163
   Bewusst ökologisch wirksam handeln...........................165

3. Verzicht oder Befreiung?
Die Kunst des Loslassens........................173

Befreiung vom Negativimage des Verzichts...........175
Verzicht zugunsten des Wesentlichen....................181
   Tut mir das wirklich gut?..182
   Wie wichtig ist mir Prestige?...183
   Wie viel Mehrwert erreiche ich damit?...................184
   Ablenkung als Flucht vor uns selbst........................188
   Maßvoller Medienkonsum
   für wahre Selbstbestimmung..191

Befreit von Abhängigkeiten
... oder die wahre Unabhängigkeit............197
Die anerzogene Bedürfniskompensation............197
Zu den eigenen Bedürfnissen stehen............198
Unabhängigkeit als Single zum Vorteil nutzen............201
Frei für andere berufliche Möglichkeiten............202
Den Körper von starren Strukturen befreien............203
Befreiung von alten Abhängigkeiten............205
Selbst zu handeln befreit von Abhängigkeit............207
Unabhängig Handeln
als Selbstwirksamkeitserfahrung............210

Befreit von Angst
... oder vom Umgang mit unangenehmen Gefühlen...213
Wie wir uns von Angst befreien............216
Lassen Sie sich nicht manipulieren............219
Raum für Verstand und Gefühl schaffen............225
Der Wunsch nach Sicherheit............227
Akzeptieren Sie bestehende Unsicherheiten............232

Befreit von Anhaftung
und den Erwartungen anderer............239
Ziele nach den eigenen Bedürfnissen ausrichten
und anpassen............240
Loslassen:
Menschen, Aufgaben und die Vergangenheit............246

4. Aus der Praxis für den Alltag............249

Ankommen bei sich als Basis für Zufriedenheit....251
Sinnvoller Umgang mit wertvoller Zeit............255
Was uns alles Zeit kostet............255
Unsicherheiten überwinden und freier werden............258

Voller Kleiderschrank, wenig Inhalt ... 261
Raum schaffen für mehr Übersicht ... 261
Ressourcenschonender Umgang mit Kleidung ... 263
Kleidung kompromisslos nachhaltig einkaufen ... 266
Ökologisch wirksam für Ihr Wohlgefühl ... 267

Vermögend versus arm
... oder wie Sie Ihr Geld richtig einsetzen ... 271
Wie aus „zu wenig" genug wird ... 274
Wahre Zufriedenheit ist unabhängig von finanziellen Mitteln ... 277
Gleichzeitig Geld und Ressourcen sparen ... 282
Wann es sich lohnt Geld auszugeben ... 285

Bewegung im Raum
... oder mehr Raum für Bewegung ... 289
Raum für Bewegung schaffen und nutzen ... 293
Bewegung im Freien ... 295

Der Weg zum Glück
... auch das Glück liegt auf dem Weg ... 299
Wertvolle Beziehungen pflegen ... 300
Helfen Sie anderen
oder engagieren Sie sich für eine sinnvolle Sache ... 302
Leben Sie im Moment ... 304
Akzeptieren was ist ... 305
Tun Sie, was für Sie stimmig ist ... 310

Bewusste Konsequenzen konsequenten Handelns ... 315

Eigentum verpflichtet ... 321
Vorteile von weniger Besitz ... 324

Selbstfürsorge
... warum es so wichtig ist zu tun, was uns guttut 325
Wir können stets nur ein Leben leben:
das Leben der anderen oder unser eigenes 326

Sechs Schritte, um ins Handeln zu kommen
... oder der Tanz durchs Leben 329
    1. Schritt: Achtsamkeit 331
    2. Schritt: Bewusstmachung 332
    3. Schritt: Akzeptanz 332
    4. Schritt: Hilfe annehmen 333
    5. Schritt: Das individuelle Tempo 334
    6. Schritt: Selbstwirksam handeln 335

Geschafft! ... und nun? 337

Über dieses Buch

Einem anderen Menschen etwas zu raten, ist immer schwierig. Schließlich kann und muss doch jeder für sich seine eigenen Entscheidungen treffen. Dennoch habe ich im Untertitel dieses Buches „Ratgeber" mit aufgeführt. Nicht zuletzt, damit die Menschen, die auf der Suche nach Rat sind, wissen, dass sie diesen hier erhalten. Sehen Sie also meine Ratschläge als Vorschläge. Sie sind ein Angebot, das Sie annehmen und umsetzen können – oder auch nicht.

Ich schreibe hier hauptsächlich aus meiner eigenen Erfahrung heraus und alles, was ich in diesem Buch empfehle, habe ich selbst ausprobiert und durchlaufen. Für mich war alles, was ich bis heute getan und erlebt habe, hilfreich und wichtig. Mir ist es wichtig, in Form des Schreibens meine Stimme zu erheben, um damit so viele Menschen wie möglich zu erreichen. Das Ziel dabei ist es, dass mehr Menschen Mut fassen und in die Aktion kommen, um ihr eigenes Leben so zu gestalten, wie es ihrem wahren Wesen entspricht.

Dabei darf aus meiner Sicht der ganzheitliche Aspekt bei unserer Lebensgestaltung nicht aus dem Blick verloren werden. Meine Überzeugung: Wenn jeder nur das tut und nutzt, was ihm wirklich guttut, wenn wir stets nur das nutzen, was uns hilft, zufrieden, erfüllt und glücklich zu sein, dann leben wir als Menschheit insgesamt auch nicht über unsere auf der Erde vorhandenen Ressourcen.

Diese These wird Ihnen in diesem Buch immer wieder begegnen, da sie zentral ist und ich sie unter verschiedenen Gesichtspunkten beleuchte.

Es ist sicher kein Buch, das Sie schnell oder gar auf einmal durchlesen werden. Vielmehr kann es gut sein, dass Sie vielleicht an mancher Stelle zunächst gar nicht mehr weiterlesen möchten. Wenn Sie das Buch einige Tage, Wochen oder für längere Zeit weglegen und dann wieder zur Hand nehmen, werden Sie sicher bemerken, dass Sie sich plötzlich von ganz anderen Kapiteln und Themen angesprochen fühlen. Auch wird dieses Buch hoffentlich dazu beitragen, dass Sie sich näher mit dem ein oder anderen Thema beschäftigen. Dann wird dieses Thema zu Ihrem Thema und ich freue mich darüber, den Impuls dafür bei Ihnen ausgelöst zu haben.

Bei der Auswahl des Titels sowie des Untertitels ist mir aufgefallen, dass im Prinzip gar nicht möglich ist, was man mit dem Titel bewirken möchte: den ganzen Inhalt des Buches zu fassen und zu benennen. Da ich jedoch der Meinung bin, dass sich immer findet, was sich finden soll, und dies auch zur rechten Zeit, lehne ich mich entspannt zurück und genieße es, mein Werk in Ihre Hände zu geben. Ich bin gespannt darauf, was Sie aus meinen teilweise sicher aufrüttelnden Informationen und Ratschlägen machen!

Freiraum schaffen
und zulassen

Ein Teil der Vorgeschichte

Meine persönliche Erfahrung damit, Altes loszulassen, hatte ich, als ich einen finanziell lukrativen Beruf in einer Führungsposition aufgab, zugunsten einer „einfachen Tätigkeit". Ich hatte mir ausgerechnet, wie viel Geld ich durchschnittlich monatlich benötigte, und konnte so locker ein Minus von über 1000 Euro von meinem Nettoverdienst wegstecken. Würden Sie hier an Verzicht denken? War dies ein Opfer?
Für mich war es ein Befreiungsschlag, um aus dem Leistungsdruck – den ich mir komplett selbst auferlegt hatte – und dem Hamsterrad meiner damaligen Position zu entkommen. Mit meinem damals so deutlich reduzierten Nettogehalt konnte ich, wie man im süddeutschen Raum sagt, „keine großen Sprünge machen". Da ich für das Leben an sich jedoch alles hatte, was man benötigt (so wie es bei uns in Deutschland bei den meisten Menschen der Fall ist), war es mit ein paar Einschränkungen gut möglich, damit auszukommen. Ich genoss den für mich neuen Tagesablauf mit acht Stunden Arbeit, einer Stunde Mittagspause, der täglichen Bahnfahrt nach Stuttgart hinein ... Kurz: Meine von anderen bestimmte Arbeitszeit mit dem regelmäßigen Rhythmus tat mir gut.

Leider beschloss die Firma, mich nach der Probezeit nicht zu übernehmen, da ich den Verantwortlichen nicht geeignet für die von mir getätigte Arbeit erschien. Das war der Zeitpunkt in meinem Leben, an dem ich – das erste Mal unfreiwillig – keine Anstellung hatte.

Zudem hatte ich die Beziehung zu meinem Partner einige Monate vorher beendet und war in eine andere Stadt gezogen. So saß ich in meiner Eigentumswohnung – die noch lange nicht mein Eigentum sein sollte – mit noch einmal verringertem Einkommen in Form von Arbeitslosengeld, ohne Partner und ohne Freunde. Kurz: Es war die bisher glücklichste Zeit meines Lebens. Ja, Sie haben richtig gelesen. Ich war glücklich.

Die erste Aktion nach meinem letzten Arbeitstag bei der Firma war, dass ich bei herrlichem Sommerwetter von Stuttgart aus die 13 Kilometer nach Hause spaziert bin.

Ich hatte nun mehr Zeit für mein Fernstudium, welches ich bereits gleich nach Aufgabe meiner Führungsposition begonnen hatte.

Außerdem konnte ich mir meinen Tagesablauf gänzlich so einteilen, wie es meinen Bedürfnissen entsprach. Auch hatte ich nun sehr viel Zeit, um mich in meiner gewünschten zukünftigen Branche nach einer Anstellung in meinem damaligen Traumberuf umzusehen. Ich wollte in der Medizintechnik im Vertriebsaußendienst arbeiten.

Dass ich alleine so glücklich war, überraschte mich selbst. Hatte ich doch insgesamt über ein Jahrzehnt lang damit verbracht, mich traurig, verzweifelt und einsam zu fühlen, weil ich keinen Partner finden beziehungsweise länger halten konnte. Doch dieses Mal war es eine bewusste Entscheidung gewesen, gegen eine Beziehung, die mir mehr schadete, als sie mir guttat.

Nun genoss ich es, ich selbst sein zu können und mich voll und ganz auf meine Bedürfnisse und das, was ich wollte, zu konzentrieren. Ruhe und Frieden hatte ich mir einige Jahre zuvor bereits gewünscht. In einer Zeit, in der ich unter depressiven Verstimmungen und Einsamkeit gelitten und unter einem hohen Arbeitsdruck gestanden hatte. Ruhe und Frieden war nun in mir und um mich herum eingekehrt.

Was meine finanziellen Mittel anging, waren diese nun natürlich doch etwas knapp geworden. Letztlich war das Geld, das ich vom Staat erhielt, noch einmal weniger als mein letztes Gehalt. Darum machte ich mir einen Plan, welche festen Ausgaben ich in sämtlichen Monaten des Jahres hatte, um zu wissen, wie viel Geld ich für Lebensmittel und meine Freizeitgestaltung jeweils noch zur Verfügung hatte.

In den Jahren zuvor hatte ich stets Freude daran gehabt, bei Entscheidungsschwierigkeiten (zum Beispiel beim Kleiderkauf) einfach beides kaufen zu können, mir bei Lebensmitteln keinerlei Gedanken um den Preis machen zu müssen und auch meinen Freizeitaktivitäten uneingeschränkt nachgehen zu können. Nun galt es, mich einzuschränken:
Wenn ich in meiner Freizeit vier Dinge unternehmen wollte, die nicht kostenlos zu haben waren, musste ich mich nun häufig für zwei dieser Dinge, meistens jedoch sogar für nur eines entscheiden. Dies führte dazu, dass ich bewusst immer nur das tat, was mir wirklich am allerliebsten war. Auch dadurch kehrte eine tiefe Zufriedenheit in mir ein.
Heute bin ich überzeugt davon, dass ich eben mit meinem gelassenen Handeln und dem Annehmen der Dinge, wie sie

nun einmal waren, zu den folgenden positiven Veränderungen beigetragen habe: Mein Leiden hatte ein Ende. Ich nahm mich als selbstwirksam handelnden Menschen wahr. In eben diesem Lebensabschnitt lernte ich meinen heutigen Partner kennen und lieben. Außerdem ergriff ich die Chance, die sich mir beruflich in einer Anstellung im Vertriebsaußendienst für ein Medizintechnikunternehmen bot.
Meine tiefen Wünsche, welche ich jahrelang manifestiert hatte, hatten sich erfüllt.

All diese für mich positiven Erfahrungen waren das Ergebnis eines Prozesses, der mir bis dahin so nicht bewusst gewesen war, den ich nun in der Retrospektive jedoch als Entwicklungsprozess begreife. So wurden mir im Laufe der Zeit immer mehr die Zusammenhänge auf meinem Weg bewusst, die mich letztlich zu innerer Ruhe und Zufriedenheit geführt haben.
Dieser Prozess dauert weiter an. Jetzt bewusst gelebt, bereichert er mich jeden Tag mit neuen Eindrücken, neuen Erfahrungen und neuen Learnings.
Nun möchte ich Sie gerne teilhaben lassen an meinen Erfahrungen. Ich möchte Ihnen Mut machen, den ungeschönten Tatsachen ins Auge zu sehen, zu erkennen, was für Sie wirklich zählt, und Ihren individuellen Weg zu wählen. Damit Sie diesen schließlich selbstständig, selbstbestimmt und unabhängig gehen, indem Sie so handeln, wie es Ihrem Naturell entspricht.
Es ist eine Reise in Achtsamkeit. Eine Reise der Bewusstmachung, der Befreiung, der selbstwirksamen Handlung. Diese führt zu uns selbst, unseren wahren

Wünschen und Bedürfnissen, unseren Talenten. Lernen Sie, selbst zu entscheiden und danach zu handeln. Für ein erfülltes Leben.

Raum schaffen

Meist ist es die Einsicht, dass es so nicht mehr weitergehen soll, dass wir so nicht weiterleben können beziehungsweise etwas Bestimmtes nie wieder so erleben wollen, die in uns den entscheidenden Impuls hin zur gewünschten Veränderung bewirkt.
Vielleicht sind wir, wieder einmal, von einem anderen Menschen enttäuscht worden, haben eine schlechte Prognose für eine Krankheit erhalten, ein Arbeitgeber hat uns gekündigt, wir haben uns mit jemandem im Streit überworfen oder wir erleben zum zigsten Mal dasselbe ungute Szenario, das wir so definitiv nicht erleben wollen.
Bei vielen Menschen ist es so, dass ihre Situation für sie derart unerträglich geworden ist, dass dies der endgültige Anreiz dafür ist, um die notwendigen Schritte in Richtung einer positiven Veränderung zu vollziehen. Notwendig ist es jedoch nicht, dass wir so lange warten, bis wir unser Leben, so wie es ist, faktisch nicht mehr ertragen. Selbst wenn unser Leben aus unserer Sicht in Ordnung ist und wir uns grundsätzlich wohlfühlen, ist es jederzeit möglich, unsere Verhaltensmuster und damit auch unsere Umgebung in eine für uns positive Richtung zu verändern.
Unter anderem gehören ein starker Wille und Disziplin zu den Dingen, die man benötigt, um die gewünschte Veränderung zu erreichen. Doch auch das Vertrauen in sich selbst und seine Umgebung sind unbedingt notwendig, damit Veränderung geschehen kann. Um diese Voraussetzungen zu ermöglichen,

bedarf es einiger Werkzeuge, die uns unterstützen, damit wir im besten Sinn auf unser Leben einwirken können.

Es geht dabei darum, wahres Selbstbewusstsein zu erlangen. Dieses ist nicht nach außen gerichtet. Vielmehr liegt es im Inneren. Über Achtsamkeit finden wir zu diesem (Selbst-)Bewusstsein. Achtsamkeit vor allem unseren Gefühlen und unserem Körper gegenüber. Dies im Sinne von „sich seiner selbst bewusst zu sein".

Wenn wir achtsam sind, streben wir nichts an. Wir haben kein Ziel vor Augen, keinen Ehrgeiz, etwas Bestimmtes zu erreichen. Vielmehr geben wir die Gedanken an ein Ziel, an ein Ergebnis, an jegliches, das in Zukunft sein könnte, auf. Wir denken nicht, sondern gehen in der Konzentration auf das, was wir im Moment tun, auf.

Dabei geschieht in diesem Nicht-Denken so viel: Wenn wir mit unserer Aufmerksamkeit achtsam in uns hineinfühlen, nehmen wir Körperempfindungen und Gefühle wahr, die wir vorher gar nicht bemerkt haben. So gelingt es uns, wenn wir unseren Fokus vollkommen auf unser inneres Selbst richten, unsere Gedanken ruhen zu lassen. Dabei schlafen unser Körper, unser Gehirn und unser Bewusstsein/unser Geist nicht.

In dieser Ruhe kann sich unser Körper erholen und sich seinen parasympathischen Funktionen widmen, welche so wichtige Dinge steuern, wie unsere Verdauung und unsere Immunabwehr. Unser Körper bekommt dabei auch die notwendige Ruhe für die Zellerneuerung, was zur Regeneration unseres Körpers beiträgt. Darin liegt die einfache Wahrheit, wie wir geistig und körperlich gesund werden und es auch bleiben. Zumindest die in den Industriegesellschaften häufigsten Krankheitsbilder, wie zum Beispiel Herz-Kreislauf-

Erkrankungen oder Burnout, lassen sich so präventiv vermeiden.
In diesem entspannt achtsamen Zustand verarbeitet auch unser Gehirn gewonnene Eindrücke, und bildet neue Nervenverknüpfungen, was dafür sorgt, dass wir neu Gelerntes wieder abrufen können. Ähnlich wie im Schlaf, nur eben bei vollem Bewusstsein.

Ich selbst habe immer wieder Phasen, in denen ich in Stress gerate. Weil mein Ehrgeiz mich packt, weil ich meine Tagesziele unbedingt erreichen möchte, weil ich Fehler oder etwas, das nicht optimal läuft, umgehend beheben möchte. In einer solchen Situation versuche ich dann eben nicht durchzustarten und/oder ununterbrochen an der Sache zu arbeiten. Stattdessen nehme ich mich vielmehr auch einmal heraus aus meiner Arbeit – „meinem Panikmanagement", wie es eine gute Freundin einmal nannte – und wende mich achtsam und liebevoll an mein Inneres. Dies tue ich so lange, bis sich eine gewisse Ruhe einstellt. Es entspricht meiner Erfahrung, dass ich danach nicht nur wieder mehr Kraft für die Bewältigung meiner Aufgaben habe, sondern diese auch strukturierter angehen kann und somit mit Effizienz schneller mein Ziel erreiche.
Auch wenn ich emotional mit etwas anderem beschäftigt bin, gerät stets meine Kreativität ins Stocken. Vor allem dann komme ich, auf dem Weg zu mir selbst, gleichzeitig auch wieder in die Kreativität.
Auf diese Art und Weise schaffen wir (wieder) Raum für das, was (im Moment) wirklich wichtig ist.

Den Raum weiten

Es ist nur scheinbar ein Umweg oder Zeitverlust, wenn wir uns vom vermeintlich dringend Notwendigen und Wichtigen eine Weile abwenden. Über den achtsamen Umgang mit uns selbst, über die Innenschau und die Wahrnehmung unserer Gefühle und Körperempfindungen erreichen wir Ausgeglichenheit.
Sehen wir uns in diesem Zustand noch einmal die Situation an, in der wir uns befinden, erleben wir eine Erweiterung unseres Blickwinkels. Vom durch Stress und Anspannung eingeschränkten Tunnelblick kommen wir zu einer Ausweitung unseres Wahrnehmungsraums. In dem so vergrößerten Raum erkennen wir Aspekte und Möglichkeiten, die zuvor für uns nicht sichtbar waren.
Indem wir alles Störende wie Muskelverspannungen, hemmende Gedanken und Gefühle loslassen, schaffen wir Raum für konstruktives Denken und Handeln. Raum, in dem nur noch das übrig bleibt, was wesentlich ist.

> **Um die beschriebene Veränderung zu bewirken, benötigen Sie nichts als sich selbst. Das heißt, Sie selbst sind das erste und wichtigste Werkzeug, das Sie verwenden. Sie selbst sind die Steuerungszentrale bei allem, was Sie tun. Dabei gilt, wie bei jedem Fahrzeug, dass Sie umso leichter rangieren können, je mehr Platz, also Raum, sie zur Verfügung haben. Was also spricht dagegen, sich das Leben zu erleichtern, indem Sie mehr Raum schaffen?**

Auf-Räumen und Weg-Räumen für mehr Raum

Es bietet sich an, zuerst bei den vielen Dingen, die wir besitzen, anzufangen, um Raum zu schaffen.
Wenn in Ihrem Schrank einige Tassen stehen, die in Form und Farbe unterschiedlich sind, greifen Sie doch immer zuerst zur gleichen Tasse. Eine zweite dient als erste Alternative, eine dritte als zweite Alternative etc. Könnten Sie, wenn Sie sich das einmal bewusst machen, also nicht auf die meisten der Tassen, die Sie besitzen, verzichten?
Wie im mentalen, so gilt es auch im materiellen Bereich, Freiraum zu schaffen. Zumal das eine das andere bedingt. So wie unsere Psyche und unser Körper in Wechselwirkung zueinander stehen, stehen wir auch in Wechselwirkung zu unserer Umgebung und damit auch zu den materiellen Dingen, die wir um uns ansammeln. Vielleicht ist Ihnen auch schon aufgefallen, dass auch Ihr Wohnraum häufig in Unordnung gerät, wenn in Ihnen Chaos herrscht.
Bei Jugendlichen in der Pubertät sieht man zum Beispiel sehr häufig, dass diese ein wahres Durcheinander in ihrem Zimmer haben. Oft liegt da alles Mögliche kreuz und quer, was ein wunderbarer Spiegel für das ist, was gerade im Inneren der jungen Menschen, die sich in dieser Zeit stark entwickeln, noch unstrukturiert seinen Weg in die Ordnung sucht.

Es gibt ein bekanntes Beispiel aus dem Berufsalltag, das immer wieder von Trainern, Coaches und Beratern empfohlen wird, wenn es darum geht, den Stress am Arbeitsplatz zu reduzieren: Es gilt dabei, zuallererst direkt am eigenen

Arbeitsplatz für Ordnung und Struktur zu sorgen. Ein aufgeräumter Schreibtisch, auf dem sich nur die Dinge befinden, die man wirklich benötigt, die also unterstützend wirken, verführt nicht zu Ablenkungen von dem, was zu tun ist. Was selbstverständlich auch für jeden anderen Arbeitsplatz gilt: sei es eine Werkstatt, ein Werkzeugkoffer, ein Maschinenraum, ein Stall oder welcher Arbeitsort auch immer. Auch diese Ordnung fördert also die Konzentration auf das, was im Moment wichtig, also wesentlich ist.
Ebenso verhält es sich in unserem Privatleben. Je mehr materielle Dinge wir anhäufen, zu denen auch private Termine und Verabredungen zählen, desto eher werden diese zur Belastung. Wir fühlen uns überfordert und geraten in Stress. Es fällt uns schwer, Entscheidungen zu treffen. Wir sind umgeben von Reizen, die uns ablenken, von dem, was eigentlich wichtig für uns ist.

Raum für Gefühle

Teilweise ist es von uns selbst so gewünscht, dass wir uns ablenken: Wenn wir unangenehme Gefühle überdecken wollen, sei es Langeweile, Ärger, Traurigkeit oder körperliches Unwohlsein. Eine wirkliche Verbesserung erreichen wir damit jedoch nicht. Es ist eher ein Ausweichen und Aufschieben als die Lösung.
So wie wir um uns Raum benötigen, damit wir ohne Ablenkung arbeiten können, wie wir Raum in unserem Denken schaffen müssen, damit wir das im Moment Wesentliche erkennen können, benötigen auch unsere nicht so schönen

Gefühle Raum, damit wir diesen auf den Grund gehen und sie schließlich lösen können.

Schaffen Sie Frei-Raum

Haben Sie schon einmal ausprobiert, was für Bilder erscheinen, wenn Sie bei der Google-Suche „Freiheit" eingeben?
Wenn Sie das tun, finden Sie jede Menge Fotos, die glückliche Menschen zeigen. Diese sind meist einzeln mit ausgebreiteten Armen in einer weiten Landschaft oder vor dem weiten Meer zu sehen. Also fernab sämtlicher Konsumgüter. Doch gerade die Werbung, die uns ebensolche schmackhaft machen will, arbeitet häufig mit dieser Art von Bildern. Sie zeigt meist das Produkt, welches verkauft werden soll, in einer freien, weiten Umgebung oder von wenigen fröhlichen Menschen umgeben.

Nun können wir uns die Frage stellen, wonach wir uns eigentlich sehnen? Nach dem jeweiligen Konsumgut oder einfach nach Weite, Natur, sozialen Kontakten …?

In der Werbung wird das Produkt ins Zentrum gestellt, und wir assoziieren automatisch die gute Laune der gezeigten Menschen mit diesem. Wir nehmen wahr: Dieses Produkt macht glücklich. Darum möchten wir es dann auch kaufen.

Die Frage, die Sie sich diesbezüglich stellen sollten, ist: Was macht mich wirklich glücklich? Ist es tatsächlich ein bestimmter Gegenstand, der über Jahre hinweg immer wieder Glücksgefühle in mir auslöst? Welche Dinge, welche Menschen, was für eine Umgebung tragen zu meiner Zufriedenheit bei?

Welche Antworten auch immer Sie auf diese Fragen erhalten: Schaffen Sie sich Freiraum für das, was zu Ihrer Zufriedenheit beiträgt – und auch für das, von dem Sie noch gar nicht wissen, dass es Ihnen Freude und Erfüllung bringt. Denn erst, wenn wir dafür Raum in unserem Leben und unserem Geist schaffen, sind wir offen für neue Erfahrungen. Auch sehen wir neue Möglichkeiten, die wir zuvor nicht wahrgenommen hatten. Was Sie letztlich privat sowie beruflich für sich nutzen können.

Raum für mehr Effizienz schaffen und gestalten

Welcher Arbeit auch immer Sie nachgehen, bestehen Sie, gerade bei Ihrer Arbeit, auf Ihrem freien Schaffensraum. Bei einer Vierzig-Stunden-Arbeitswoche verbringen wir bei der Arbeit so viel Zeit, wie mit keiner anderen aktiven Tätigkeit in unserem Leben. Diese sollte für uns, auch im Sinne unseres Arbeitgebers, so angenehm wie möglich gestaltet werden. Denn nur, wenn wir uns durchweg wohlfühlen, können wir auch unser gesamtes zur Verfügung stehendes Potenzial über lange Zeit abrufen und in die Arbeit einbringen.

Einige Arbeitgeber haben sogar erkannt, dass ihre Mitarbeiter in einer geringeren Stundenzahl die gleiche Menge Arbeit in gleichbleibender Qualität schaffen, sodass sie ihnen für weniger Arbeitszeit sogar das gleiche Gehalt bezahlen. Was für diese Unternehmen einen Wettbewerbsvorteil im Werben um die besten Arbeitskräfte bedeutet.

> **Wenn Sie arbeiten, sollten Sie die besten Arbeitsmittel für sich beanspruchen. Auch die notwendige Zuarbeit von Kollegen dürfen und sollen Sie einfordern. Resignation im Sinne von „… dann mache ich es eben selbst" macht Sie emotional schwach und bringt Ihnen zusätzliche Arbeit, die Sie vom Wesentlichen, nämlich Ihren Aufgaben, ablenkt.**

Ein „Nein" für mehr Freiraum

Sie werden zukünftig mehr Freiraum für sich erreichen, wenn Sie es schaffen, Nein zu sagen, wenn es darauf ankommt: Nämlich immer dann, wenn Sie sich mit einem „Ja" nicht vollkommen zufrieden fühlen.

Stellen Sie sich vor, ein anderer Mensch, vielleicht ein naher Verwandter oder jemand, der Ihnen einmal nahestand und mit dem Sie sich aus einem Pflichtgefühl heraus immer wieder verabreden, bittet Sie, ihn zu besuchen. Sie sehen die Situation vorab schon deutlich vor sich, schließlich wissen Sie, was auf Sie zukommt. Vielleicht langweilt Sie dieser Mensch. Vielleicht schimpft oder lästert er ständig über andere. Vielleicht glaubt er, besser zu wissen, was richtig für Sie ist als Sie selbst. Vielleicht teilt er Ihnen daher mit, was für Sie gut ist, was Sie tun oder lassen oder wie Sie sich kleiden sollen. Sie werden sich nicht wohlfühlen und froh sein, wenn Sie diesen Menschen wieder verlassen können, sind dann aber bereits geschwächt und frustriert.

Wenn Sie also bei der nächsten Anfrage, die Sie erreicht und die Sie nicht mit Freude annehmen können, Nein sagen – schließlich sind Sie frei, dies zu tun –, schaffen Sie sich Freiraum, für das, was Sie erfüllt: Vielleicht treffen Sie sich mit einem Menschen, der Ihnen guttut. Vielleicht unternehmen Sie in der gewonnenen Zeit etwas alleine, bei dem Sie sich ganz auf Ihre eigenen Bedürfnisse ausrichten können. Wenn Sie sich bei diesem Tun, zum Beispiel einem Stadtbummel oder einem Spaziergang im Wald, wohlfühlen und es sichtlich genießen, ist die Wahrscheinlichkeit auch sehr groß, dass ein neuer Mensch in Ihr Leben tritt, der sich von Ihrer gelösten Stimmung angezogen fühlt.

Wenn Sie stets das tun, was Ihnen Freude bereitet, hat es außerdem den Vorteil, dass Sie dabei Menschen treffen, die Spaß an den gleichen Dingen haben. Gehen sie zum Beispiel in ein Museum, ist die Wahrscheinlichkeit groß, dass sie dort auf ebenfalls kunstinteressierte Menschen treffen.

Nehmen Sie sich die Freiheit, die Dinge zu tun, die für Sie am wichtigsten sind. Nur Sie selbst können spüren und wissen, was heute richtig für Sie ist. Was morgen sein wird, kann heute niemand wissen. Darum ist es besser, Sie leben im Jetzt, statt alles auf später aufzuschieben.

So mancher Mensch, der sein ganzes Leben lang für seinen Ruhestand gespart hat, hat das Rentenalter gar nicht erst erreicht. Grundsätzlich haben wir dafür zwar die besten Chancen, nur sicher ist das eben nie. Außerdem wissen wir nicht, wie unser Gesundheitszustand im Alter sein wird.
Also leben aus gutem Grund immer mehr Menschen ihre Träume bereits in jungen Jahren aus beziehungsweise leben sie gleich das Leben, das ihnen entspricht, und nehmen von Status, Geld und der Anerkennung anderer Menschen Abstand.
Immer mehr Arbeitnehmer akzeptieren auch (teilweise vorübergehend) ein geringeres Gehalt zugunsten von mehr Freizeit, was letztlich auch mehr Freiraum, mehr Freiheit, bedeutet.

Ihr Weg ist das Ziel

… und gerade darum ist es wichtig, dass Sie zunächst Raum und Zeit schaffen, für das, was Ihnen entspricht.

Räumen Sie jetzt auf in Ihrem Leben. Ordnen Sie die Dinge, welche Sie nutzen möchten. Trennen Sie sich von allem, was Sie nicht (mehr) benötigen.

Dabei ist es ganz egal, wovon Sie sich befreien wollen, ob von …

- materiellen Dingen,
- Abhängigkeiten,
- Hemmung Ihres Tatendranges,
- zu viel/der falschen Arbeit,
- der Fremdbestimmung durch andere,
- zu viel Körpergewicht,
- auszehrenden Beziehungen,
- Social-Media-Plattformen,
- Apps, Abonnements, Mitgliedschaften,
- Verpflichtungen oder Sonstigem.

Ich möchte Ihnen gerne dabei helfen, Ihr Leben zu erleichtern, um Ihren individuellen Weg in Kraft und mit Freude zu beschreiten.

Sicher kennen Sie es von sich selbst und finden in Ihrem Umfeld zahlreiche Beispiele, in denen Sie oder andere Dinge sagen wie: „Ich sollte weniger …", „Ich sollte mehr …", „Ich will nicht mehr, dass …", „Ich müsste …", „Ich würde so gerne …" und so weiter.
Wir haben also durchaus eine Vorstellung davon, was wir wollen und tun sollten. Häufig sind es jedoch die Alltagsverpflichtungen und die vielen Dinge, die wir um uns angehäuft haben, die uns davon abhalten, das für uns individuell Wesentliche zu erkennen und danach zu handeln. Auch leben wir alle in einem sozialen Gefüge und einer Umgebung, die darauf ausgelegt ist, Präsenz und Handlungen von uns zu erwarten und einzufordern. Dabei geht es sowohl anderen Menschen in Familie und Beruf als auch Unternehmen, die ein Produkt oder eine Dienstleistung anbieten, darum, dass Sie das tun, was Sie deren Meinung nach tun sollen. Diese glauben vielleicht sogar, dass sie wüssten, was das Beste für Sie ist. Meiner Meinung nach können jedoch nur Sie selbst wirklich wissen, was gut für Sie ist, indem Sie es fühlen.

Eigentlich wissen wir natürlich, dass Unternehmen uns mit ihrer Werbung dahingehend manipulieren möchten, dass wir glauben, etwas zu benötigen, das wir ohne diese Werbung – und das damit verbundene Image – gar nicht kaufen würden. Das immer wieder aufgeführte Argument der Sicherheit wird, gerade hier in Deutschland, schon viele Jahrzehnte höchst erfolgreich propagiert. Vorreiter war diesbezüglich die Versicherungsindustrie, wobei inzwischen auch immer mehr andere Industriezweige diese Art des Marketings nutzen. Allen voran die Medizinbranche.

> **In den Kapiteln „Befreit von Angst … oder vom Umgang mit unangenehmen Gefühlen" und „Lassen Sie sich nicht manipulieren" finden Sie einige Hinweise und Anmerkungen zur Bewusstmachung dieser Angstpropaganda, die Ihnen helfen werden, bei so gearteter Manipulation auf Distanz zu gehen, statt sich Angst einjagen zu lassen.**

Doch nicht nur das Sich-Fügen in die Wünsche und Vorstellungen anderer dürfen Sie getrost hinter sich lassen. Befreien Sie sich auch konsequent von sämtlichem „Zuviel" in Ihrem Leben. Befreit von diesem Ballast wird es leichter für Sie, Ihren eigenen individuellen Weg konsequent zu gehen. Die Voraussetzung dafür und gleichzeitig eine große Hilfe ist es, dass Sie ins Handeln kommen, damit Sie merken, wie Sie selbst eine Veränderung bewirken können. Eine so einfache wie wirksame Methode ist es dabei, uns von der Last der vielen Dinge zu befreien, die uns die Sicht verstellen, mental wie materiell ablenken, Zeit rauben etc.
Geben wir zum Beispiel den materiellen Besitz auf, der uns nicht wirklich nützt und guttut, kommen wir in eine Handlungsmacht, die uns vor Augen führt, dass wir viel mehr schaffen, als wir es uns hätten vorstellen können. Gleichzeitig üben wir uns damit in der Wahrnehmung dessen, was uns tatsächlich nutzt und entspricht, also stärkt. So wird uns mit abnehmendem materiellen wie mentalen Ballast immer klarer, was wir wirklich wollen.

Was wünschen *Sie* sich? Was sind *Ihre* Werte? Wissen Sie, was Sie sich eigentlich wünschen, was Ihnen wirklich guttut? Und kommen Sie vielleicht nicht dazu, es umzusetzen, da in Ihrem Leben eigentlich alles von außen vorgegeben ist? Ticken Sie selbst vielleicht (inzwischen) ganz anders als Ihr Umfeld? Oder wissen Sie nicht wirklich, was Sie ändern wollen, haben aber das Gefühl, dass Sie über kurz oder lang etwas ändern sollten?

Diese Fragen werden Sie sich leichter beantworten können, wenn Sie genügend Raum und die dafür notwendige freie Zeit in Ihrem Leben geschaffen haben. Denn erst dann kommen Sie in die Ruhe, um zu spüren, was Ihnen wirklich entspricht.

Wenn wir zur Ruhe kommen, ohne Ablenkung einige Zeit verbringen, tauchen die Antworten auf unsere Fragen ganz von alleine auf. Wenn wir ganz bei uns selbst ankommen, tun sich Handlungsimpulse auf, die uns die Richtung weisen. Die Richtung unseres individuellen Weges. Schlagen Sie diese ein, spüren Sie eine nicht geahnte Energie, die Sie vorher nicht für möglich gehalten hätten oder zumindest schon längere Zeit nicht mehr gespürt haben.
Vielleicht erinnern Sie sich dann wieder an einen früheren Zeitpunkt in Ihrem Leben, an dem Sie etwas voller Freude und Elan getan haben und einen andauernden Energiefluss spürten. Auch wenn es Ihnen damals nicht bewusst war, ist die Chance groß, dass Sie sich nun, in einer ähnlich energiegeladenen Situation, wieder daran erinnern.

Was ich hier beschreibe, habe nicht nur ich so erlebt, sondern auch zahlreiche andere Menschen, die den Mut hatten, ihrem Impuls zu folgen. Darum weiß ich, dass auch Sie das erleben können.

Wie Sie das erreichen?
Machen Sie sich zunächst für einige Stunden, einen Tag, mehrere Tage oder Wochen frei, von allem, was Sie belastet oder ablenkt. Fangen Sie ruhig in kleinen Schritten an.

Bei mir reicht inzwischen teilweise bereits eine Stunde aus, in der ich mich von anderen Menschen und Kommunikationsmitteln fernhalte. Auch stelle ich Medien und sämtliche Tätigkeiten hintan, um einen neuen Impuls zu erhalten für eine neue Idee, die Ausführung eines Gedankens oder eine neue sinnvolle Tätigkeit.

Wenn Sie also ganz für sich alleine sind: Kommen Sie zunächst bei sich an.
Werden Sie sich darüber bewusst, wer Sie wirklich sind, wo Sie jetzt, in diesem Moment, stehen. Dann kennen Sie den Ausgangspunkt für Ihren weiteren Lebensweg.

Gefühle zulassen und bewusst spüren

Fühlen Sie in sich hinein. Tun Sie dies, auch wenn es zunächst nicht immer angenehm, ja teilweise sogar unangenehm oder beängstigend für Sie ist. Nur wenn wir auch nicht so schönen

Gefühlen nachspüren, können sich diese auflösen und unsere Wünsche und wahren Sehnsüchte dahinter kommen zum Vorschein. So finden Sie Ihren Weg.

Vielleicht hilft Ihnen auch eine Meditation, in der Sie üben, aufkommenden Gefühlen bewusst nachzuspüren. Auf YouTube gibt es zahlreiche Meditationen, zum Beispiel von Robert Betz, die Ihnen helfen, bewusst Ihre Gefühle wahrzunehmen und zuzulassen.

Grundsätzlich gilt: Schauen Sie hin. Gerne zunächst auch bei anderen Menschen. Bei anderen fällt uns nämlich tatsächlich eher auf, wodurch diese unzufrieden sind und sich selbst schaden. Einige meiner Beispiele in diesem Buch werden Ihnen darum sicher bekannt vorkommen. Doch hinterfragen Sie auch immer: Wann und inwiefern verhalte ich mich selbstschädigend? In welchen Situationen verhalte ich mich unfair gegenüber anderen? Welche Dinge tue ich, die ich eigentlich gar nicht tun will, die nicht meinem Anspruch an mich und andere entsprechen?

Wenn Sie sich selbst wieder wahrnehmen und sich die eigenen Bedürfnisse bewusst machen, benötigen Sie nur noch das Quäntchen Mut zur Veränderung.
Denn nur, wenn wir uns selbst, also unser Verhalten, verändern, verändern sich auch unsere Erlebnisse und die Menschen in unserer Umgebung.

Dabei ist Ihr individueller Weg gleichzeitig auch das Ziel. Denn unsere Ziele verändern sich im Laufe unseres Lebens. Je nachdem wie, also auf welche Art und Weise wir unseren Weg gehen, gestalten sich auch die Umstände in unserem Leben. Gehen wir diesen Weg bewusst und entspannt, führt dies zu Ruhe und Zufriedenheit. Dabei bedarf es nicht nur der Übung, immer wieder nachzuspüren, was Sie empfinden, überhaupt diese Empfindungen zuzulassen. Was dazu führt, dass sich die unangenehmen Gefühle mit der Zeit auflösen. Sondern es bedarf auch der Übung, Dinge wegzulassen und Tätigkeiten nicht mehr auszuführen, die wir bereits seit längerer Zeit in unser Leben integriert haben. Kurz: Machen Sie sich mit weniger Ballast auf Ihren Weg, den Sie so in Leichtigkeit gehen.

Dabei ist es wichtig und es wird Sie unterstützen, dass Sie sich immer wieder bewusst machen, wofür Sie sich von etwas trennen: zugunsten eines „Weniger" an Ballast und eines „Mehr" an Freiheit. So können Sie das tun, was Ihnen wirklich entspricht. Auf jedem Meter Ihres Lebens – Tag für Tag – für einen von Glück erfüllten Lebensweg.

Sie haben es selbst in der Hand, die notwendigen Veränderungen dermaßen zu gestalten, dass ...

- ... Sie zufriedener mit sich und Ihrem direkten Umfeld sind,
- ... andere Menschen sich von Ihnen angenommen und gesehen fühlen,
- ... Sie andere Menschen kaum noch verletzen und auch selbst weniger verletzbar sind,
- ... Sie im Alltag gelassener agieren,
- ... Sie gesünder sind,
- ... Sie mit Krankheit besser umgehen können,
- ... Sie mit Rückschlägen besser klarkommen,
- ... Sie dazu beitragen, dass die Natur geschont wird,
- ... Sie letztlich im Sterben zufrieden gehen können.

Risiken, Nebenwirkungen und Abwehrmechanismen

... auf dem Weg zu uns selbst

Wenn Sie für sich entschieden haben, dass Sie Ihr Leben ändern möchten; wenn Sie damit beginnen möchten, zunächst bei sich selbst anzukommen, so gilt es auch, sich bewusst zu machen, dass Risiken, Nebenwirkungen und Abwehrmechanismen dabei auftreten können.
Um es gleich vorab klarzustellen: Es handelt sich dabei nicht um etwas wirklich Schädliches oder Schlimmes. Wenn Sie sich jedoch bisher noch nicht bewusst mit sich selbst und Ihren Gefühlen auseinandergesetzt haben, werden Sie die Erfahrung machen, dass einige unangenehme Gefühle hochkommen. Vor allem zu Anfang ist das der Fall.
Wenn Sie dann erfahrener sind im Umgang mit sich selbst, also Ihren eigenen Empfindungen, werden Sie schließlich die Zuversicht gewinnen, dass hinter den zunächst aufkommenden unangenehmen Gefühlen eine große Erleichterung auf Sie wartet. Der durch die gelösten unangenehmen Gefühle entstandene Freiraum füllt sich erfahrungsgemäß ganz von alleine mit einem Ruhegefühl, mit Freude und Zuversicht.

Chance und Risiko vieler Möglichkeiten

Immer wieder beobachte ich Folgendes bei Menschen, die nach mehr Zufriedenheit und Klarheit suchen:
Sie probieren dies und jenes, sei es Yoga, Thai Chi, Meditation … Besuchen Achtsamkeits- und Selbstfindungsseminare … Suchen Therapeuten, Ärzte, Coaches oder spirituelle Lehrer auf … Gehen spazieren, wandern, joggen, machen Nordic Walking, fahren Rad, schwimmen … Treiben Sportarten wie Downhill fahren, Mountainbiking, Klettern … Suchen sich eine neue, bessere Arbeitsstelle … Misten ihre überfüllten Wohnungen aus … Stellen ihre Ernährungsgewohnheiten um, fasten … Nehmen eine Auszeit … Und kommen doch nicht bei sich selbst an.

Da es in unserer Welt der tausend Möglichkeiten für alles und jeden Kurse, Seminare und Freizeitmöglichkeiten in jeglicher Form gibt, besteht auch hierbei die Gefahr, dass sie zwar alles Mögliche tun – vielleicht sogar vieles nicht mehr machen, da sie herausgefunden haben, dass es ihnen nicht (mehr) guttut – dabei jedoch mit neuen Hobbys zur Selbstoptimierung einer anderen Form des Konsums verfallen, die sie letztendlich von ihren wahren Bedürfnissen trennt und davon abhält, diese zu erkennen.
Einmal dies, dann wieder jenes auszuprobieren, ist zwar ein möglicher Einstieg für sie, um herauszufinden, was ihnen entspricht. Wenn sie neue Freizeitaktivitäten und andere Veränderungen jedoch angehen, um damit vor ihren Problemen und sich selbst zu fliehen, werden sie schnell wieder am Ausgangspunkt ihrer Reise ankommen. Sie kommen so nicht wirklich bei sich an, sondern suchen weiterhin ihre

Erlösung im Außen. Sie befinden sich dann sozusagen in einem Kreisverkehr ihres Lebens, der Motor läuft, sie finden aber die Ausfahrt nicht.
Menschen äußern sich dann so oder so ähnlich: „Das klappt bei mir einfach nicht", „Ich habe schon alles versucht", „Das hilft doch alles nichts".

In diesem Kreisverkehr können auch Sie weiter Ihre Runden drehen oder Sie können sich für *Ihren* Weg entscheiden. Wenn Sie den zweiten Weg wählen, kommen Sie jedoch nicht drumherum, in sich hineinzuhören und sich selbst gegenüber ehrlich zu sein.

Scheinbares Nichtstun öffnet den Raum

Es liegt nicht ausschließlich an den unzähligen Wegen, die sich uns anbieten, in dem Schlaraffenland der Möglichkeiten, in dem wir hier und heute leben. Auch sicher nicht daran, dass Menschen von Natur aus Schwierigkeiten damit haben, zu spüren, was richtig und wichtig für sie ist. Dass sich die Suche nach dem individuell richtigen Weg für viele Menschen so schwierig gestaltet, liegt daran, dass die meisten Menschen in unserer Gesellschaft darauf konditioniert sind, etwas tun, etwas leisten zu müssen, um eine Veränderung, ein Ziel oder ein bestimmtes Ergebnis zu erreichen.
Genau das Gegenteil von Anstrengung und Leistung ist jedoch notwendig, um den notwendigen Freiraum für unser „neues" Leben zu schaffen. Wenn wir innehalten und in Stille verweilen, tut sich nämlich erst der Raum auf, in dem wir – im

wahrsten Sinne des Wortes – wieder zu uns kommen. Erst im vermeintlichen Nichtstun, wenn sich die für uns so ungewohnte wie unangenehme Langeweile einstellt, ergibt sich der Freiraum für das, was bisher hinter all unserem angehäuften Tun und Haben verborgen war.
Langeweile trägt zudem dazu bei, dass wir kreativer sind. Erst wenn unser Gehirn nicht mit Input durch Medien, andere Menschen oder Probleme wälzen beschäftigt ist, und wir es auch nicht mit aktivem Nachdenken fordern, entfaltet es eine Kreativität und entspannte Aktivität, die für die wichtige Verknüpfung von neuen Informationen und bereits vorhandenem Wissen sowie Lösungsfindung sorgt.
Das Gute daran: „Nichtstun" lässt sich tatsächlich trainieren. Auch mir als altem Workaholic gelingt es inzwischen gut und leistet einen großen Beitrag zur Entspannung sowie zu meiner Kreativität.

Kreativität entsteht aus dem Nichts
Immer wieder werde ich gefragt, wo ich meine Ideen und Einfälle hernehme. Sicher entstammen diese meinem generalistischen Wissensdurst und der Verknüpfung des beim Konsum zahlreicher Bücher, Dokumentationen, Diskussionssendungen und aus Selbsterfahrung erworbenen Wissens. Jedoch entsteht Kreativität hauptsächlich scheinbar aus dem Nichts.
Sie entsteht, wenn ich zur Ruhe komme, einen Spaziergang unternehme, mich in meinen Sessel setzte oder meditiere. Dann entwickeln sich erst die wertvollen Gedanken, die sonst in der Alltagsaktion untergehen, und ich erinnere mich an

Beispielsituationen aus meinen Erfahrungen und erhalte Eingebungen von Sinnsprüchen, die ich weitergeben möchte. Achtsamkeitsübungen und Meditation sind zwei praktikable Methoden, um in den Genuss dieser positiven Wirkungen zu kommen.

Abwehrmechanismen erkennen, annehmen und überwinden

Wenn man erst damit beginnt, sich mit seinen wahren eigenen Bedürfnissen zu beschäftigen, fernab von Konsum, Meinungen anderer Menschen und unseren alten Glaubenssätzen: Dann ist es nur natürlich, dass einen eine Unruhe erfasst, die uns zunächst teilweise sogar den Schlaf rauben kann.
Jetzt wird uns schließlich endlich bewusst, was bisher unter der Oberfläche von Ablenkungen wie Aktivitäten, Aufgaben, Terminen, unserer „guten Miene zum bösen Spiel" oder einfach nur unserem Lächeln gelegen hat. Wie wir verbergen, was wir wirklich fühlen.
Zum Vorschein kommt damit viel Verdrängtes. Dabei ist es natürlich meistens so, dass unsere verdrängten Gefühle auf der Beliebtheitsskala eher im unteren Bereich angesiedelt sind.
Darum ist es möglich, dass wir davor zurückschrecken, tiefer in unser Inneres zu blicken, und sofort die nächste Ablenkungsmöglichkeit ergreifen, die sich uns bietet. Ich habe viele Menschen erlebt, die bei ihrer Selbstfindung zunächst immer wieder die Flucht in die entgegengesetzte Richtung ergriffen haben, bevor sie schließlich bereit waren, ihr wahres Selbst (an)zuerkennen und zu akzeptieren.

Wenn man sich ernsthaft damit auseinandersetzt, was man eigentlich, fernab der Ablenkungen um einen herum, wirklich will, ist es ganz normal, dass Abwehrmechanismen auftreten. Schließlich hat man sich jahrelang, vielleicht sogar jahrzehntelang, in seinem derzeitigen Leben mit den Menschen und Dingen, die einen umgeben, eingerichtet.
Aus eigener Erfahrung kenne ich die Gefühle, welche hochkommen, wenn man beginnt, an und mit sich selbst zu arbeiten. Gefühle wie starke Trauer, Verzweiflung, Wut und körperliche Unruhe können auftreten. Damit dürfen Sie getrost rechnen, denn diese sind ganz natürlich.
Selbstverständlich können Sie jederzeit vor diesen Gefühlen davonlaufen. Ihr Leben wird sich dann jedoch nicht zum Besseren hin verändern.

Wie selbstschädigend wir uns verhalten, um Langeweile nicht aushalten zu müssen, wurde in einer Studie der Forscher um Timothy Wilson von der University of Virginia in Charlottesville, USA, deutlich, die im Fachmagazin Science veröffentlicht worden ist:

> In dieser Studie wurden einzelne Menschen in einem kargen Raum alleine gelassen, der nur den Stuhl, auf dem sie saßen, beinhaltete. Die Probanden erhielten die Order, dass sie auf keinen Fall irgendetwas tun sollten, hatten jedoch die Möglichkeit, sich selbst Stromstöße zu verpassen. Von dieser Möglichkeit machten ein Viertel der weiblichen und über zwei Drittel der männlichen Probanden in den ersten fünfzehn Minuten Gebrauch. Das, obwohl sie vorab

den Stromstoß getestet und diesen als sehr unangenehm angegeben hatten! Es war jedoch wohl nicht so unangenehm wie die Langeweile.

So viel zum Thema Abwehrmechanismen. Diese sowie Risiken und Nebenwirkungen gibt es immer. Die Frage ist: Entscheiden Sie sich für den langen, selbstschädigenden Leidensweg oder für den kürzeren zu sich selbst, über Ihre Gefühle, wenn Sie endlich spüren, was eigentlich schon lange da ist.

Aus meiner Erfahrung heraus kann ich sagen, dass es sich lohnt, dem nachzuspüren, was Sie wirklich fühlen. Sie werden überrascht sein, wie leicht es sich anfühlt, wenn Sie unangenehme Empfindungen erst einmal durchlebt, ja vielleicht auch durchlitten haben.
Sie können es sich vielleicht im weitesten Sinne so vorstellen wie Muskelkater, der nach einer ungewohnten Muskelbelastung auftritt. Auch wenn es sich zunächst nicht so gut anfühlt, erzielt man bei Wiederholung der Belastung einen Trainingseffekt und letztendlich erreicht man eine Stärkung und, je nachdem was man trainiert hat, auch eine höhere Elastizität und verbesserte Koordination. Die Vorteile überwiegen also letztendlich.

Ganz ähnlich ist es auch bei der mentalen Arbeit an und mit sich selbst. Der unverstellte Blick lässt einen zunächst nicht immer Dinge sehen, die man gerne sieht, denn häufig wird einem dann erst bewusst, was man an sich und dem eigenen Umfeld ändern muss, damit die gewünschte Veränderung überhaupt erst geschehen kann. Veränderung wiederum schätzen die allermeisten Menschen gar nicht.

Es lohnt sich aber, den eigenen, nach Ihren individuellen Werten ausgerichteten Weg zu gehen, denn er macht Sie unabhängiger, flexibler und stärker. Was die idealen Voraussetzungen sind für Glück, Gesundheit und Reichtum.

Keine Angst vor Veränderung

Den inneren Schweinehund überwinden

Tatsächlich ist es nicht so, dass wir nicht wissen, was uns besser bekommen würde, was unserer Gesundheit und unserem Wohlbefinden zuträglicher wäre als die Art und Weise, wie wir unser Leben derzeit gestalten.
Was aber hält uns davon ab, etwas zu tun, von dem wir doch wissen, dass es uns guttun würde?
„Der Mensch ist von Natur aus bequem/faul" oder „Der Mensch ist ein Gewohnheitstier" sind so alte, wie leider auch wahrheitsgemäße Glaubenssätze. Wir Menschen versuchen natürlicherweise stets möglichst wenig Energie einzusetzen, also unsere eigenen Ressourcen nach Möglichkeit zu schonen. Idealerweise setzen wir diese natürlich eher effizient ein.
Jede Veränderung, die wir in unserem Leben bewirken, macht jedoch zunächst einen Mehraufwand notwendig. Denn was man eben noch nie oder nicht oft getan hat, erfordert erst einmal einen bewussteren Einsatz unseres Gehirns. Da wir uns dafür stärker konzentrieren müssen, kostet es also auch mehr Energie. Zunächst, wenn wir uns fragen, was wir ändern sollten. Vor allem dann, wenn wir bei der Beantwortung dieser Frage auch wirklich ehrlich zu uns selbst sind, kommt in uns so einiges in Gang. Und anschließend, wenn wir die entsprechenden Veränderungen in unserem Leben tatsächlich umsetzen.

Wenn sich das für Sie anstrengend anhört, haben Sie mit Ihrer Einschätzung nicht ganz unrecht. Was die Vorteile sind, wenn wir unser Leben aktiv gestalten, also dieses auch immer einmal wieder verändern, habe ich im ersten Kapitel bereits anklingen lassen, und im weiteren Verlauf Ihrer Lektüre sollte dies noch klarer werden. Wie Sie diese Veränderung möglich machen, erfahren Sie nun.

Es lohnt sich, Veränderungen umzusetzen

Wenn Sie einmal nachdenken, fällt Ihnen sicher mindestens ein sichtlich unzufriedener Mensch ein, der sich und sein Verhalten nicht verändert.
Vielleicht fällt Ihnen jedoch auch jemand ein, der immer wieder einmal freudig eine Veränderung anstößt. Welcher dieser Menschen, meinen Sie, ist lebendiger und hat mehr Freude am Leben?

Menschen, die selbstständig und aktiv ihre Veränderungsprozesse gestalten, die sich immer wieder neuen Herausforderungen stellen, *out of the Box* denken und handeln, strahlen in der Regel auch mehr Lebensfreude aus.

Sicher kann man alles übertreiben, und wenn jemand nur noch von Veränderung zu Veränderung hetzt, ist das bestimmt nicht zuträglich für seine Lebenszufriedenheit. Die Mehrheit der Menschen hat jedoch eher ein Problem, weil sie (zu lange) an alten Verhaltensweisen festhält. Dies ist selbst dann der Fall, wenn sie genau merken, dass sie so unglücklich sind, und häufig schließlich auch krank werden. Sie wundern sich dann, warum sie kaum noch Freude empfinden und immer häufiger und länger krank sind. Schließlich ist doch alles wie bisher. Dass jedoch genau das das Problem sein könnte, kommt ihnen dann nicht in den Sinn. Schließlich ist es doch ganz normal und hat früher auch so funktioniert …

Die Krux an der Geschichte

Wenn wir die Dinge, die wir tun, einfach nur tun, da wir es eben „schon immer so gemacht haben", versäumen wir es, uns an die Situationen anzupassen, die sich inzwischen in unserer Umgebung verändert haben.
Das wird nicht zuletzt an den zahlreichen Unternehmen deutlich, die schließlich untergegangen sind, nachdem sie weitermachten wie bisher. Sie hatten neue Entwicklungen verschlafen, keine neuen Märkte erschlossen und Trends ignoriert.
Auf unser eigenes Leben bezogen bedeutet das, dass auch zumindest ein Teil von uns untergeht, wenn wir so weitermachen wie bisher, da wir veränderte Bedingungen in unserer Umgebung nicht aufmerksam wahrnehmen und/oder unser Verhalten nicht dementsprechend anpassen.
Unsere Lebendigkeit geht verloren. Wir sind unzufrieden und unglücklich.

> **Merken Sie sich Folgendes: Die Strategie, welche sich bisher für Sie bewährt hat, muss jetzt und in Zukunft nicht zwangsläufig auch die richtige sein.**

Was wir zwar gerne verdrängen, uns jedoch unbedingt bewusst machen sollten, ist, dass die meisten unserer selbstschädigenden Verhaltensweisen erst nach einiger Zeit körperliche oder psychische Beschwerden auslösen. Zum Beispiel führt das tägliche vor dem Fernseher sitzen erst nach und nach zu schwacher Muskulatur und schließlich Schmerzen des Bewegungsapparates. Ein starker Zucker- oder auch Alkoholkonsum wird jahrelang, oft sogar jahrzehntelang, vom Körper kompensiert, bevor wir Diabetes bekommen oder einen Leberschaden erleiden. Je nachdem, wie unsere genetische Disposition gestaltet ist und wir uns insgesamt verhalten, werden jedoch früher oder später Schäden auftreten, die sich in den entsprechenden Beschwerden äußern.

Auch die Ablenkung und Berieselung durch das Smartphone ist erst schädlich, wenn Sie bei jeder kleinen Pause zu diesem greifen und sich regelmäßig in den Messages und Pop-up-Nachrichten verlieren.

Da die Übergänge zum Schädlichen bei all dem jedoch fließend sind, bemerken wir zunächst – oder sogar für längere Zeit – nicht, dass unser eigenes Verhalten die Ursache für unsere Symptome ist.

So kommen Symptome wie Unruhe, Nervosität, Schlafstörungen, Gereiztheit, Konzentrationsschwäche, Muskelverspannungen, Magen- und Verdauungsbeschwerden sowie eine erhöhte Anfälligkeit für Infektionskrankheiten in unserer Gesellschaft immer häufiger vor.

Spätestens, wenn sich eines oder mehrere dieser Symptome bei Ihnen zeigen, sollten Sie Ihre bisherigen Gewohnheiten einmal hinterfragen. Dabei dürfen Sie durchaus zuversichtlich sein, denn eine Umstellung unserer bisherigen Gewohnheiten, unseres bisherigen Denkens und Handelns kostet uns nur vorübergehend mehr Energie. Dies ist lediglich in einer Umstellungsphase der Fall, in der jedoch auch meist bereits die ersten Erfolge unseres Handelns sichtbar werden und uns so Auftrieb geben, um uns in der eingeschlagenen neuen (Aus-)Richtung weiterzubewegen.

Warum wir dennoch an unseren Vorsätzen scheitern

Die Anmeldequote und Frequentierung der Fitnessstudios am Jahresanfang sowie das rapide Absinken dieses Jahreshochs bis Mitte Februar sind ein anschauliches Beispiel dafür, dass viele Menschen ihre guten Vorsätze zwar angehen, diese jedoch nicht konsequent umsetzen. Wir wollen etwas zum Positiven verändern, nehmen es uns ganz fest vor, fangen sogar damit an ... und bleiben doch nicht dabei.

Viele Faktoren sind dafür verantwortlich, dass wir etwas, das wir begonnen haben, meist nach kurzer Zeit schon wieder aufgeben:
- Der innere Schweinehund, der uns, einmal überwunden, doch immer wieder einholt.
- Rückschläge, wie vorübergehende Verschlechterung unserer bisher erzielten Fortschritte, eine Krankheit oder Verletzung.
- Auch kann es an dem liegen, was wir uns vorgenommen haben. Vielleicht ist es schlicht nicht das Richtige – nichts, das uns entspricht.

- Vielleicht haben wir uns zu viel auf einmal vorgenommen oder unsere Ziele zu hoch angesetzt.
- Oder wir fühlen uns schlicht in der Umgebung nicht wohl, in der wir das für uns Neue praktizieren.

Gründe gibt es viele.

Wie eine wirklich nachhaltige Veränderung gelingt

Was benötigen wir für die gewünschte nachhaltige Veränderung? Die Grundlage ist das Wissen darüber, wer wir wirklich sind, welche Werte und Überzeugungen uns wirklich wichtig sind und was uns stärkt. Zudem ist die Bewusstmachung der Intention, mit der Sie das für Sie Neue angehen, wichtig.
Es gibt viele Möglichkeiten, sich dessen bewusst zu werden. Jedoch gibt es vielleicht noch mehr Möglichkeiten, sich in der Vorstellung von einem Selbst zu verlieren, das wir eigentlich gar nicht sind, und in falschen – da von außen eingegebenen – Intentionen. Dabei dürfen Sie sich bewusst machen, dass es umso schwieriger ist, bei sich selbst anzukommen und überhaupt zu spüren, was Sie wirklich stärkt, je mehr Ablenkungen Sie sich aussetzen.
Je näher wir aber der Essenz dessen kommen, wer wir wirklich sind – das heißt, je eher wir unseren Werten, Überzeugungen und unserer Natur gemäß leben –, desto zufriedener sind wir.

So einfach sich das liest, so einleuchtend es auch klingt, fällt es den meisten von uns doch nicht leicht, diesen Punkt überhaupt zu erreichen. Viele Menschen teilen den Glaubenssatz, dass man viel tun muss, sich anstrengen muss, um etwas Gewünschtes zu erreichen. An dieser Stelle ist dies jedoch nicht wirklich zielführend. Denn ...

> ... nur über die Entspannung in die Leere, die entsteht, wenn wir bewusst Dinge weglassen und einige Termine streichen, gelangen wir überhaupt erst zu der Erkenntnis, was wir brauchen, um wirklich zufrieden zu sein.
>
> *(Im Verlauf des Buches lege ich das, zu Ihrer Unterstützung, immer wieder und noch deutlicher dar.)*
>
> **Ein regelrechter Push hin zu einem Verhalten, das uns stärkt, entsteht, wenn wir uns bewusst auf unser gutes Gefühl konzentrieren, das sich bei all dem, was wir uns mit unserem veränderten Verhalten Gutes tun, unwillkürlich einstellt. Wenn wir uns das bewusst machen, fällt es uns schon deutlich leichter, die Veränderung umzusetzen und dabei auch am Ball zu bleiben. Wir werden immer zufriedener, da wir unseren Werten entsprechend leben und unserer wahren Intention folgen.**

Wenn Sie sich immer wieder vor Augen führen, was Sie definitiv nicht mehr wollen, was Sie hinter sich lassen möchten, kann das ebenfalls einen echten Energieschub auslösen.

Vielleicht hilft Ihnen hier die Vorstellung, dass die Lebensweise, die Sie bisher pflegten, Sie, ähnlich wie der berühmte und viel bemühte Säbelzahntiger, verfolgt. So werden tatsächlich ungeahnte Kräfte freigesetzt, die Sie sicher über jede Motivationsflaute hinwegtragen.

Auch „ein Verbündeter", ein anderer Mensch, der Sie unterstützt, wird Ihnen helfen. Vielleicht vollziehen Sie gemeinsam eine ähnliche Veränderung, oder der andere ist bereits da, wo Sie hin möchten, und nimmt sie liebevoll motivierend mit. Zudem kann professionelle Hilfe wie ein Trainer, Coach oder Verhaltenstherapeut viel bewirken und eine gute Unterstützung in Motivationstiefs bieten.

Von Zufriedenheit erfüllt, statt voller belastender Gedanken

Indem Sie für Ruhe im Kopf sorgen und in Ihrem Denken eine Leere entstehen lassen, erfahren Sie eine zusätzliche Stärkung. Denn im Zustand der Entspannung nehmen wir überhaupt erst die schönen Dinge in unserem Leben bewusst wahr. Wenn wir in diesem angenehmen Zustand unseren Fokus auf das richten, was uns Freude bereitet, was uns in unserem Handeln und Tun bestärkt, multipliziert sich unsere Zufriedenheit und wir sind wirklich glücklich.

Ein so profanes wie alltagstaugliches Beispiel aus meinem Leben ist, dass ich an kalten Tagen stets die Straßenseite wähle, auf der ich die meiste Sonne abbekomme. Ich liebe das Licht, was nachgewiesenermaßen stimmungsaufhellend wirkt, und ich genieße die Wärme, die mir bei Temperaturen unter 25 °C stets guttut. Dass ich mir dabei über die positive Wirkung von Licht und Wärme bewusst bin, trägt zusätzlich zu meinem Wohlbefinden bei.

Sicher können Sie sich vorstellen, dass ein Mensch, der in Eile, mit allen möglichen Gedanken im Kopf, durch die Straßen hetzt, die Sonnenstrahlen überhaupt nicht bemerkt. Vielleicht ist er mit einem Konflikt beschäftigt, den er an diesem Tag erlebt hat, vielleicht denkt er bereits an seinen nächsten Termin oder, was heute häufig der Fall ist, beschäftigt sich mit den Nachrichten auf seinem Mobiltelefon.

Es kann nun sein, dass Ihr Verstand an dieser Stelle einwendet, dass man doch nicht immer bewusst auf die schönen und angenehmen Dinge in seiner Umgebung achten kann. Dazu sage ich: Doch, Sie können! Die Frage ist nur, was Sie in diesem Moment Ihres Lebens wollen. Wenn Sie sich zudem bewusst machen, dass Ihr ganzes Leben aus solchen aneinandergereihten Momenten besteht, können Sie sich über die Chance freuen, in jedem einzelnen Augenblick zu entscheiden, wie Sie Ihren Fokus ausrichten. Denn wir erreichen stets das, worauf wir unsere Aufmerksamkeit richten.

Also welche Straßenseite wählen Sie ab sofort? Die Schatten- oder die Sonnenseite?

Achtsamkeit für mehr Sozialkompetenz

... oder reiner Egoismus?

Es wird häufig als egoistisch bezeichnet, wenn jemand so lebt, dass er zuerst für sich sorgt und danach schaut, dass es ihm selbst gut geht. Wir nennen ihn dann einen egoistischen Menschen. Aber ein gesunder Egoismus, den man freundlicher Selbstfürsorge nennen kann, ist unabdingbar dafür, dass wir anderen Menschen überhaupt offen und empathisch begegnen können. Auch können wir anderen nur helfen und sie unterstützen, wenn wir Kraft und Ressourcen dafür haben. Um also in unsere Kraft zu kommen, in dieser zu sein und zu bleiben, müssen wir uns gut um uns selbst kümmern.

Achtsamkeit uns selbst gegenüber und das in uns Hineinhorchen ist derzeit geradezu *en vogue*. Dennoch zweifeln auch viele Menschen daran, dass das eine Lösung für unsere Probleme – vor allem im zwischenmenschlichen Bereich – sein soll. Auch haben viele dabei das Gefühl, dass sie sich damit eher von anderen Menschen distanzieren, als sich mit diesen zu verbinden oder gar Konflikte zu klären. Sie fragen sich: „Ist das überhaupt gut so, wenn ich mich um mich selbst und meine Belange kümmere?" Vor allem, wenn es um den Umgang mit anderen Menschen geht, fragen sie sich vielleicht auch, wie es hilfreich sein kann, wenn sie sich mit sich selbst und ihren eigenen Gefühlen beschäftigen. Schließlich würde es dabei ja nur um die Innenschau bei uns selbst gehen. Wie können wir damit andere erreichen oder mit diesen in Verbindung treten?

Was Achtsamkeit bewirkt

Zweifeln auch Sie an der positiven Wirkung von Achtsamkeitsübungen auf Ihre zwischenmenschlichen Beziehungen?

> **Überlegen Sie selbst einmal, wann für Sie eine Begegnung mit anderen angenehmer ist: Wenn Ihr Gegenüber gehetzt, gestresst, wütend oder genervt ist oder wenn derjenige ausgeglichen ist? Jetzt haben Sie die Antwort nicht nur für sich selbst: Anderen geht es genauso wie Ihnen.**

Achtsamkeit fängt zwar stets bei uns an, je besser uns der achtsame Umgang mit uns selbst jedoch gelingt, desto achtsamer gehen wir auch mit unserer Umwelt und damit ebenso mit anderen Menschen um. Wir schaffen über diese Verbindung mit uns selbst gleichzeitig eine echte Verbindung nach außen.
Begegnungen mit anderen Menschen, aber auch Tieren, sowie die Betrachtung von Dingen oder den Umgang mit diesen erfahren wir intensiver, wenn wir achtsam sind. Denn wir begegnen unserem Gegenüber überhaupt erst wirklich, wenn wir nicht in unseren eigenen Gedankenmustern, in unserem

Tun und Müssen verhaftet sind. Wirkliche Begegnung findet statt, wenn wir den anderen möglichst in seiner Gesamtheit wahrnehmen. Wenn wir uns ihm mit unserer gesamten Aufmerksamkeit zuwenden.

Ist hingegen unsere Aufmerksamkeit in Gedanken oder in einer Handlung gefangen, können wir uns nicht auf den anderen Menschen konzentrieren. Also findet auch keine wahre Begegnung statt.

Dies geschieht immer dann, wenn wir achtlos an einem Menschen vorbeigehen, ohne ihm ins Gesicht zu schauen. Aber auch, wenn wir dem anderen nur halbherzig zuhören oder während einer Unterhaltung andere Dinge tun.

Der Elternteil, der sein Kind an der einen Hand führt und gleichzeitig mit der anderen Hand auf seinem Mobiltelefon schreibt, ohne dem Kind zuzuhören und sich ihm zuzuwenden – ja der sich sogar von ihm abwendet, hin zum Mobiltelefon –, ist hier ein Beispiel, das mir immer wieder besonders unangenehm auffällt. Aber auch der Vorgesetzte, der während des Vieraugengesprächs mit seinem Mitarbeiter immer wieder Telefonanrufe annimmt.

Wirklich aktives Zuhören in Achtsamkeit für den anderen Menschen und Metakommunikation, die für die wirkliche Verständigung so wichtig ist, weil wir dabei gegenseitig klären, wie das Gesagte ankommt und tatsächlich gemeint ist, finden immer weniger statt.

Wirkliche Begegnung im Gespräch ist jedoch auch mehr als Techniken und Methoden, die das Gesagte oder den Unterton ansprechen und klären. Wahre Begegnung findet nur in verbindlicher Zuwendung zum anderen statt. Nämlich, wenn wir dem anderen unsere volle Aufmerksamkeit widmen und wir wirklich an ihm und seiner gesamten Persönlichkeit interessiert sind. Menschen möchten in der Regel in ihrer Gesamtheit gesehen werden. Wir Menschen wünschen uns stets, von anderen so akzeptiert zu werden, wie wir sind. Das Öffnen unseres Selbst, das Preisgeben dessen, wie wir wirklich sind, unverstellt und ehrlich, ist dabei die Voraussetzung dafür, dass uns ein anderer Mensch so annehmen kann. Zugleich schafft diese Authentizität auch Vertrauen und andere Menschen werden sich uns gegenüber wiederum unverfälscht zeigen.

Ein aufmerksamer Mensch bemerkt zwar, wenn ein anderer sich ihm gegenüber nicht so zeigt, wie er wirklich ist. Er kann jedoch die Gründe für dieses „nicht preisgeben Wollen" nicht wirklich erfassen, zumal diese sehr unterschiedlich sein können. Es bleibt also der Spekulation überlassen, was wiederum die Beziehung eher belastet oder sogar verhindert, dass eine solche überhaupt entstehen kann.

Zusammenfassend lässt sich also sagen, dass wahre Begegnung nur da stattfindet, wo beide sich so zeigen, wie sie sind, und jeder den jeweils anderen in seiner Ganzheit wahrnimmt. Achtsam zu sein erleichtert dies, da wir in der Achtsamkeit mit uns selbst erst lernen, zu spüren, wer wir selbst wirklich sind. Zugleich lernen wir so, uns selbst anzunehmen und zu akzeptieren. Wenn wir einem anderen Menschen ebenfalls achtsam gegenübertreten, fällt uns beides auch bei diesem leichter.

Darum möchte ich Ihnen Mut machen, auch einmal in die Innenschau bei sich selbst zu gehen. Sie lernen sich selbst besser kennen und Sie lernen, sich selbst anzunehmen. Das ist ein guter Anfang und der erste Schritt, um eine Veränderung hin zum Positiven in Ihrem Leben zu bewirken.

Das heißt: Nur wenn Sie in sich hineinhören und bei sich selbst ankommen, spüren Sie überhaupt erst, was Ihre wahren Bedürfnisse sind. Zudem erreichen Sie eine innere Ruhe und Gelassenheit.
Wenn Sie auf sich selbst hören, sich Ihrer Gefühle und Bedürfnisse bewusst sind und dafür sorgen, dass es Ihnen wirklich gut geht, werden Sie gleichzeitig und unwillkürlich einen Wandel in den Begegnungen mit anderen Menschen wahrnehmen:

- Sie nehmen hinter dem teilweise unwirschen oder rücksichtslosen Verhalten anderer gleichzeitig auch deren Gemütsverfassung wahr, fühlen sich dadurch also nicht persönlich angegriffen.
- Da Sie die Gemütsverfassung anderer Menschen besser wahrnehmen, können Sie auch besser auf deren Belange eingehen und bei Bedarf helfen und unterstützen.
- Da Sie innerlich ausgeglichen sind, wirken Sie unwillkürlich bei Begegnungen mit anderen positiv auf diese ein.
- Sie bleiben in Stresssituationen gelassener, sodass andere Menschen, zum Beispiel Kinder, sich in Ihrer Nähe sicher fühlen.

- Es werden insgesamt freundlichere und wertschätzendere Begegnungen stattfinden. Sie erhalten mehr Kraft und Ausdauer, um anderen Menschen zu helfen.

Achtsamkeit im Alltag

Achtsam zu sein, bedeutet nicht nur, im Schneidersitz in meditativer Versenkung auf einem Kissen zu sitzen. Wenn wir Achtsamkeit nicht nur als „Übung" vollziehen, sondern diese in unseren Alltag integrieren, sind wir mehr bei dem, was wir tun, wir konzentrieren uns auf das im Moment Wesentliche. Dennoch sind wir dann offen für Stimmungen und Geschehnisse in unserer Umgebung, ohne uns jedoch zu sehr von diesen vereinnahmen zu lassen. Dabei sind wir jederzeit handlungsfähig, wenn es die Situation erfordert.

Richten wir unseren Fokus ausschließlich nach außen, was wir in unserer Gesellschaft fast ständig tun, ist jede Störung eine Störung in unserem Ablauf, eine Störung dessen, wie wir uns vorstellen, dass die Dinge zu sein haben. Diese wird dann häufig sogar als Angriff gewertet.
Zieht auf der Autobahn zum Beispiel ein Fahrzeug vor uns auf unsere Spur, sodass wir dadurch bremsen müssen, fühlen sich viele angegriffen. „Warum muss der jetzt rausziehen?", ist eine häufig ärgerlich formulierte Frage. Was hier geschieht, ist, dass wir uns im wahrsten Sinne des Wortes ausgebremst fühlen. Die Situation läuft nicht so ab, wie sie unserer Vorstellung gemäß zu sein hat.

Doch – was auch immer die Beweggründe des anderen Fahrzeugführers waren – wir ändern die Situation nicht. Vielmehr schaden wir uns damit selbst: Unser Blutdruck steigt, die Atmung wird flach, und unsere Muskulatur verkrampft sich. Wir schaden also unserer Gesundheit und das nur, da wir uns aufregen über etwas, das – wenn wir einmal darüber nachdenken – nicht wirklich schlimm ist.
Sind wir in einer solchen Situation hingegen achtsam, befinden wir uns also zentriert in unserer Mitte und konzentrieren uns auf das, was in diesem Moment wesentlich ist, nämlich das Fahren, nehmen wir das ausscherende Fahrzeug einfach als gegeben hin und bleiben gelassen.

Mit dem folgenden Vorgehen werden Sie automatisch immer mehr das tun, das Sie stärkt, und das weglassen, das Sie schwächt. Wenn wir uns bewusst machen, dass uns etwas nicht guttut, müssten wir uns sonst schließlich absichtlich selbst schaden, wenn wir es trotzdem tun. Es wird Ihnen also leichter fallen, gezielt zu vermeiden, was Ihnen schadet. Sie werden sich automatisch eher dem zuwenden, das Ihnen wirklich guttut.

Probieren Sie es einfach einmal aus und lassen Sie sich auf die Begegnung mit sich selbst ein.

Was dabei helfen kann:
- Die eigene Langsamkeit entdecken, sich bewusst Zeit lassen.
- Zeit bewusst allein verbringen.
- Meditation.
- Ein Spaziergang in vertrauter, jedoch möglichst menschenleerer Gegend.
- Stellen Sie sich möglichst häufig selbst die Frage: „Wie fühle ich mich gerade?" Lassen Sie Gefühle zu und spüren Sie ihnen nach.
- Körperliche Empfindungen wahrnehmen ... und zulassen.
- Rückzug in die „eigenen vier Wände", den Wohnraum sowie den Körper.
- Krankheit und andere unangenehme Begebenheiten akzeptieren.
- Den eigenen wahren Bedürfnissen nachgeben ... und spüren, wie gut das tut.

Bewusstsein schaffen

Bewusstsein entwickeln

Achtsamkeit im Sinne von Bewusstsein bedeutet nicht nur, das Gute zu sehen, sondern alles wahrzunehmen und damit schonungslos offen zu sein für das vermeintlich Gute, wie für das vermeintlich Schlechte. Hinzuschauen, unabhängig von der Wertung, der wir das Erlebte letztlich unterziehen.

Unbewusstes Handeln identifizieren

Bei all den Dingen, mit denen wir uns umgeben, bei all den Menschen, mit denen wir in Kontakt treten, und bei allem, was wir tun, geht es um die dahinterstehende Intention.
Greifen wir zum Beispiel morgens als Erstes zum Mobiltelefon, könnte der Grund dafür sein, dass wir eine wichtige Nachricht erwarten. Vielleicht haben wir vereinbart, dass ein guter Freund sich mit der Ankunftszeit seines Zuges ankündigt, und wir wollen ihn abholen. Oder eines unserer Kinder hat versprochen mitzuteilen, wenn die Prüfungsergebnisse vorliegen. Auch wenn eine Freundin oder unsere (Schwieger-)Tochter in den Wehen liegt, erwarten wir die wichtige Nachricht, ob wir inzwischen einen neuen Menschen in unserem Umfeld begrüßen dürfen oder sogar Großmutter geworden sind.
Greifen wir jedoch lediglich aus Gewohnheit nach dem Smartphone, auf der Suche nach etwas Neuem, einem Reiz oder Informationen, besteht die Gefahr, dass wir uns dabei verlieren. Wir verlieren uns tatsächlich im Außen und spüren

nicht mehr, wie es uns gerade geht, und was uns von innen her antreibt. Lesen wir Kurznachrichten auf Twitter oder Instagram, um zu erfahren, welcher Politiker sich zum Thema des jeweiligen Tages wie äußert, über was die Welt sich heute empört oder welche Villa sich eine Millionärin in den USA gerade gekauft hat, birgt dies für uns die Gefahr, dass wir in all dem, was da auf uns einströmt, regelrecht untergehen.
Es gibt Studien, die belegen, dass ein Löwenanteil von über 80 Prozent aller Nachrichten und Informationen, die wir konsumieren, für unser Leben absolut irrelevant ist, uns also keinen Mehrwert bieten und uns daher in keiner Weise weiterbringen.
Erst neulich habe ich den Selbstversuch gewagt und nach längerer Zeit einmal wieder die Nachrichten eines regionalen Senders gehört. Es waren mindestens Wochen, eher Monate, vergangen, seit ich solche das letzte Mal gehört hatte. Dabei war es gut, dass es lediglich vier Minuten meiner Zeit waren, die diese Nachrichten in Anspruch nahmen. Denn ich hatte in diesen nichts gehört, was mir für mein Leben auch nur irgendetwas genutzt hätte. Auch gab es keinerlei Wissenszuwachs für mich. Mir persönlich bringt es nichts, zu wissen, dass eine Garage im Nachbarort mit Wasser vollgelaufen ist oder wie viel Waffen in ein Kriegsgebiet gesendet werden.
Vielleicht haben Sie einen wirklichen Nutzen von einer solchen Nachricht. Das finden Sie selbst heraus, indem Sie hinterfragen, was Sie von der jeweiligen Nachricht haben. Vielleicht sehen Sie die Möglichkeit für sich, zu helfen, oder starten eine Hilfs- oder Protestaktion. Das wäre dann eine, durch die Nachricht ausgelöste, Aktion, die vielleicht sogar den

betroffenen Menschen nützen würde. In den allermeisten Fällen wird das jedoch nicht so sein, und die Informationen helfen kaum jemandem.

Auf jeden Fall lenken wir uns mit solchen und anderen Medien gerne ab. Wir überbrücken damit selbst die kürzesten Wartezeiten. Wenn wir traurig sind, lenkt uns die Bilder- und Informationsflut von diesem Gefühl ab. Wenn wir uns mit Social Media, YouTube-Videos oder Kurzinformationen beschäftigen, sind wir nicht bei uns, sondern komplett im Außen. Das heißt, wir nehmen uns selbst, unsere Gefühle und unser Befinden nicht mehr oder zumindest stark abgeschwächt wahr. Dabei ist der Konsum nicht per se schädlich. Vielmehr macht auch hier die Dosis das Gift. Dies und vor allem auch die Kürze und Vielzahl der Bilder und Nachrichten, die durch unser Gehirn rauschen, beschäftigen unsere Sinne bis zur Erschöpfung. Je länger wir uns dieser Flut von Informationen aussetzen, desto mehr nimmt unsere Konzentrationsfähigkeit ab. Selbst wenn wir unser Mobiltelefon lediglich auf dem Tisch in unserer Nähe liegen haben, lenkt uns dieses von unserem jeweiligen Tun unwillkürlich ab, selbst wenn wir es nicht nutzen.

So normal es uns heute scheinen mag, unser Leben im Trubel von Medienkonsum und digitaler Kommunikation zu verbringen, es bekommt uns nicht wirklich gut. Viele Menschen bemerken das schon gar nicht mehr oder werden sich dessen höchstens bewusst, wenn ein anderer sie darauf aufmerksam macht. Andere spüren dabei, dass sie unruhig, nervös, unzufrieden und nur noch eingeschränkt konzentrationsfähig sind.

Doch wie schaffen wir es, diese stets verfügbaren Reize wegzulassen?

Bewusstsein für unsere wahren Bedürfnisse und unser Handeln

Zunächst dürfen wir uns bewusst machen, was wir eigentlich brauchen, was für uns persönlich wichtig ist. Dabei geht es darum, uns den Zusammenhang zwischen unserem Verhalten, also dem, was wir tun, und dem, was wir dabei fühlen, zu vergegenwärtigen. Auf diese Weise schaffen wir die Grundlage für ein zielgerichtetes Handeln zugunsten unseres Wohlbefindens, das zu körperlicher und geistiger Gesundheit beiträgt.

Dabei geht es nicht darum, für sich eine Kuscheloase zu schaffen, in der nur angenehme Gefühle vorhanden sein dürfen. Es ist ebenso wichtig, zu spüren, was in uns unangenehme Gefühle oder körperliche Beschwerden hervorruft. Denn nur so können wir die jeweiligen Verhaltensweisen, die ursächlich für unsere Beschwerden sind, erkennen, um diese schließlich zu verändern.

Ob Ihnen etwas guttut oder nicht, oder was Sie selbst eigentlich wollen, nehmen Sie in Ihrem Alltag bisher vielleicht kaum bis gar nicht wahr.
Wir tun Dinge, weil wir es schon immer so gemacht haben. Wir kaufen unsere Lebensmittel stets im gleichen Geschäft. Ernähren uns stets in gleicher Art und Weise. Unsere Kleidung kaufen wir immer im gleichen Kaufhaus, in den gleichen

Boutiquen. Das alles, ohne jemals zu hinterfragen, ob und inwiefern uns all dies entspricht und ob es uns überhaupt guttut.
Wir fliegen in den Urlaub, weil das Fliegen nicht alltäglich ist und darum für uns einen Ausbruch aus dem Alltag bedeutet. Ein Flug bringt uns schnell weit weg vom Alltagsgeschehen.

Dabei könnten wir uns einmal fragen, warum wir überhaupt Urlaub vom Alltag brauchen. Würden wir unseren Alltag so gestalten, dass wir in diesem bewusst unsere Gefühle wahrnehmen und unsere Bedürfnisse leben, wäre dies eine täglich wiederkehrende Erholung, an jedem Tag eines jeden Jahres.

Das meiste, was wir im Leben tun, machen wir nicht bewusst. Der Mann, der seine Zigarette beiläufig achtlos auf den Boden wirft, kurz bevor er ein Geschäft betritt, denkt nicht darüber nach, wie die Wege aussähen, wenn diese nicht regelmäßig gereinigt würden. Auch nicht darüber, dass dieser eine Zigarettenfilter 70 Liter Grundwasser verschmutzt, durch die in ihm befindlichen Giftstoffe. Ja sogar der Griff nach und der Zug an der Zigarette geschieht unbewusst. Häufig auch einfach, um Wartelücken zu überbrücken.

Durch ähnlich gelagertes unbewusstes Handeln schaden wir häufig uns selbst, jedoch auch unserer Umwelt:

Wir schaden ...

- ... Dingen, da wir sie achtlos, anstatt sorgsam gebrauchen.
  → So verschleißen diese schneller.
- ... Menschen, da wir nicht darauf achten, wie es diesen geht, nicht danach fragen, was sie bewegt.
  → So verletzen wir – ohne es zu wollen.
- ... der Natur.
  → Weil wir nicht darüber nachdenken, was die Folgen dessen sind, was wir tun, und ob diese im Verhältnis dazu stehen, wenn wir zum Beispiel etwas kaufen, das wir eigentlich gar nicht benötigen oder nur einmal verwenden, was bei Einmalverpackungen, bei den meisten Produkten aus dem Supermarkt, Coffee-*to-go*-Bechern, Tüten etc. der Fall ist.

Dieses unbewusste Handeln macht es uns bequem, es ermöglicht uns, schnell und nebenbei Dinge zu kaufen, zu essen, zu trinken. Auch schont es die Kapazität unseres Gehirns. Würden wir jede Bewegung, jede Äußerung, jede Handlung bewusst durchführen, würde uns dies schnell überfordern.
Diese automatisierten Abläufe sparen unserem Gehirn eine Menge Energie. Wir würden wahnsinnig werden, wenn wir stets alles genau wahrnehmen und jede unserer Bewegungen hinterfragen würden.

Wenn es darum geht, ein Instrument sicher spielen zu können, im Sport eine Bewegungsabfolge nahezu perfekt durchzuführen oder beim Autofahren schnell und adäquat reagieren zu können, ist es essenziell, dass die hierfür notwendigen Handlungen automatisiert ablaufen. Ich möchte diesen Sparmodus unserer Ressourcen zur Bewusstmachung also nicht grundsätzlich verteufeln, bin mir jedoch sicher, dass es uns als Gesellschaft, der Umwelt und jedem Einzelnen von uns besser bekommen würde, wenn wir lernen würden, bewusster zu denken und zu handeln.

Wenn wir kein Bewusstsein für unsere echten Bedürfnisse und wahren Wünsche entwickeln, besteht die Gefahr, dass wir gar nicht darauf kommen, etwas anders zu machen. Was letztendlich als Erstes und am meisten uns selbst schadet.

Veränderungen als Chance begreifen

Die meisten Krankheiten ließen sich vermeiden, wenn wir immer einmal wieder eine Korrektur unseres Verhaltens vornehmen würden. Erst wenn wir die Art und Weise, wie wir uns bewegen, wie wir uns ernähren, und unser Verhalten auch immer wieder einmal verändern, kann auch eine Veränderung in unserer körperlichen und seelischen Verfassung zustande kommen.

Wenn wir im Laufe unseres Lebens merken, dass wir so, wie wir leben, nicht glücklich sind, ja sogar immer unzufriedener und kränker werden über den Dingen, welche wir nie

hinterfragen, ist es an der Zeit, ein tiefergehendes Bewusstsein für uns selbst zu entwickeln und Veränderung anzustreben.
Jeder Mensch hat, zumindest hin und wieder, ein Gefühl dafür, dass er etwas ändern sollte. Wir schieben dieses Gefühl jedoch meist lieber weg und bleiben im gleichen sicheren Trott unserer Ablenkungen, die wir um uns geschart haben.
Da Sie sich von diesem Buch angesprochen gefühlt haben oder vielleicht auch jemand in Ihrer Umgebung Ihnen dieses geschenkt hat, sind Sie jedoch schon einen Schritt weiter und ergreifen nun die Chance, mehr darüber zu erfahren, was für Sie wesentlich ist, um endlich die Dinge anzugehen, die der Änderung in Ihrem Leben bedürfen.

Ich denke, es ist bereits hinreichend bekannt und sicher alles andere als eine Phrase, dass die Veränderung bei jedem von uns bei sich selbst anfängt.
Dies gilt es, als wundervolle und große Chance in unserem Leben zu begreifen. Wir haben es selbst in der Hand, alles zu verändern – nur ist es dafür zunächst wichtig zu wissen, was. Zuerst geht es dabei darum, uns bewusst zu machen, wo wir stehen, was uns bewegt, was unseren Geist beschäftigt, welche Gedanken wir hegen. Erst dann können wir herausfinden, ob uns diese Gedanken guttun oder ob sie uns nicht eher vom Wesentlichen ablenken. Oft liegt das Wesentliche, was uns tatsächlich entspricht, hinter dem Oberflächlichen, leicht Zugänglichen und auch für Außenstehende meist gut Ersichtlichen verborgen. Ich bin der Meinung, dass jeder Mensch zumindest eine Ahnung von dem hat, was hinter seinen antrainierten und oberflächlichen Handlungen und Gefühlen liegt. Häufig ist es jedoch so, dass

wir das verdrängen, da uns ein Gerüst von Sicherheiten, die wir um uns aufgebaut haben, vermeintlich schützt.

Geben wir diesen Schutz auf, fühlt es sich zunächst nicht sofort befreit und schön an. Es kommen Ängste, Trauer, Aggression etc. zum Vorschein, die wir vorher unter der Oberfläche gehalten haben. Doch aus eigener Erfahrung heraus kann ich sagen, dass es sich lohnt, diese Gefühle zuzulassen, sie zu fühlen. Tun wir das in Ruhe und immer häufiger, gelangen wir zu dem Punkt, an dem wir bei uns selbst ankommen. Dann entsteht unwillkürlich Freude und eine tiefe innere Zufriedenheit. Aus dieser wiederum entsteht Kraft. Wir fühlen uns stärker denn je und gelangen zu unserem vollständigen Potenzial. Dieses wiederum können wir nutzen, indem wir das tun, was uns, unseren Stärken und Talenten entspricht. Dann merken wir auch, dass sich unsere Kraft beim Einsatz unserer Talente und Stärken nicht erschöpft, sondern vermehrt. Wir erhalten einen regelrechten Energieschub.
Sie kennen das sicher in anderer Art: Wenn Sie etwas Freudiges mit einem anderen Menschen teilen, steigert sich die Freude ebenso. (Der Vollständigkeit halber: Auch wenn Sie unangenehme Begebenheiten in Ihren Erzählungen wieder aufwärmen, potenzieren sich die Gefühle, die Sie in der jeweiligen Situation empfunden haben. Sie ziehen sich und Ihr Gegenüber also unbewusst runter.)

Um also uns selbst und die Dinge in unserer Umgebung bewusster wahrzunehmen und bewusst Veränderungen zu bewirken, geht es darum, eine möglichst durchgängige Achtsamkeit zu entwickeln. Innezuhalten. Zu reflektieren. Nur so können wir schließlich die Zusammenhänge zwischen dem, was wir tun, und dessen Auswirkungen erkennen.

Nehmen Sie sich Zeit für sich:

- **Fühlen Sie in sich hinein.**
- **Spüren Sie Ihren Körper.**
- **Nehmen Sie Ihre Umgebung bewusst wahr.**
- **Machen Sie sich die Folgen Ihres Handelns bewusst.**

Lassen Sie sich nicht einreden, dass Sie etwas brauchen oder tun müssen. Nicht von der Werbung, nicht von charmanten Verkäuferinnen und auch nicht von Menschen, die Ihnen nahestehen.

Seien Sie darum ehrlich zu sich selbst, wenn Sie sich folgende Fragen stellen:

- Was will ich eigentlich?
- Was fehlt mir wirklich?
- Was ist *mir* wichtig?
- Brauche ich das tatsächlich?
- Wen und was möchte ich mit meinem Kauf/meinem Tun unterstützen?

Vielleicht finden sich Ihre Antworten auch in den erfahrungsgemäß häufigsten, die ich hier aufgeführt habe:

- mehr Gemeinschaft mit anderen Menschen
- eine sinnvolle Tätigkeit
- gesehen werden
- angenommen werden
- Anerkennung
- Mitsprache

... für Ihr erfülltes Leben!

Vielleicht mögen Sie jetzt einwenden: „So einfach, wie das hier beschrieben ist, ist es doch eigentlich nicht, sonst würde schließlich jeder Mensch so leben, wie es für ihn am zuträglichsten ist."

Wie bereits dargestellt, haben die meisten Menschen eine Ahnung oder sogar ein Wissen darüber, welche Faktoren es im eigenen Leben sind, die sie sich anders wünschen würden. Diese werden jedoch gerne verdrängt und mit Ersatzhandlungen überdeckt. Ein offensichtlicher Grund dafür ist, dass viele Menschen sich gar nicht darüber bewusst sein *wollen*, was ihnen nicht guttut oder sogar schadet.

Denn wenn wir uns unserer selbstschädigenden Verhaltensweisen bewusst sind, jedoch glauben, nichts daran ändern zu können, stellt sich schließlich ein schlechtes Gewissen oder sogar ein Ohnmachtsgefühl ein. Dieses bringt uns erfahrungsgemäß tatsächlich nicht weiter, sondern wir fühlen uns mit dem bloßen Wissen, ohne einen Ausweg zu finden, eher noch schlechter.

Wenn wir bisher kaum bewusst und von uns aus Veränderungen in unserem Leben angestoßen haben, fällt es außerdem tatsächlich nicht leicht, vom Bewusstsein über einen Missstand zur Handlung zu kommen, um eine gewünschte Veränderung zu bewirken. Doch es gab nie so viele Möglichkeiten, wie wir sie derzeit nutzen können, um das, was wir uns wünschen, zu erreichen. Dieses Buch soll Ihnen Mut machen, den für Sie richtigen Weg zu finden.

Sie dürfen gerne Hilfe in Anspruch nehmen.
Sprechen Sie mit Menschen, die bereits so leben,
wie Sie es sich für sich selbst wünschen. Wie haben

diese die gewünschten Veränderungen bewirkt?
Was haben diese getan, um voranzukommen?
Welche Einstellungen und Glaubenssätze haben sie?
In welchem Umfeld bewegen sie sich?

Nutzen Sie auch andere Möglichkeiten, um sich Wissen darüber anzueignen, wie sich Verhaltensänderungen am besten umsetzen lassen. Einige Bücher und Podcasts (zum Beispiel von Stefanie Stahl), die sehr anschaulich praktikable Tipps vermitteln, könnten Ihnen zum Beispiel helfen. Denn das, was uns daran hindert, eine Veränderung selbst aktiv zu bewirken, ist häufig unter der Oberfläche unserer Trägheit und Hemmung verborgen. Wenn Sie sich den darunter befindlichen Glaubenssätzen und Ängsten zuwenden, um diese schließlich aufzulösen, werden sich die gewünschten Veränderungen fast wie von selbst einstellen.

Scheuen Sie sich auch nicht, professionelle Hilfe in Anspruch zu nehmen. (Mir selbst hat das in meiner Entwicklung sehr geholfen.) Verhaltenstherapeuten und Coaches setzen da an, wo Sie selbst nicht weiterkommen, und können Sie dabei unterstützen, die ersten Hürden zu überwinden.

Sie bekommen von Coaches oder Therapeuten Werkzeuge mit auf den Weg, um Ihr Leben schließlich selbstständig nach Ihren Bedürfnissen zu gestalten.
Sie müssen es also nicht alleine schaffen, werden auf längere Frist die von Ihnen gewünschte Ausrichtung in Ihrem Leben jedoch mehr und mehr selbstständig gestalten können.

Bewusst selbstwirksam handeln

Von der reinen Bewusstmachung ins Handeln zu kommen, ist essenziell, damit Sie Ihr Leben so gestalten können, wie Sie es sich wünschen. Dabei kommt es auch bei der Handlung, die wir vollziehen, darauf an, dass wir diese bewusst ausüben. Bewusst so zu handeln, wie wir es für richtig und wichtig erachten, trägt dazu bei, dass wir zufriedener sind. Wenn wir nicht abwesend sind, vom Moment und dem, was wir gerade tun, nehmen wir erst einmal bewusst wahr, *was* wir eigentlich gerade tun und wie wir es tun. Auch wie es uns dabei geht, wie sich unser Körper anfühlt, nehmen wir nur wahr, wenn wir bewusst agieren. So können wir auch rechtzeitig gegensteuern, wenn wir merken, dass sich unsere Muskulatur verkrampft. Wir könnten dann zum Beispiel unsere Haltung ändern, uns aufrichten, uns ein wenig bewegen oder eine kurze Pause einlegen.
Dieses Wahrnehmen unserer Handlung bietet uns zwei Möglichkeiten: Wir nehmen wahr, dass wir diese so ausführen möchten, da sie uns und/oder einem anderen nützt, oder uns wird bewusst, dass das, was wir gerade tun, uns und/oder jemand anderem nicht guttut bzw. eine Schädigung bewirkt. Häufig machen wir unbewusst Dinge, die wir gar nicht tun würden, wenn wir darüber nachdenken würden. Zum Beispiel den Coffee-to-go auf dem Weg zur Arbeit zu kaufen, was uns Geld kostet und unnötig Müll produziert, wobei wir den Kaffee zu Hause oder bei der Arbeit günstiger und mit weniger Müllverursachung bekommen können.
Wenn wir bewusst Handeln, entscheiden wir uns also bewusst für oder gegen etwas, womit wir uns als (selbst)wirksam wahrnehmen. Je nachdem können wir dann unser Handeln

unterlassen, es verändern oder eine Handlung in dem Bewusstsein, etwas Gutes zu tun, zu Ende führen. Dieses bewusste Agieren ist es, was uns letztendlich zufriedener macht. Das ist sicher auch ein Grund, warum die vielen, eher schlecht bezahlten, Care-Berufe dennoch von vielen Menschen ergriffen werden. Diese Tätigkeiten sind sinnvoll, wirken sich meistens direkt und unmittelbar positiv auf andere Menschen aus, was wiederum von denjenigen, die diese Arbeit ausüben, als bereichernd empfunden wird. Auch im Handwerk ist das Ergebnis der eigenen Arbeit deutlich sichtbar. Wenn derjenige, der einige Stunden an etwas gearbeitet hat, schließlich sein Werk noch einmal bewusst betrachtet, kann er sich über das Ergebnis seiner Arbeit freuen.

Bei einigen anderen Berufen ist das, was geleistet wurde, von außen nicht ganz so offensichtlich. Jedoch können Sie selbst, wenn Sie einen solchen Beruf ausüben, sicher Ihre Leistung nachvollziehen, die hinter dem Ergebnis steckt. Vielleicht wird Ihnen dabei zum ersten Mal so richtig bewusst, dass Sie einen wichtigen Beitrag für etwas Gutes leisten. Falls Ihnen dabei wiederum aufgeht, dass Sie tatsächlich keinen Sinn in Ihrer Aufgabe finden oder dieser für Sie nicht ausreicht, um ein gutes Gefühl dabei zu haben, ist die erste Voraussetzung für eine Veränderung bereits gegeben. Schlicht, indem Sie es sich bewusst gemacht haben und ehrlich zu sich selbst sind.

Bereits im Kindesalter sind wir stolz darauf, wenn wir, im für unser jeweiliges Alter entsprechenden Rahmen, Verantwortung für unser Handeln übernehmen. Zum Beispiel, wenn wir ein noch jüngeres Kind betreuen dürfen. Wir freuen uns darüber, dass wir selbst dieses Kind an die Hand nehmen dürfen, und sind automatisch achtsamer, da es ja nun gilt, auf dieses aufzupassen und Sorge dafür zu tragen, dass es sicher in unserer Obhut ist.

Wenn wir im Erwachsenenalter ein Ehrenamt übernehmen, tun wir das ebenfalls sehr bewusst. Wir tun schließlich nicht irgendetwas, sondern das, was wir für richtig und wichtig halten. Zudem noch etwas, das uns sichtlich Freude bereitet. Wenn wir im Alltag unseren Überzeugungen entsprechend bewusst handeln, erfüllt uns das mit einem guten Gefühl. Wir haben also tagtäglich die Möglichkeit, für gute Stimmung zu sorgen. Ganz einfach, indem wir das tun, was wir für richtig halten, und dabei das unterlassen, was wir selbst als nicht gut empfinden.

Bei mir selbst ist es so, dass ich bewusst kein Fleisch esse, da ich die natürlichen Bedürfnisse von Nutztieren wie Rindern und Schweinen kenne, jedoch auch weiß, dass diese in den allerseltensten Fällen annähernd artgerecht gehalten werden. Die artgerechte Nutztierhaltung wäre übrigens für die Mengen an Fleisch, die wir in unserer Gesellschaft konsumieren, auch gar nicht umzusetzen, da uns keine so großen Flächen an Weideland zur Verfügung stehen.

Auch gehe ich bewusst in den Unverpacktladen einkaufen und freue mich bei jedem Einkauf darüber, wie viel Müll ich so wieder einmal vermeiden konnte. Zudem steigt für mich die Wertigkeit der Lebensmittel, wenn ich dort einkaufen gehe, da diese komplett sichtbar sind und ich die Menge, die ich einkaufe, bewusst selbst wählen kann. In Unverpacktläden findet man auch überdurchschnittlich viele regionale Produkte. Das bereitet mir zusätzlich ein gutes Gefühl, da ich weiß, dass so die Transportwege kürzer sind und ich landwirtschaftliche Unternehmen in der Region unterstütze.

(Schließlich machen uns diese Unternehmen unabhängiger von im Ausland produzierten Lebensmitteln. Dies jedoch nur, solange wir diese erhalten, indem wir regionale Produkte kaufen und nicht, wie es häufig geschieht, dem günstigeren Preis den Vorrang bei unserer Kaufentscheidung geben.)
Auch wenn ich bewusst darauf verzichte, eine Süßigkeit zu verzehren, habe ich dabei ein gutes Gefühl, da ich so meinem Körper etwas Gutes tue.
Wie Sie sehen, sind es viele Kleinigkeiten, die für ein gutes Gefühl sorgen und somit zu mehr Zufriedenheit führen. Wenn wir also bewusst die Verantwortung für etwas übernehmen, spüren wir erst unsere Handlungsmacht. Das macht uns letztlich zufriedener – mit jeder guten Tat.

Bewusste Routinen

Handlungen, die wir routinemäßig ausführen, sparen unserem Gehirn und somit uns selbst nicht nur Energie, sondern vermitteln uns zudem Sicherheit. Den Sinn und Zweck dieser Routinen sollten wir dennoch – wie bereits dargelegt – immer einmal wieder hinterfragen. Wir sollten überlegen und in uns hineinspüren, ob diese uns (noch immer) wirklich nützen und zu unserer Zufriedenheit beitragen.

Wir können auch bewusst Routinen wählen, die uns guttun. *Meine tägliche Meditationspraxis, die ich gleich nach dem Aufstehen durchführe, ist eine solche Routine. Auch genieße ich es sehr, in der Küche oder im Garten zu arbeiten. Dies sind immer wiederkehrende Routinearbeiten, die sowieso erledigt werden müssen. Sie fallen, was meine Küche betrifft, täglich, was den sehr kleinen Garten betrifft, seltener an. Führe ich diese Arbeiten bewusst und in Ruhe aus und genieße sowohl das Tun als auch das Ergebnis meiner Arbeit, trägt dies für mich sehr zu meinem Wohlbefinden bei. Es löst eine angenehme Zufriedenheit in mir aus.*

Nun stellt sich die Frage, warum das bei vielen Menschen, vielleicht auch bei Ihnen, nicht so ist. Meiner Meinung nach ist das der Fall, wenn wir nicht wirklich bei uns sind, bei der Tätigkeit, die wir im Moment ausführen. Gerade solche Routinetätigkeiten erlauben es uns, unsere Gedanken schweifen zu lassen, Probleme zu wälzen, Ärgernisse des Tages noch einmal durchzugehen sowie auch an etwas Schönes zu denken. Gerade, wenn wir uns dabei gedanklich mit etwas beschäftigen, das wir später noch tun wollen, sollen oder müssen, entsteht eine Unruhe, die zu Stress führt oder uns zumindest unzufrieden macht. Hingegen kommen wir, indem wir achtsam bei dem bleiben, was wir tun, in eine ausgeglichene und zufriedene Stimmung.

Sicher ist es auch nicht immer notwendig oder gewünscht, dass wir uns in die jeweilige Routinetätigkeit versenken. Wenn Sie jedoch nicht glücklich und zufrieden sind, sind solche Alltagsroutinen ein wunderbares Mittel, um bei sich selbst anzukommen. Zudem verrichten Sie diese sowieso notwendigen Tätigkeiten – nun eben bewusst. Darum sehen wir auch nicht nur das Ergebnis unserer Arbeit, das wir außerdem immer bewusst schätzen dürfen, sondern werden zudem ruhiger und zufriedener.

Mehr Lebendigkeit erfahren wir, wenn wir gewohnte Routinen ändern.
Ein sehr gutes Mittel, um entspannt Routinen zu durchbrechen und damit sich selbst etwas Gutes zu tun, ist es zum Beispiel, Dinge einfach einmal anders zu machen. Ich nenne es „Urlaub *im* Alltag", anstelle von „Urlaub *vom* Alltag". Dabei geht es darum, unsere Routinen so zu verändern, dass diese eine neue Qualität erhalten. So kommt mehr Abwechslung und etwas Spannung in Ihr Leben.

Zum Beispiel können Sie einmal die Zähne mit der anderen Hand putzen. Das trainiert die sonst für das Zähneputzen nicht verwendete Gehirnhälfte und damit die Motorik. Auch erfordert es Ihre Aufmerksamkeit und Sie sind automatisch achtsamer bei dieser täglichen Routine.

... Und falls Sie einmal etwas Unkonventionelles tun wollen, das Ihnen jedoch zugleich ein ganz neues Gefühl bei einer Routinearbeit vermittelt, habe ich die folgende Idee für Sie:

Machen Sie sich auch für sportliche Betätigung, fürs Putzen oder die Gartenarbeit einmal richtig schick. Sie müssen dabei ja nicht gleich das paillettenbesetzte Cocktailkleid wählen – können das aber selbstverständlich auch tun. Ziehen Sie sich bewusst so an, dass Sie sich richtig gut gefallen, und das für Tätigkeiten, bei denen Sie darauf normalerweise nicht achten. Vielleicht entdecken Sie ja auch ein sehr schönes Kleid oder ein schickes Hemd, das dazu noch bequem ist, welches Sie sogar auf der Couch beim Fernsehen tragen können.

Auch der tägliche Weg zur und von der Arbeit lässt sich variabel gestalten.

Nutzen Sie zum Beispiel einmal ein anderes Verkehrsmittel, begeben Sie sich bewusst auf einen Umweg oder schlagen Sie auch einmal eine andere Richtung ein, um in einer anderen Gegend spazieren zu gehen.

Wenn Ihnen das alles zu verrückt erscheint, möchte ich Ihnen Mut machen. Denn erst, wenn Sie sich dafür entscheiden, auch einmal etwas „Verrücktes" in Ihrem Alltag zu tun, werden Sie mehr Lebendigkeit spüren. Eine freudige Erregung, die Sie aus dem Alltagstrott herausholt, kommt auf. Urlaub im Alltag eben.

Bewusstsein für die Kehrseite

... oder die Folgen unseres Handelns

Sicher kommt jeder Mensch im Laufe seines Lebens mehrmals an einen Punkt, an dem er das, was er für richtig hält und was ihm sein Gefühl sagt, nicht beachtet.
Häufig ordnen wir unsere Herzensangelegenheiten irrigerweise den Dingen und Handlungen unter, die vermeintlich zu deren Erreichung notwendig sind.
„Wenn ich hart arbeite und viel Geld verdiene, kann ich früher in den Ruhestand gehen" ist ein Glaubenssatz, der sich für nur wenige Menschen letztlich so erfüllt, wie sie es sich vorgestellt hatten. Wir laufen Gefahr, Dinge, die komplett ohne Geld zu haben sind, uns jedoch sehr guttun, zu übersehen und letztendlich von einer Krankheit oder dem Tod ereilt zu werden, bevor wir das erlösende angestrebte Rentenalter erreichen.
Unser Blick ist verstellt durch den Stress bei der Arbeit, das Vernachlässigen von zwischenmenschlichen Beziehungen und die hauptsächliche bis ausschließliche Fokussierung auf monetäre Aspekte.

Triggerwarnung

Wenn Ihnen die Auseinandersetzung mit Krankheit und Tod Schwierigkeiten bereitet, können Sie den folgenden Abschnitt gerne überspringen.

Der harte Fakt, den die meisten Menschen in unserer Gesellschaft sich nicht bewusst machen, ist, dass es nur den Rentenkassen in Deutschland zugutekommt, wenn der Einzahler verstirbt, bevor er seine Rente erhält. Wenn jeder sich das bewusst machen würde und auch, dass das nicht sein Ziel ist, würden wir zukünftig achtsamer mit unserer Gesundheit umgehen. Auch das krankheitsbedingte Dahinsiechen, was sich durch die heutigen medizinischen Mittel extrem ausdehnen lässt, ist für niemanden wirklich erstrebenswert. Es kostet extrem viel Geld, die Pflegeeinrichtungen zu unterhalten, und birgt bestenfalls die Hoffnung auf mehr Lebensqualität. Wobei Letztere dabei doch immer mehr abnimmt, was bei vielen Menschen zu einem Warten auf den erlösenden Tod führt.

Wenn wir diese Tatsachen nicht verdrängen, sondern hinschauen, fällt es uns leichter, unser Leben so zu leben, wie wir es uns vorstellen, und zwar jetzt und nicht erst in einer fernen Zukunft. Wenn uns erst in Krankheit und Alter bewusst wird, dass wir unser Leben hätten anders führen sollen, ist es dafür dann wirklich zu spät. Wer an eine Reinkarnation als Mensch in einem anderen Leben glaubt, dem bleibt zumindest die Hoffnung, dass er es im nächsten Leben besser machen wird. Es lohnt sich jedoch auf jeden Fall, sich immer einmal wieder mit den nicht so schönen Tatsachen zu beschäftigen. Sich diese bewusst zu machen, ist ein guter Antrieb dafür, sein Leben heute schon zum Besseren hin zu gestalten.

Auch werden Sie den Slogan der Deutschen Vermögensberatung „Früher an später denken" ganz anders interpretieren, wenn Sie sich bewusst machen, dass eben nichts, worauf Sie hinarbeiten, wirklich sicher ist.

Wenn wir uns die Vergänglichkeit von allem, inklusive unserer eigenen Vergänglichkeit, und die Möglichkeit von Krankheit und Tod, die immer besteht, bewusst machen, empfinden wir das, was wir jetzt haben als wertvoller. Wir genießen erst in diesem Bewusstsein alles umso mehr.

Verschließen wir hingegen unsere Augen vor der Vergänglichkeit der Dinge und dem Zusammenhang zwischen unserem Handeln oder auch Nicht-Handeln und dessen Auswirkungen, fördern wir folgende selbstschädigende Verhaltensweisen:

- Wir kaufen uns vermeintliche Sicherheit durch die Aufgabe unserer Freiheit.
- Wir werden immer handlungsunfähiger durch unsere Bequemlichkeit.
- Wir verdienen viel Geld auf Kosten unserer Gesundheit.
- Wir gönnen uns Dinge als Belohnung, die wir nicht brauchen und die uns teilweise sogar schaden.
- Wir konsumieren, statt zu genießen.
- Sind Getriebene, hin zu mehr, größer, weiter …

Die großen und viel gelobten Errungenschaften der Menschheit konnten zwar vor allem auch mit dem Antrieb, der aus dieser Getriebenheit entsteht, erreicht werden. Versäumt haben wir es meiner Meinung nach jedoch, die Kollateralschäden, die für unsere Umwelt und auch unmittelbar und direkt für uns entstehen, mit in unsere Bewertung einzubeziehen.

Darum plädiere ich keinesfalls fürs Hände-in-den-Schoß-Legen und auch nicht dafür, nichts Produktives mehr zu tun. Es geht vielmehr darum, das „Wie" und das „Was" zu bedenken und dementsprechend zu handeln, möglichst bei allem, was wir tun. Es ist an der Zeit, dass wir dem, was wir eigentlich wissen, auch endlich Taten folgen lassen. Meiner Meinung nach bedarf es dabei keiner revolutionären Entwicklungen, sondern lediglich einer Verhaltensänderung, die sich zugunsten von mehr Lebensqualität auswirkt. Diese geht auch immer mit mehr Ruhephasen einher. In Ruhephasen, in denen wir auch einmal eine Zeit lang gar nichts tun, sind wir gleichzeitig am kreativsten. Es wäre doch spannend, zu sehen, was wir damit alles erreichen können.

Bewusstsein für Zeitverschwendung

„Man kann dem Leben nicht mehr Tage geben, aber den Tagen mehr Leben."
— Cicely Saunders —

In einer Zeit der Unruhe und der rasant fortschreitenden Veränderung merken wir, dass uns immer häufiger alles zu viel wird. Wir sind beschäftigt in jeder Sekunde des Tages, um spät abends erschöpft ins Bett zu fallen. Zudem spüren immer mehr Menschen, dass sie trotz ihres ganzen Tuns, ihrer erreichten Ziele, ihrer Erfolge doch nicht zufriedener werden. Trotz erfüllter Benchmarks, gefüllter Geldkonten und materiellem Überfluss fühlen sie sich weiterhin getrieben. Ihnen fehlt es scheinbar an nichts – außer an Zeit für viele Dinge im Leben, die einen Ausgleich schaffen, zur Zufriedenheit beitragen.

Tatsächlich hat es einen entscheidenden Einfluss auf unsere Gestimmtheit, wie wir unsere Zeit einteilen und mit wem wir diese verbringen. Wenn wir uns das einmal vergegenwärtigen, ist es ganz klar, dass es uns gut bekommt, unsere Zeit mit Dingen und Menschen zu verbringen, die uns guttun. Hingegen schwindet unser Wohlbefinden, wenn dies nicht der Fall ist.

Jeder von uns hat schon einmal bemerkt, dass es Situationen gibt, in denen die Zeit wie im Fluge vergeht, und Situationen,

die sich unendlich hinzuziehen scheinen. Häufig haben wir auch das Gefühl, dass die Zeit, welche uns zur Verfügung steht, nicht ausreicht, für das, was wir glauben, tun zu müssen. Ist Letzteres der Fall, fühlen wir uns schnell gestresst und unter Druck.
Darum gilt es, gut zu wählen, was wir tun und mit wem wir unsere Zeit verbringen. Eine als sinnvoll empfundene Tätigkeit und ein für uns angenehmes Gespräch erscheinen uns wertvoll. Unsere Zeit ist so mit mehr Leben erfüllt. Erfahren wir das Gegenteil, fühlt es sich an wie eine Last und wir empfinden unsere Zeit als verschwendet.

Stellen Sie sich einmal folgende Frage: Treffen Sie sich mit bestimmten Menschen, weil diese Ihnen wichtig sind, der Austausch mit diesen Ihnen Freude bereitet, und gehen Sie gestärkt aus diesen Begegnungen heraus?

In der Zeit der von der Regierung verordneten Kontaktbeschränkungen, als das Coronavirus, Covid 19, in Europa grassierte, haben zehntausende Menschen aufgeatmet, weil sie endlich einmal um die unliebsame Familienfeier herumkamen. Dabei haben sie sich nicht nur durch die Kontaktvermeidung vor einer Virusansteckung geschützt, sondern auch ihr Immunsystem durch weniger Stress gestärkt. Denn in gleichem Maße, wie Menschen, in deren Umgebung wir uns wohlfühlen, uns und damit auch unser Immunsystem stärken, schwächen wir es, wenn wir uns mit Menschen umgeben, die uns nicht guttun.

Dabei ist es wichtig, uns bewusst zu machen, dass auch Menschen, Dinge und Tätigkeiten, die wir lieben, nicht immer zu unserem Wohlbefinden beitragen. Wenn wir einen Menschen lieben, der stark drogenabhängig ist, werden wir in dieser Beziehung stets den Kürzeren ziehen, da die Droge das Wichtigste im Leben des Abhängigen ist. Auch exzessiv Sport zu treiben, schadet uns eher, als dass es uns nutzt. Zum Beispiel wird unser Immunsystem bei übermäßiger Beanspruchung geschwächt. Eine Bastelleidenschaft kann für unseren Bewegungsapparat ebenfalls schädlich sein. Eine meiner Klientinnen hatte das Hobby, kleine Figürchen zu bemalen. Dies konnte sie stundenlang tun, da sie in dieser Arbeit voll aufging, weil sie es wirklich liebte. Doch die einseitige Belastung schadete ihren Augen und ihrem Bewegungsapparat. In diesem Fall galt es, eine Beschäftigung zu finden, die sie mit ebenso viel Freude tun und die einseitige Körperhaltung und Bewegung ausgleichen konnte.

Alles, was wir konsumieren, jede Verabredung, jeder Termin, jede Kommunikation, kostet uns Zeit. Wenn wir finanziell gut aufgestellt sind, haben wir eine schier endlose Anzahl an Möglichkeiten, womit wir diese verbringen können. So ist heute das Gefühl, ausreichend Zeit zu haben, einer der wichtigsten Faktoren für unsere Zufriedenheit, ja unser Lebensglück, geworden. Zugleich ist es ein entscheidender Faktor für unsere Gesundheit.

Wenn wir häufig oder sogar ständig gestresst sind, wenn wir uns selbst schon gar nicht mehr wahrnehmen, da wir unsere wahren Bedürfnisse ausgeblendet haben, ist die Wahrscheinlichkeit, krank zu werden, um ein Vielfaches erhöht. So erhöht sich das Risiko, dass wir zum Beispiel an einer Infektionskrankheit oder einem Herz-Kreislauf-Leiden erkranken. Wollen wir also gesund und zufrieden sein, können wir einen Beitrag dazu leisten, indem wir vor allem die Zeitfresser aus unserem Leben verbannen.

In meinem privaten und beruflichen Umfeld nehme ich vorwiegend folgende Dinge als Zeitfresser wahr:

- Fernsehen, ohne etwas Bestimmtes zu wählen, ohne definiertes Ende, also zappen, ohne fündig zu werden.
- Push- und Pop-up-Nachrichten auf PC und Smartphone, die uns immer wieder von dem ablenken, was wir eigentlich gerade tun wollen.
- Konversation über Kommunikationsplattformen mit Menschen, mit denen uns im wahren Leben nichts verbindet.
- Treffen mit Menschen, die uns mental schwächen.
- Verpflichtungen, von denen wir denken, dass wir sie eingehen müssen, die wir jedoch nicht wirklich gerne ausüben.

Jeder von uns kann sich die Frage stellen, was seine eigenen Zeitfresser sind. Die Voraussetzung dafür, dass wir unsere Zeit bewusst mit den Tätigkeiten und Menschen verbringen, die unser Leben bereichern, ist es, zunächst das Bewusstsein dafür zu entwickeln, womit wir in unserem Leben wertvolle Lebenszeit verschwenden.

Ein paar konkrete Tipps dazu erhalten Sie weiter hinten in diesem Buch im Kapitel „Sinnvoller Umgang mit wertvoller Zeit". Jedoch werden Sie auch merken, dass Sie, wenn Sie sich die Impulse in diesem Buch zunutze machen und ins Handeln kommen, automatisch auch Ihre Zeit sinnvoller einsetzen werden.

Bewusst essen

Es bestehen schier unzählige Philosophien darüber und werden in zahlreichen Formen und Trend-Strömungen propagiert, wie wir uns am gesündesten und besten ernähren. Selbst unter Gastroenterologen, den Experten für unsere Verdauungsorgane, Diabetologen und anderen Fachärzten herrscht Uneinigkeit über die „richtige" Art und Weise, wie wir uns optimal ernähren sollten.

Auch sieht man an den traditionell verschiedenen Arten, wie sich Menschen in den unterschiedlichen Gegenden der Welt ernähren, sowie an Funden von Mageninhalten aus der Urzeit, die sich inzwischen analysieren lassen, dass unser Überleben mit den unterschiedlichsten Ernährungsformen gesichert ist. In diesem Sinne plädiere ich für einen entspannten Umgang mit diesem Thema.

Auch wenn wir weder die Gesamtmasse noch den hohen Fett- und Zuckergehalt vieler industriell gefertigter Lebensmittel benötigen, so schaden diese, wenn sie in geringen Mengen, achtsam und mit Genuss verzehrt werden, kaum. *Für mich selbst habe ich herausgefunden, dass mir eine vegane bis vegetarische Lebensweise mit viel Obst und Gemüse, – Letzteres vorwiegend in gekochter Form – sowie Vollkornprodukten am besten bekommt. Auf vorverarbeitete*

Lebensmittel greife ich kaum noch, auf Instantprodukte gar nicht mehr zurück. Vor allem tut es mir auch gut, wenn ich zwischen der Nahrungsaufnahme immer einmal wieder auch größere Pausen lasse. Angelehnt an das Intervallfasten, in dem man seinem Magen einmal am Tag ca. 16 Stunden Ruhe gönnt.

Im Bereich unserer Ernährung wird besonders gut ersichtlich, wie wir uns nicht nur mit den falschen Dingen, sondern auch mit einem Zuviel schaden.
Auch der Genuss köstlicher Torten und Kuchen tut unserem Körper nicht wirklich gut. Dies ist spätestens bei einem „Zuviel" der Köstlichkeiten der Fall. (Als bekennender Tortenliebhaber weiß ich das aus eigener Erfahrung.) Übergewicht, Diabetes und Herz-Kreislauferkrankungen sind alles Folgen von zu kalorienreicher Ernährung. Außerdem stärkt uns diese ungesunde, jedoch kalorienreiche Ernährung nicht, sondern macht uns insgesamt eher träge.

Vor allem unser Zuckerkonsum ist diesbezüglich bedenklich. Zucker scheint auf den ersten Blick ein guter Energielieferant zu sein. Jedoch ist er durch die schnelle Flüchtigkeit seiner Wirkung kein gutes Mittel, um uns nachhaltig mit Energie zu versorgen. Nach dem Zuckerkonsum spüren wir zwar, dass wir mehr Power haben. Dieser Leistungsschub fällt jedoch sehr schnell wieder ab, und letztlich macht uns die Zuckeraufnahme träge und müde. Wir benötigen immer mehr davon, wenn wir unser Leistungspensum hoch halten wollen. Dabei ist inzwischen auch durch Studien belegt, dass wir von immer mehr Zucker keinen wirklichen Mehrwert haben.

Selbst der süße Geschmack, den bereits und vor allem auch Kinder so sehr lieben, wirkt langfristig nicht gleich intensiv auf unsere Geschmacksknospen, wie dies bei seltenem Zuckerkonsum der Fall ist. Regelmäßige Zuckeraufnahme reduziert das Vergnügen, welches wir durch diese erreichen, immer mehr. Sodass wir auch immer mehr brauchen von der Süßigkeit, dem Süßgetränk, Zuckerzusatz etc., um die gleiche Wirkung und den gleichen Genuss zu spüren.
Einigen von Ihnen wird dies vielleicht bekannt vorkommen. Auch in der VWL (Volkswirtschaftslehre) ist der abnehmende Grenznutzen nach dem ersten Gossenschen Gesetz bekannt. Dieser besagt, dass der Konsum, wie in unserem Beispiel bei zuckerhaltigen Lebensmitteln, ab einem gewissen Zeitpunkt den Nutzen immer weniger erhöht und dass dieser schließlich sogar abnimmt.

Aus eigener Erfahrung kann ich sagen, dass es möglich ist, die Spirale von wachsender Gewöhnung und dadurch steigendem Zuckerkonsum wieder umzukehren, indem wir die Zuckermenge stufenweise reduzieren, uns also entwöhnen. *Mit ca. 14 Jahren fing ich das erste Mal bewusst an, mich mit dem Thema Ernährung zu befassen. Bis dahin hatte ich stets pro Tasse Tee zwei gehäufte Teelöffel Zucker hinzugefügt. Dies gewöhnte ich mir nun schrittweise immer mehr ab. Sodass ich zuerst zwei gestrichene Teelöffel mit Zucker hinzufügte. Ein paar Tage und Tassen Tee später nur noch einen. Noch später nur noch einen halben Teelöffel Zucker. Bis ich zuletzt gänzlich ohne auskam. Bis heute trinke ich Tee stets komplett ohne Zucker.*

Inzwischen bin ich sogar absolute Teeliebhaberin. Ich genieße vorwiegend grüne und weiße Tees, seltener Schwarztee, und freue mich an dem jeweiligen unverfälschten Aroma, das nur ohne Zucker überhaupt richtig zur Geltung kommt.

Doch bin ich bis heute, wie geschrieben, auch bekennende Tortenliebhaberin. Inzwischen teile ich mir häufig ein Kuchen- oder Tortenstück auch auf zwei Mahlzeiten auf. Wobei ich früher nicht selten gleich drei Stücke auf einmal gegessen habe. Sie sehen, es ist also möglich, seine Gewohnheit umzustellen. Wenn Sie sich auch dafür entscheiden, Ihre Ernährung umzustellen, werden Sie sehen, dass sich Ihr Geschmackssinn daran gewöhnen wird. So genießen Sie alles, was Ihnen schmeckt, automatisch mehr, da Sie Ihre Geschmacksnerven nicht überfrachten. Wenn Sie Ihr Essen zudem achtsam zu sich nehmen, also nicht nebenbei, können Sie Ihr Geschmackserlebnis sogar noch steigern.

Ich bin glücklich über alles, was ich esse, und genieße, was mir schmeckt. Da ich mir, in den allermeisten Fällen, dessen bewusst bin, was ich mir mit diesem Essen Gutes tue. Diese Selbstwirksamkeit werden auch Sie spüren, je bewusster Sie sich ernähren.
Diese Bewusstheit bei der Nahrungsaufnahme hat zudem einen weiteren Vorteil: Wenn man achtsam kostet, in kleinen Bissen, was man zu sich nehmen möchte, vielleicht auch vorab daran riecht, merkt man gleich, ob etwas für einen gut schmeckt oder eben nicht.

So habe ich einmal im Restaurant beobachtet, wie eine Beilage eines japanischen Essens am Nebentisch gar nicht gut ankam. Die Menschen, die sämtlich europäisch-kulinarisch geprägt waren, aßen gleich ganze Stücke, um dann sofort das Gesicht zu verziehen. Die meisten schluckten das auch für mich eklig schmeckende Stück eingelegte Pflaume schnell hinunter.
Eine Frau fing an zu lachen und schien gar nicht mehr damit aufhören zu wollen. Ihr Gesicht verzerrte sich immer wieder, den Ekel ausdrückend, nur durch das Lachen unterbrochen.
„Befreit das Lachen vom unguten Geschmack?", hatte ich mich unwillkürlich gefragt.

Dazu eine Anmerkung, da es sich hier meiner Meinung nach um ein entscheidend selbstschädigendes Verhalten dieser Frau handelte:

Wenn wir etwas für uns Unangenehmes weglachen, geschieht dies häufig nur, weil wir vor dem Gegenüber unser Gesicht wahren wollen. Dieses „Gesicht" entspricht jedoch einem Trugbild. Wir betrügen unser Gegenüber und letztlich auch uns selbst, indem wir ihm nicht unser wahres Gesicht – unser wahres Empfinden – in seiner Verletzlichkeit oder Überforderung zeigen. Wir stehen also nicht selbstbewusst zu uns. Es hilft jedoch nichts, eine Fassade zu wahren und zu verschönern, wenn das Gebäude dahinter zusammenzubrechen droht. So könnte man in einer solchen Situation einfach zugeben, dass einem das, was man zu sich genommen hat, nicht schmeckt, und es elegant über die Gabel wieder aus dem Mund entsorgen. (Das ist sogar Knigge-konform, es muss sich also sicher niemand dafür schämen.)
Die beschriebene Situation fand ich darum so beispielhaft, da wir uns häufig gierig darauf stürzen, etwas zu bekommen.

Wenn wir dann merken, dass es gar nicht die positive Wirkung hat, die wir uns gewünscht hatten, oder uns sogar schadet, ziehen wir jedoch nicht die richtigen Konsequenzen. Wir schaden uns lieber weiter, um unser Gesicht zu wahren, als zuzugeben, dass wir uns getäuscht haben. Das nicht nur vor anderen, sondern sogar vor uns selbst. Auch wenn es natürlich das Beste wäre, zuerst achtsam zu erkunden, ob wir das, was wir möchten, auf das wir uns da stürzen, uns auch wirklich guttut. Haben wir jedoch bereits etwas getan, das sich doch als nicht so gut herausstellt, ist es auch eine bewusst selbstwirksame Handlung, diesen Fehler zu korrigieren, dazu zu stehen und es in Zukunft besser zu machen. Das ist nicht nur, aber auch, bei der Nahrungsaufnahme so. Menschen, die zu ihren Fehlentscheidungen und Fehlgriffen stehen und diese nach Möglichkeit korrigieren, werden im Allgemeinen zudem als sympathischer, da authentischer, wahrgenommen. Mal ehrlich: Nehmen Sie es einem Menschen, der in allem perfekt und fehlerlos erscheint, ab, dass dem wirklich so ist?

Aber zurück zum Ernährungsbewusstsein: Wenn Sie sich bewusst so ernähren, dass Sie Ihrem Körper und damit auch Ihrem Gehirn etwas Gutes tun, dann beeinflusst Sie das nicht nur körperlich, sondern auch seelisch-mental. Es macht einfach gute Stimmung, wenn man weiß, dass das, was man gerade zu sich nimmt, den eigenen Körper stärkt und gesund erhält.
Viele Krankheiten können wir durch das, was und wie viel wir essen, lindern, heilen oder sogar dafür sorgen, dass diese gar nicht erst entstehen.

Bewusstsein für uns selbst und die Beurteilung anderer

„Jeder kehre vor seiner eigenen Türe, dann ist jedem geholfen."
Diese Äußerung einer älteren schwäbischen Dame hatte ich mir, gleich nachdem ich sie zum ersten Mal gehört hatte, zu einem meiner Lebensgrundsätze gemacht.
Bei der hiesigen Mentalität bezüglich der „schwäbischen Kehrwoche" (die in Baden-Württemberg vielerorts verpflichtende Treppenhaus- und Gehwegreinigung, traditionell immer samstags) ist es leicht vorstellbar, wie einige Nachbarn zusammenglucken, um sich wegen eines schmutzigen Treppenabschnitts, den ein anderer eigentlich zu reinigen hätte, über dessen unterlassene Leistung im Sinne der Gemeinschaft und der Sauberkeit zu echauffieren. Würde jeder von ihnen jedoch seinen Blick auf seinen eigenen Hauseingangsbereich richten – und bescholtener Nachbar natürlich auch–, wäre es tatsächlich überall schön sauber und ordentlich.
In zahlreichen Situationen richten wir unseren Zeigefinger auf andere. Wir empören uns gerne über die Handlungen und Verhaltensweisen anderer Menschen.
Ich selbst bin jemand, der ein starkes Radar für die Stärken, jedoch auch die Schwächen seiner Mitmenschen hat. Das hatte mir früher bei der Mitarbeiterauswahl für eine zu besetzende Stelle geholfen und hilft mir heute bei der Einschätzung der Potenziale meiner Klienten.

Während meine Peergroup-Mitglieder früher über die Outfits anderer Jugendlicher lästerten, korrigierte ich bereits als junge Frau blitzschnell in meinem Kopf, was diese Person meiner Meinung nach an ihrem Outfit oder ihrer Körperhaltung ändern sollte, um attraktiver zu wirken. Stets war ich auch gerne gefragt, wenn es darum ging, das Outfit eines Freundes, einer Freundin oder auch anderer zu optimieren. Als Physiotherapeutin korrigierte ich die Haltung und Fehlstellungen meiner Patienten. Immer nach dem Arbeits-Motto aus der neurologischen Physiotherapie: „So viel Unterstützung wie nötig, doch so wenig wie möglich", welches ich mir seither stets als Richtmarke in allen möglichen Bereichen gesetzt habe. Sei es bei Mitarbeitern, Kindern, Patienten oder heutigen Klienten.
Während meine damaligen Verhaltensweisen und Aktionen einen positiven Fokus hatten, regte ich mich jedoch später immer wieder über Verhaltensweisen meiner Mitmenschen auf, die meiner Meinung nach einfach nicht verstanden, was „richtig" ist und worauf es wirklich ankommt. Einer der Leidtragenden war auch mein geliebter Vater, den ich respektlos einmal als „dumm" bezeichnete, weil er vielleicht etwas nicht gewusst hatte, was ich wusste, oder einfach nicht mit mir einer Meinung war. (Heute ist mir natürlich klar, dass er damals viel mehr wusste und weiser war als ich. Auch, dass junge Menschen und ihre Eltern häufig nicht gerade einer Meinung sind.) Viele Menschen verurteilen andere meist unbewusst, mehr oder weniger häufig, ihr Leben lang. Mein damaliges Verhalten ist, wie ich heute auch durch meine eigene Erfahrung weiß, stark selbstschädigend gewesen.

Dabei ist nicht die Wahrnehmung unterschiedlicher Verhaltensweisen selbst schädlich, sondern das sich darüber Aufregen, die damit einhergehende Abwertung des Verhaltens anderer Menschen und die Anmaßung, es selbst besser zu wissen. Erfahrungsgemäß erheben wir uns damit gleichzeitig gerade in den Bereichen über andere Menschen, die eigentlich unsere eigenen zu bearbeitenden Baustellen im Leben sind. Wir tun also gut daran, wenn wir diesbezüglich unser eigenes Verhalten ändern.

Was die ältere Dame mit ihrer Empfehlung, vor der eigenen Haustüre zu kehren, meinte, tun wir heute, wenn wir den Fokus auf uns selbst richten. Das jedoch nicht im egozentrischen Sinn. Es geht vielmehr darum, zunächst bei sich selbst aufzuräumen. Was viele Menschen spätestens seit dem Hype um die Minimalismusbewegung, wenn auch nicht radikal, so doch bewusster praktizieren. So schaffen sie in ihrem Inneren und ihrer engsten Umgebung Ordnung für mehr Klarheit. Sie haben inzwischen gemerkt, dass es eben nicht zu mehr Zufriedenheit führt, wie in unserer Konsum-, Leistungs- und Prestigegesellschaft häufig praktiziert, wenn sie sich nach außen herausputzen, um etwas darzustellen. *(Anmerkung: Am deutlichsten wird uns das, wenn wir Instagram-Fotos von jungen Frauen betrachten, die ihr Gesicht oder sogar ihren ganzen Körper chirurgisch und zusätzlich mit der Bildbearbeitung so verändern, dass sie in ihren Augen perfekt aussehen. In welchem Verhältnis mag das Ergebnis, die Anerkennung anderer, zu dem Aufwand, der für ein solches Bild betrieben wurde, stehen?)* Vielmehr ist das Gegenteil der Fall. Wenn wir in solcherart Außenorientierung leben, entfernen wir uns immer mehr von unseren wirklichen eigenen innersten Bedürfnissen. So schlägt die anfängliche Freude selbst beim Konsum eines teuren Luxusgutes meist schnell in Gewohnheit und durch die Masse der konsumierten Eindrücke schließlich in innere Leere und Unzufriedenheit um. Wir spüren dies, wenn wir es zulassen und nicht immer wieder mit neuen Reizen unser ungutes Gefühl überdecken. Wenn wir mutig den Fokus auf uns selbst ausrichten, bei uns Ordnung schaffen, wirkt sich unsere innere Bewusstheit und Aufgeräumtheit letztendlich positiv auf unsere äußere Erscheinung, unsere Ausstrahlung aus.

Bewusster Umgang mit anderen

Wenn wir in uns selbst ruhen, mit uns selbst zufrieden sind und geerdet, nehmen wir auch die Handlungsweisen anderer Menschen weniger oberflächlich wahr und erkennen eher die dahinterliegenden Ursachen. Dies dann auch, ohne ein Werturteil zu fällen. Wir haben so mehr Mitgefühl, da bei uns alles („sauber und ordentlich") geordnet ist, und besitzen somit eigene Ressourcen, um den anderen in seiner Ganzheit als Mensch zu sehen.
Haben Sie schon einmal einen Drängler in einer Warteschlange gesehen, dessen Gesicht entspannt war und der glücklich und zufrieden wirkte?
Wenn wir Ressourcen dafür frei haben, sehen wir auch die Leiden der Menschen, welche die – nach unserer Meinung – falschen Verhaltensweisen an den Tag legen oder Verfehlungen begehen. Unsere Empathie wird gesteigert.
Mit diesem erweiterten Horizont, dem Bewusstsein, dass wir alle nicht perfekt sind und jeder seine eigene Wahrheit hat,

leben wir, da im Frieden mit unseren Mitmenschen, gesünder und zufriedener.

Was also ist hilfreich für mehr Zufriedenheit und mehr Frieden im Umgang mit anderen Menschen?

> **Kommen Sie bei sich selbst an. Ob durch Meditation, bewusstes Schweigen, den vorübergehenden Rückzug aus dem Alltag – wie auch immer, entscheiden Sie.**
>
> **Gerade, wenn etwas einmal nicht so gut läuft: Werden Sie zum Beobachter Ihrer selbst und der Situation, in der Sie sich gerade befinden. Nehmen Sie bewusst auch die Gestimmtheit Ihres Gegenübers wahr.**

Wenn Sie Letzteres tun, werden Sie merken, dass dieser Mensch in dem Moment eben nicht *bei* sich, sondern eher *außer* sich ist – Sie werden dann spüren, dass dieser eher Ihr Mitgefühl als Ihren Ärger verdient.

Die Basis für diese Sicht- und Verhaltensänderung bildet dabei immer das Bewusstsein für sich selbst. Wenn Sie erkannt haben, was für Sie wirklich wichtig und wesentlich ist, was Ihre Bedürfnisse und was die für Sie persönlich wichtigsten Werte sind, handeln Sie danach.
Auch sollten Sie, wenn Ihnen etwas wirklich wichtig ist, freundlich und ruhig, aber bestimmt dafür einstehen. Nehmen Sie den Raum ein, den Sie für sich benötigen. Sie haben das

Recht dazu. Tun Sie dies aus Höflichkeit oder Freundlichkeit nicht, werden andere diesen Raum einnehmen.

Aus zahlreichen Gesprächen und Beobachtungen weiß ich, dass genau dieses „Zurückstecken zugunsten anderer" auf Dauer zu einem latenten, aber hartnäckigen Gefühl führt, zu kurz gekommen zu sein. Häufig werden gerade diese „rücksichtsvollen" Menschen mit zunehmendem Alter immer verbitterter und rechtfertigen unwirsches Verhalten dann damit, dass sie bisher ja immer ihre eigenen Bedürfnisse hintangestellt hätten. Wenn Sie selbst dazu tendieren stets zurückzustecken und das zu tun, was andere wünschen oder erwarten, dürfen Sie gerne lernen, Ihren eigenen Raum zu beanspruchen. Dies nicht immer und ausschließlich, jedoch bei den Dingen, die Ihnen wirklich wichtig sind.

Ich bin der Meinung, dass niemand in dem, was ihm wirklich wichtig ist, zurückstecken muss. Weder im Umgang mit anderen Menschen, privat oder geschäftlich, noch um ressourcenschonend zu handeln und um den eigenen ökologischen Fußabdruck gering zu halten. Eher schon geht es darum, uns die Konsequenzen unserer Handlungen bewusst zu machen, und so zu handeln, wie es unseren Werten entspricht.

Auch wie und wann wir etwas Bestimmtes umsetzen, können wir selbstbestimmt und frei wählen. Wobei man darauf achten sollte, dass man kein echtes Bedürfnis zu lange aufschiebt. Wenn wir zu der Überzeugung gelangt sind, dass wir etwas ausprobieren oder umsetzen wollen, da es aus einem tiefen Bedürfnis und Wunsch heraus entspringt, sollten wir es auch zeitnah umsetzen. Schieben wir Bedürfnisse immer weiter auf, kommen wir unter Umständen gar nicht dazu, diese zu erfüllen. Denn ein Grundbedürfnis, das wir über längere Zeit hinweg unterdrücken, ist schließlich gar nicht mehr vorhanden. Was jedoch nicht heißt, dass uns nichts fehlen würde ohne dieses. Wir spüren es nur nicht mehr, stumpfen also ab. Daher kommt dann die Leere, die so viele, und immer mehr Menschen heute spüren. Denn mit Ersatzhandlungen können wir ein Bedürfnis nicht wirklich kompensieren. Werden Grundbedürfnisse, wie zum Beispiel das Bedürfnis nach Nähe zu anderen Menschen, auf Dauer unterdrückt führt dies zu psychischen Problemen. Oder es ereilen uns Krankheit oder Tod, bevor wir das genießen können, auf das wir das ganze Leben gewartet und gespart haben – wie wir bereits in Bezug auf unsere Pläne für die Rente festgestellt haben. Dabei bedarf es meist auch gar nicht so großer, kostspieliger und zeitaufwendiger Aktionen, wie Sie vielleicht zunächst denken. Wenn wir uns im Urlaub zum Beispiel Entspannung wünschen, können wir dafür zwar in ein fernes Land fliegen. Wir können diese Entspannung jedoch auch ganz in der Nähe, bei uns zu Hause, ja sogar einfach in uns selbst finden.

Letztlich habe ich diese tatsächlich in mir gefunden. Doch war der Weg zu mir selbst länger, als es die Reise zu einem weit entfernten Kontinent hätte sein können. Dafür jedoch auch lohnender, da es wiederum nachhaltiger ist, die Ruhe und Entspannung in sich zu finden: Für den (all)täglichen Urlaub vom Alltag bzw. „im Alltag" (vgl. hierzu auch das Kapitel „Bewusste Routinen").

Spüren Sie nicht nur in sich hinein, sondern gehen Sie auch die Dinge an, zu denen es Sie impulsiv drängt. Ganz im eigenen Sinne und für die Menschen in Ihrer Umgebung, für mehr Harmonie, auch in Ihren zwischenmenschlichen Beziehungen.

Bewusstsein für das rechte Maß

*„Ein Zuviel vom Besten ist meist schlechter,
als das Schlechteste selbst."*
— Thomas Anton Senn —

Muss man eigentlich alles tun, was man sich leisten kann? Ist derjenige, der sich viel leisten kann, nicht eigentlich überfordert, wenn er alles, was ihm zur Verfügung steht, nutzt? Sind wir nicht alle überfordert, wenn wir sämtliche uns heute zur Verfügung stehenden Möglichkeiten nutzen? Das sind Fragen, mit denen ich mich in den vergangenen 20 Jahren auseinandergesetzt habe.
Im Bereich der technischen Kommunikationsmittel können wir, wenn wir wollen, zum Beispiel E-Mail, Telefon, Twitter, Facebook, WhatsApp, Signal Telegram usw. nutzen, um nur einige zu nennen.
Wer genug Geld hat, kann mehrmals im Jahr in den Urlaub fliegen. Fahrzeugleasing macht es möglich, dass auch viele Menschen, die es sich eigentlich nicht leisten können, große, schicke Fahrzeuge fahren.
Die meisten Gegenstände, die wir im Internet bestellen, erhalten wir innerhalb von 24 Stunden, und die Auswahl ist grenzenlos.
Essen können wir jederzeit, was auch immer wir wünschen und so viel wir wollen. Ebenso stehen uns Genussmittel wie

Alkohol und Süßgetränke in einem Ausmaß zum Konsum zur Verfügung, dass wir es nicht überschauen.

Ein Schlaraffenland sollte man meinen. Doch ist es so, dass wir mit diesem „Alles-haben-Können" weder zufriedener, noch glücklicher sind.

Die Wertschätzung für Dinge sinkt, wenn sie für uns jederzeit verfügbar sind. Wie bereits mit dem Gossenschen Gesetz über den Grenznutzen als Beispiel aus der VWL beschrieben (vgl. das Kapitel „Bewusst essen", zum Thema Zuckerkonsum). Hingegen steigt die Wertschätzung, wenn gerade diese Verfügbarkeit einmal nicht gegeben ist. So wächst unser Bewusstsein für die Wichtigkeit der Energieversorgung erst bei drohender Nichtverfügbarkeit. Wie es bei Öl, Gas oder Stromverknappung der Fall ist.

Auch ist es für Menschen schwerer, aus einer Vielzahl von Möglichkeiten und Dingen nur das auszuwählen, was ihnen wirklich guttut. Wir lassen uns allzu leicht von unseren eigenen Bedürfnissen ablenken, sei es von der Werbung oder von anderen Menschen (Freunde, Bekannte, Nachbarn, Influencer), die uns vorleben oder einflüstern, was „in" ist oder was man haben muss. So wird uns vermittelt, welchem Standard wir nacheifern sollten, wenn wir dazugehören wollen.

In der Freizeit zu verreisen, ist darum inzwischen sogar für Geringverdiener eine Selbstverständlichkeit. Zumindest, wenn man hört, wie vehement dies von einigen Sozialhilfeempfängern oder Geringverdienern und Politikern immer wieder eingefordert wird. Ganz so, als sei das Recht auf eine Urlaubsreise ein Menschenrecht.

Dabei ist, wer sich viel leisten kann, auch nicht wirklich glücklicher. Vielmehr verfällt dieser noch leichter dem Glauben, alle möglichen Dinge zu brauchen. Gerne wird dann das, was man sich leistet, auch als Symbol für einen bestimmten Status und Beweis für die Zugehörigkeit zu einer bestimmten Schicht genutzt. Wenn in der Nachbarschaft alle SUVs fahren, wird so mancher sein Kleinfahrzeug zeitnah gegen ein ebensolches eintauschen, wenn es der Geldbeutel nur irgendwie zulässt (häufig auch selbst dann, wenn es dieser eigentlich nicht zulässt ...). Unabhängig davon, ob man ein Fahrzeug in dieser Größe benötigt oder nicht. Sicher ist es auch gesünder, sich zu Fuß oder mit dem Fahrrad fortzubewegen als mit dem Auto. Doch nutzen die meisten Menschen in unserer Gesellschaft hauptsächlich das Automobil, wenn sie es sich auch nur irgendwie leisten können. Dies aus Bequemlichkeit und mit dem Ziel der Zeitersparnis ... und haben dennoch das Gefühl, dass es ihnen an Zeit mangelt.

Wollen wir einfach zu viel?

Das ist eine weitere Frage, die wir uns auf dem Weg zur Essenz für das rechte Maß stellen dürfen.
Unsere insgesamt auf Leistung getrimmte Gesellschaft ist getrieben vom Schneller, Höher, Weiter, was teilweise exorbitante Ausmaße annimmt.

Eine Begebenheit im örtlichen Hallenbad hatte mich für einige Zeit sehr nachdenklich gemacht: Beim Ziehen meiner Bahnen im Becken war mir schon einige Zeit ein Ring aufgefallen, der

dort, nahe des Beckenrandes, auf dem Grund lag. Ob dieser verloren gegangen war?
Da sah ich einen Mann, der, wie sich später herausstellte, der Vater eines ca. siebenjährigen Mädchens war. Dieses wurde von ihm immer wieder dazu angehalten, den Ring vom Grund zu holen. Dem Mädchen war durchgehend anzusehen, wie gerne es ihrem Vater gefallen wollte. Und dem Vater war ebenso anzusehen, dass er unnachgiebig, wenn auch stets sehr freundlich, auf Leistung beharrte.
Das Mädchen tat sich sichtlich schwer und war regelrecht verzweifelt. Ungeachtet dessen trieb der Vater sie immer wieder an.
Zunächst sollte der Ring heraufgeholt werden, dann ein anderer Gegenstand, dann noch ein anderer und dann sollte das Mädchen mit dem Kopf voraus vom Beckenrand springen. Die Initiative, dies alles zu tun, ging stets vom Vater aus. Das Mädchen folgte und strengte sich an, seinen Anweisungen immer wieder nachzukommen. Lob gab es nur für das Erreichen des jeweiligen Zieles. Auch als das Mädchen vor Kälte zitternd und jammernd-leidend die körperliche Nähe zu seinem Vater suchte, blieb dieser distanziert, jedoch weiterhin ausgesprochen freundlich. Die von den Mädchen gewünschte Nähe ließ er nicht zu, und man sah ihm an, dass er noch nicht einmal daran dachte, dem Mädchen zu signalisieren, dass es und sein Wohlergehen das Wichtigste ist und nicht das Leistungsziel.
Dieses Kind wird lernen, dass es nur durch Leistung Anerkennung erhält. Es wird lernen, seine Gefühle zu unterdrücken, da diese dem Leistungsziel unterzuordnen sind. Es lernt dabei auch, dass man sich anstrengen muss, um

erfolgreich zu sein, dass Beharrlichkeit zum Erfolg führt – jedoch nicht, dass es auch Spaß machen kann, etwas zu leisten. Es lernt nicht, seinen Impulsen zu folgen und über diese zu lernen, was es gerade zu lernen gilt.
Die Wahrscheinlichkeit ist groß, dass solch ein Kind in der Pubertät zu Selbstverletzungen neigen wird, da es sich nur noch so spüren kann. Und/oder es wird zu Essstörungen neigen, um die unkontrollierbaren Veränderungen zu kompensieren, die in der Pubertät auftreten.
Da das Mädchen nicht lernt, auf seinen Körper zu hören, besteht auch die Gefahr, dass es sich im späteren Leben ständig überlasten wird, da sich seine Wahrnehmung ausschließlich auf Ziele ausrichtet. Zusätzlich wird es glauben, stets allen Anforderungen und Anweisungen, die andere an es stellen, nachkommen zu müssen – das ist die ideale Basis für Burnout, Krebs, Autoimmun- und Herz-Kreislauf-Erkrankungen.
Sicher meinte der Vater es gut, und sein Ziel, die Tochter für die Leistungsgesellschaft fit zu machen, wird funktionieren. Jedoch verbaut er ihr, wenn es nicht auch ausgleichende Bezugspersonen in ihrem Umfeld gibt, mindestens ein großes Stück Lebensqualität.

Warum handeln wir, wie wir handeln?

Immer wieder ist es auch interessant zu sehen, wie Menschen, die es eilig haben oder auch einfach nur gerne schnell Auto fahren, im Straßenverkehr agieren. Den Motor schon an der Ampel aufheulen zu lassen, um bei grün dann voll durchzustarten, um wiederum an der nächsten Ampel wieder zum Stehen zu kommen. Ist das für den Menschen, der dieses Fahrzeug fährt, wirklich erfüllend? Macht es auf Dauer Spaß? Legen wir hier einen eher gemäßigten passiveren Fahrstil an den Tag, schonen wir nicht nur unsere Umwelt und unseren Geldbeutel (weniger Reifen- und Bremsabrieb, weniger Kraftstoffverbrauch), sondern auch uns selbst. Wer ein Fahrzeug benutzt, um Aufmerksamkeit zu bekommen, könnte sich einmal fragen, warum ihm diese wichtig ist oder was ihm eigentlich wirklich fehlt. Dieses Gas-Bremse-Verhalten treibt den Blutdruck nach oben, verkürzt die Atemfrequenz und stresst so den Menschen, der hinter dem Steuer sitzt, wenn er dies nicht mit absoluter Freude tut. Ein Blick in die Gesichter solcher Gas-Bremse-Autofahrer zeigt jedoch auch einem nicht empathischen Menschen, dass es diesen in den allermeisten Fällen tatsächlich nicht gut geht dabei.

Ähnliches gilt auch für die Fahrt auf der Autobahn. Hier kommt der sportliche Autofahrer zwar etwas schneller voran. Er wird jedoch, da er nun einmal kaum alleine auf der Autobahn unterwegs ist, im wahrsten Sinne des Wortes immer wieder ausgebremst.

Folgende Szenerie kennen Sie vielleicht auch:
Ich fahre mit meinem PKW auf einer dreispurigen Autobahn, sämtliche Spuren sind ausgelastet. Ich selbst befinde mich auf der linken Spur in einer Kolonne. Wir fahren 100 km/h, was auch für mich, die ich mich inzwischen meist an der Richtgeschwindigkeit von 130 km/h orientiere, eher langsam ist. Da sich vor mir eine ganze Fahrzeugkolonne befindet, halte ich Abstand und entspanne mich, da ich, wie ich weiß, diese sowieso nicht wegzaubern kann. Der Fahrer des weißen Audis hinter meinem Fahrzeug sieht das jedoch anders. Er fährt, bei

immerhin 100 km/h, so dicht auf, dass die Scheinwerfer und das Nummernschild durch das Fahrzeugheck meines Autos verdeckt sind.

Darum begebe ich mich bei nächster Gelegenheit, eine ausreichend große Lücke tut sich zwischen zwei LKW auf, auf die Mittelspur und, darauf ist erfahrungsgemäß Verlass, der Audi zieht zügig an mir vorbei hinter das Fahrzeug, welches zuletzt vor mir fuhr.

Ich mache mir den Spaß und zähle die Bremsvorgänge des weißen Audis innerhalb einer Minute: acht an der Zahl. Wohlgemerkt bremse ich in dieser Zeit nur ein einziges Mal leicht, als die Kolonne plötzlich deutlich langsamer wird.

Das mehr oder weniger rhythmische Blinken der Bremslichter vor mir amüsiert mich. Da es für mich offensichtlich sinnlos ist, immer wieder dicht aufzufahren, wenn doch vorne weder Platz, um auszuweichen, noch um Gas zu geben ist.

Vielleicht hatte der Fahrer dieses Fahrzeugs ja einen extrem wichtigen Termin und war spät dran, vielleicht fährt er gerne schnell und hat sogar Spaß daran. Doch sicher schadet er sich mit solch einem Verhalten eher, als dass es ihm irgendetwas bringt.

Ich stelle mir immer vor, dass sich solche Fahrer zumindest kurz freuen, wenn ich oder andere sie wieder eine Fahrzeuglänge vorrücken lassen. Wenn es so ist, hält diese Freude jedoch nur kurz, da ja schließlich so viele andere da sind, die ebenfalls die freie Fahrt blockieren. Auch hier gilt, dass der Fahrer sich und der Umwelt schadet, was er sich sparen könnte. Er könnte sich entspannen und *den Ist-Zustand* des Kolonnenverkehrs *akzeptieren*, er könnte sich sogar freuen, dass der Verkehr immerhin fließt und nicht gänzlich

zum Stehen kommt. Wäre das ein Verlust? Wäre das ein Verzicht? Verliert er etwas dadurch, dass er sich nicht durchkämpfen möchte?
Vielleicht gehören Sie ja auch zu den Menschen, die ihr Gaspedal gerne einmal durchdrücken. Sicher hatten Sie auch schon Begegnungen im Straßenverkehr, in denen Sie oder andere nicht gelassen geblieben sind, sondern eher in Richtung Ausrasten tendierten. Ich selbst nehme mich da nicht aus, was mir früher nicht bewusst war und sogar, wegen zu schnellen Fahrens, einmal zum Führerscheinentzug geführt hatte. In der Bewusstmachung dessen geht es nicht um Moral und auch nicht um eine Wertung. Es geht für jeden einzelnen darum, sich selbst einmal zu hinterfragen, was er mit seinem Verhalten erreichen möchte, warum er dieses an den Tag legt. Letztendlich können wir uns dann noch überlegen, ob wir die Konsequenzen dieses Verhaltens wirklich lieber tragen als die Konsequenzen eines reflektierteren, achtsameren Handelns.

Bewusstsein für Aus-, Neben- und Wechselwirkungen der Dosis

An dieser Stelle möchte ich noch einmal die Wichtigkeit des richtigen Maßes in Bezug auf das, was wir zu uns nehmen, betonen, da es dabei schließlich, wie bereits beschrieben, eben nicht nur um das „Was", sondern auch um das „Wie viel" geht. Zu viel, vor allem ungesundes Essen, das viel Energie und nur wenig Nährstoffe enthält, schadet uns. Kurzfristig, indem es uns träge und schlapp macht, bedingt durch das schnelle Abfallen der Energiezufuhr durch Zucker und den ständigen Nachschub, der viel Arbeit für unsere Verdauungsorgane bedeutet. Langfristig führt es zu Übergewicht, Gefäßverstopfung, Leberverfettung und damit schließlich zu den bei uns am häufigsten vorkommenden Herz-Kreislauf-Erkrankungen, wie Bluthochdruck, Schlaganfall oder Herzinfarkt. Zudem entsteht ein Vitamin- und Nährstoffmangel.

Dabei können wir gerade mit dem, was wir in welchen Mengen zu uns nehmen, wunderbar auf unseren Körper einwirken. „Die Dosis macht das Gift" ist hierbei ein so weiser wie wahrer Spruch, der auch für die Zusammensetzung von Medikamenten entscheidend ist. Hier gilt es zu bedenken, dass wir mit jedem zusätzlich eingenommenen Medikament die Auswirkung der anderen Medikamente und Lebensmittel verändern, die wir bereits konsumieren. Vor allem Menschen im fortgeschrittenen Lebensalter nehmen immer mehr Medikamente zu sich. Diese Problematik ist in Medizinerkreisen zwar inzwischen seit Längerem bekannt; es wird jedoch kaum etwas dagegen unternommen. Häufig erhöht sich auch gerade darum bei Patienten immer mehr die Zahl der Medikamente, da mit zusätzlichen Medikamenten wiederum versucht wird, die Nebenwirkungen der anderen Medikamente zu bekämpfen. So entsteht im Laufe der Zeit ein regelrechter Medikamentencocktail, dessen Wechselwirkungen (also die gegenseitigen Beeinflussungen der Medikamente in unserem Körper untereinander) auch von Ärzten gar nicht mehr beurteilbar sind. Sie wissen lediglich, dass diese unwillkürlich entstehen, sind jedoch meist sehr zurückhaltend im Absetzen von einmal verordneten Medikamenten.

Ich möchte Ihnen gerne Mut machen, diesbezüglich mit dem verordnenden Arzt in Kommunikation zu treten. Teilen Sie Ihrer Ärztin mit, dass Sie sich so wenig Medikamente wie möglich wünschen.

Ich selbst habe diesbezüglich sehr gute Erfahrungen gemacht, als ich wegen einer Schilddrüsenunterfunktion (Hypothyreose) ein Medikament verordnet bekommen hatte. Meine Endokrinologin (das ist der Fachbegriff für Fachärzte, die sich mit den Körperdrüsen im Allgemeinen, also auch mit der Schilddrüse, befassen) hatte mir diese verordnet. Gleich bei unserem ersten Gespräch hatte ich ihr mitgeteilt, dass ich nur sehr ungern Medikamente einnehme und es schön wäre, diese auch bald wieder absetzen zu können. Nach ca. eineinhalbjähriger Einnahme der Schilddrüsenhormone haben wir dann vereinbart, dass ich diese wieder absetze. Tatsächlich benötigte ich sie inzwischen auch nicht mehr. Meine Symptome, vorwiegend Müdigkeit und Schlappheit, waren verschwunden, und ich nehme inzwischen bereits seit einigen Jahren keine Medikamente mehr ein. Ganz so, wie ich es mir wünsche.

Seien Sie sich darüber bewusst, dass Ihr Körper wie auch Ihr Geist sich ständig verändern. Darum ist kaum eine gestellte Diagnose für Ihr gesamtes Leben festgelegt und kann sich auch immer wieder zum Positiven hin verändern.

An einem guten Freund von mir, der gegen Bluthochdruck blutdrucksenkende Medikamente einnimmt, möchte ich ein Gegenbeispiel demonstrieren: *Er nimmt bereits seit vielen*

Jahren diese blutdrucksenkenden Medikamente ein. Immer in der gleichen Stärke. Es sind laut seiner Aussage „nur leichte Blutdrucksenker", was jedoch die damit einhergehenden Nebenwirkungen nicht verhindert. Die Blutdrucksenker verordnet seine Ärztin stets, ohne jemals zu kontrollieren, ob diese überhaupt noch erforderlich sind. Auch ohne zu hinterfragen, ob sich an seinen Lebensumständen inzwischen etwas geändert hat, was bei ihm tatsächlich der Fall ist.
Einen erhöhten Blutdruck, zumal wenn er nur leicht erhöht ist, kann man sehr gut selbst verändern, indem man sein Bewegungspensum erhöht, sich hauptsächlich pflanzlich-vollwertig ernährt und sich eine entspannte Grundhaltung antrainiert.
Sicher ist dies alles nicht so bequem, wie eine Tablette einzuschmeißen.

Überlegen Sie einmal, ob Sie sich lieber von einem Medikament, das immer Nebenwirkungen hat, abhängig machen oder ob Sie lieber selbst das Zepter in die Hand nehmen, um Ihre Gesundheit positiv zu beeinflussen. Falls Sie einen erhöhten Blutdruck haben, können Sie es selbst ausprobieren und von Ihrem Arzt kontrollieren lassen, wie Ihr Körper auf die veränderte Lebensführung reagiert.

Auch wenn Menschen während eines Klinikaufenthaltes Medikamente verabreicht bekommen hatten, wird deren Verordnung vom Hausarzt häufig ungeprüft übernommen. Schließlich hatte in der Klinik ein Facharzt diese verordnet. Mir selbst sind inzwischen einige Fälle bekannt, bei denen das so von den Fachärzten in der Klinik gar nicht angedacht war. Da jedoch anschließend niemand mehr überprüft, ob das Medikament noch den gewünschten Nutzen bringt und wirklich notwendig ist, wird es immer weiter verabreicht, bis ein Patient vielleicht einmal bei einem anderen Arzt landet, der dies hinterfragt.

Darum mein Appel an Sie:

> **Hinterfragen Sie, was Sie Ihrem Körper zuführen. Informieren Sie sich. Sprechen Sie Ihren Arzt darauf an, ob man die Medikamente nicht absetzen oder langsam ausschleichen kann. Auch schadet es nicht, sich einmal eine Zweitmeinung eines anderen Arztes einzuholen. Bedenken Sie immer, dass zu viel vom Guten auch schlecht sein kann!**

Welches Weniger was bewirken kann

Weniger ...	Für mehr ...
• Schwarz-weiß-Denken	• Farbe im Leben
• Informationen	• Gedankenklarheit
• Besitz	• Freiheit
• Pflichten	• Zeit
• Konsum	• Geld
• Anstrengung	• Energie
• Sorgen	• Gelassenheit
• Wollen	• Zufriedenheit

Bewusste Informations- und Wissensaneignung

Die Möglichkeiten zur Informationsbeschaffung, die uns Google, Wikipedia und YouTube bieten, sind gigantisch. Es ist wichtig, dass wir uns mit diesen Medien und vor allem unserer Konsumdauer und -häufigkeit sowie mit dem, was wir konsumieren, kritisch auseinandersetzen. Doch ebenso sind diese Medien nützlich zur Aneignung von Wissen und Informationen.

Die meisten Menschen nutzen diese und andere Kanäle im „WWW" regelmäßig. Dabei machen wir uns jedoch kaum bewusst, wer hinter den ganzen nützlichen Informationen, die wir uns damit aneignen, steckt. Die Plattformen, über die uns das Wissen zugänglich gemacht wird, erstellen dieses schließlich nicht selbst. Hinter jedem Artikel, jeder Information, jedem Video steckt die Arbeit und die Bereitschaft, das eigene Wissen mit anderen zu teilen, mindestens eines Menschen. Nur durch die Bereitschaft dieser Person, Informationen oder ihr Wissen ins Netz zu stellen und dies damit allen verfügbar zu machen, sind wir in der Lage, daran zu partizipieren.

Wenn wir uns das bewusst machen, können wir diesem Menschen dankbar sein dafür, dass er uns an seinem Wissen, seiner Expertise, seinem Know-how und seinen Erfahrungen teilhaben lässt.

Noch vor 40 Jahren hätten wir einen großen Aufwand betreiben müssen, um die Antwort auf eine unserer Fragen zu erhalten. Wir hätten mühsam in Bibliotheken, in Zeitungen und (Fach-)Zeitschriften recherchieren müssen. So konnten früher, um zum gleichen Ergebnis zu gelangen, einige Tage, zumindest jedoch einige Stunden ins Land ziehen, bis wir gefunden hätten, wonach wir gesucht hatten. Der Vorteil dabei war, dass man sich so automatisch auch alles Mögliche andere Wissen, das mit der Beantwortung der jeweiligen Frage im Zusammenhang steht, aneignete. Das ist heute auch noch so, jedoch in deutlich geringerem Umfang, da wir über unseren „Freund Google" – wie ich es gerne nenne – sofort eine viel zielgerichtetere Antwort erhalten. Die Recherchezeit verkürzt sich somit deutlich.

Doch wir lernen stets durch die Ausweitung der Vernetzung in unserem Gehirn. Indem dieses bereits bekanntes mit neuem Wissen verknüpft, merken wir uns das, was wir lernen möchten, leichter. Darum kann es durchaus als Nachteil betrachtet werden, wenn wir uns zielgerichtet nur nach einem Fachwort erkundigen. Wenn wir also, wie früher notwendig, eine ausgedehntere Recherche betreiben würden, hätte unser Gehirn mehr Anknüpfungsmöglichkeiten.

Die Vorteile zwischenmenschlichen Wissensaustauschs nutzen

Eine Möglichkeit, die wir vor 40 Jahren ebenfalls hätten nutzen können, war, jemanden zu fragen, zum Beispiel einen Lehrer, einen Elternteil, einen Freund oder einen uns bekannten Fachmann für das jeweilige Gebiet. Dieser hatte dann vielleicht gleich eine Antwort parat oder konnte uns auf eine zielgerichtetere Recherchereise in Bibliotheken, Buchhandlungen etc. schicken.

Obwohl wir diese Möglichkeit heute auch noch haben, nutzen wir sie kaum noch, da wir die umgehende Antwort häufig bereits in der Tasche mit uns führen. Da wir alles „schnell nachschauen" können, vertun wir die Chance, mit anderen Menschen in direkten Austausch zu kommen. Teilweise rechnen Menschen auch gar nicht mehr damit, außerhalb ihrer Arbeit und der eigenen Familie nach etwas gefragt zu werden. Sie sind sich ihres Expertenwissens außerhalb des entsprechenden Kontextes gar nicht bewusst. Dies wiederum sicher auch, da sich andere Menschen gar nicht dafür zu interessieren scheinen. Dabei hat jeder Mensch Erfahrungswissen, Talente, Fachwissen, Fertigkeiten etc., die uns bereichern, wenn er diese mit uns teilt. Auch ist es häufig so, dass man mit einem anderen Menschen in ein längeres Gespräch kommt, wenn man eine Frage an ihn richtet. Dabei kommt ein Austausch zustande, den uns das Internet nur äußerst eingeschränkt bietet.

Zudem lernen wir am besten über Emotionen. Im Austausch mit einem anderen Menschen geben und bekommen wir eine unmittelbare Rückmeldung. Auch über Gestik, Mimik und Haltung des anderen.

Außerdem passiert es durchaus häufig, dass wir dabei auch unserem Gesprächspartner etwas mitteilen, was diesen in irgendeiner Weise bereichert und weiterbringt. Diese gegenseitige Wissens-Bereicherung stärkt die Beziehung zu diesem Menschen, somit fördert und stärkt dies auch unser Beziehungsnetzwerk allgemein.

Vorteile der Informationsbeschaffung über das Internet:
- schnell
- viele Vergleichsmöglichkeiten
- Bild, Ton und Lesereiz für tiefere Wissensverankerung

Nachteile:
- Überforderung, da das Filtern von korrekten oder relevanten Informationen häufig schwerfällt
- Ablenkungen durch andere werbewirksam präsentierte Themen

Vorteile der Informationsbeschaffung über andere Menschen:
- bessere Auffassung der Information durch emotionale Involvierung
- die Möglichkeit, sofort detaillierter nachzuhaken

Nachteile:
- größerer Zeitaufwand
- nicht immer sofort verfügbar

Die Tücken des Wissenstransfers in Unternehmen

Ein Beispiel aus einem weltweit agierenden Unternehmen soll verdeutlichen, was die Folgen von versäumtem Austausch über vorhandenes Wissen (Wissenstransfer) und verpasster Sicherstellung der Wissensaneignung sind:

Eine sehr engagierte Mitarbeiterin in einem dynamischen Unternehmen, in dem Neuerungen äußerst stark vorangetrieben werden, hatte bei einer dieser Veränderungen ein verblüffendes Erlebnis. Ein neues Computerprogramm war „kostensparend" eingeführt worden, ohne eine Schulung für die Mitarbeiter, die das Programm nutzen sollten. Als engagierte Mitarbeiterin setzte sie sich sofort damit auseinander und nutzte es, wann immer es möglich war, um sich in dessen Bedienung zu üben und sich so möglichst schnell darin einzufinden. Da sie jedoch der Meinung war, dass sie die Möglichkeiten, die das neue Programm bot, sicher nicht komplett durchschaute, fragte sie ihren Vorgesetzten nach der Erklärung weiterer Funktionen.

Dieser teilte ihr voller Inbrunst mit, dass es einige Kollegen gäbe, die bereits top fit seien, was die Nutzung des Programms anging. Er verwies sie also an Mitarbeiter, die besonders weit in der Einarbeitung in das Programm vorangekommen seien.

Die engagierte Mitarbeiterin, die selbstverständlich gerne am Wissen und Know-how, das die Kollegen hatten, partizipieren wollte, wendete sich also bereits kurz nach dem Gespräch mit ihrem Vorgesetzten an diese. Sie kontaktierte sämtliche Verantwortlichen in ihrem Aufgabenbereich, die das

Programm nutzen sollten. Alle nacheinander. Übertrieben, denken Sie jetzt vielleicht. Nein, denn keiner ihrer Kolleginnen oder Kollegen wusste zu diesem Zeitpunkt so viel wie sie über die Möglichkeiten, die das neue Programm bot. Teilweise konnte sie jedoch immerhin die Fragen der anderen beantworten, da sie in ihrem Umfeld am besten mit den Funktionen und Möglichkeiten des Programms vertraut war.
An diesem Beispiel wird deutlich, was sich durch eine gute persönliche Kommunikation ändern ließe. Hätte sich der Vorgesetzte wirklich mit dem Wissensstand seiner Mitarbeiter auseinandergesetzt und sich zeigen und erklären lassen, was diese bereits beherrschten, statt sich nur oberflächlich mit deren Einarbeitungsstand zu befassen, wäre er nicht von einer falschen Annahme ausgegangen. Auch hätte er der beschriebenen engagierten Mitarbeiterin seine Wertschätzung ausdrücken können, da sie sich offensichtlich am weitesten in das neue Programm eingearbeitet hatte. Diese Chance auf ein positives Feedback hatte er so jedoch vertan. Außerdem würde er selbst und damit auch seine Vorgesetzten nicht von falschen Annahmen bezüglich der vorhandenen Kompetenzen seiner Mitarbeiter ausgehen. Vor allem der letzte Punkt kam das Unternehmen tatsächlich letztlich teuer zu stehen, da die Bearbeitungsprozesse nach Abschaltung des alten Programms zunächst deutlich länger dauerten, weil die Möglichkeiten, die das neue Programm bot, schlichtweg nicht genutzt werden konnten. Es fehlte die essenzielle Kompetenz im Team. Die beschriebene hoch engagierte Mitarbeiterin hat sich zudem dafür entschieden, für ein anderes Unternehmen zu arbeiten.

Wissen bewusst und nutzbar machen

Wenn ich im Gespräch mit anderen tiefer nachhake, merke ich sehr häufig, dass sich viele gar nicht darüber im Klaren sind, dass sie ein Wissen haben, das für andere Menschen von Interesse sein könnte. Auch ist ihnen, wie der beschriebenen Mitarbeiterin, oft gar nicht bewusst, dass ihr Wissen eben für andere gar nicht selbstverständlich ist und dass diese von ihrer Expertise profitieren könnten.

> **Wenn auch Sie der Meinung sind, dass Sie nichts Besonderes wissen oder können, möchte ich Sie hiermit dazu auffordern, dass Sie sich einmal die Zeit nehmen und darüber nachdenken, was Sie eigentlich alles sehr gerne tun, wofür Sie sich bereits seit längerer Zeit interessieren und womit Sie sich gerne beschäftigen. Auch, was Sie beruflich tagtäglich so alles leisten, dürfen Sie gerne einmal aufs Papier bringen. Sozusagen „schwarz auf weiß". Sie werden sich vielleicht sogar verwundert die Augen reiben, was da so alles an Leistung, Wissen und Know-how auftaucht, das eben nicht jeder weiß.**

Doch es gibt auch Menschen, die bewusst mit ihrem Wissen hinter dem Berg halten. Letzteres ist leider noch immer in vielen Firmen so, da einige Menschen befürchten, eher ersetzbar zu sein, wenn sie ihr Wissen teilen. Was diese dabei nicht bedenken ist, dass die Wertschätzung für ihre Person in der Regel steigt, wenn sie andere an ihrem Wissen und Know-how partizipieren lassen. Auch erleben sie nicht die Freude, die es bereitet, andere am eigenen Wissen teilhaben zu lassen. Auf jeden Fall ist es sinnstiftender, das eigene Wissen an andere weiterzugeben, als es mit in den Ruhestand und schließlich mit ins Grab zu nehmen. Finden Sie nicht auch?

Indem wir Unternehmen genauer betrachten, können wir sehr gut sehen, wodurch die Wissensverteilung ins Stocken gerät. Vor allem die Folgen des verhinderten Wissensflusses verschwenden personelle und monetäre Ressourcen. Solange Mitarbeiter noch immer ängstlich ihr Wissen zurückhalten, um vermeintlich unersetzbar zu sein, solange Mitarbeiter vor Neuerungen und der Befürchtung, Fehler zu machen, in Angststarre verfallen, werden immer Ressourcen verschwendet werden und die Freude am Austausch, und dem gemeinschaftlichen Arbeiten, das wir Menschen von Natur aus besitzen, bleibt auf der Strecke.

Im Bereich des wissenschaftlichen Arbeitens gibt es zudem ein großes Problem, das unüberschaubare Kosten verursacht und wertvolle, für Forschung und wissenschaftliches Arbeiten genutzte Zeit verschwendet: Das Wissen über Fehler wird nicht genutzt. Wissenschaftliche Arbeiten, die Fehler oder kein Ergebnis offenlegen, werden meistens erst gar nicht publiziert. Besonders schwer kommt dies bei der medizinischen Forschung für die Pharmaindustrie zum Tragen, da dort unerwünschte Ergebnisse erst gar nicht veröffentlicht werden. Das sind Studien, die nicht das erhoffte und gewünschte Ergebnis bringen, also einen nachweislichen Vorteil für die erfolgreiche Behandlung von Erkrankungen. Dabei ist es bereits gang und gäbe, dass die Studien schon so angepasst werden, dass die Chance, ein für das zukünftige Produkt positives Ergebnis zu erzielen, möglichst groß ist. Patienten, die das Medikament nicht vertragen, werden aus der Studie herausgenommen. Patienten, die älter sind und/oder mehrere Erkrankungen aufweisen, gar nicht erst aufgenommen. Doch nicht nur hier liegt der Fehler im System. Wissenschaftler werden nur belohnt, wenn sie ein gutes und nachvollziehbares Ergebnis erreichen. Doktoranden erhalten den ersehnten Titel nur, wenn ein Ergebnis vorgewiesen wird. Zudem sind wissenschaftliche Mitarbeiter in den allermeisten Fällen für nur ein Jahr befristet angestellt, was ohnehin für die Forschung sehr wenig ist. So lohnt es nicht, Zeit für die Publikation von Forschungsergebnissen und -designs aufzubieten, die ein negatives Ergebnis aufweisen. Dieses Problem ist bereits bekannt und wird von allen möglichen Seiten auch angeprangert. Dass bisher dadurch eine relevante Veränderung vollzogen wurde, ist mir bis dato jedoch nicht bekannt. Den Mitarbeitern in diesem wichtigen Bereich wäre es jedoch zu wünschen.

Da es vonseiten der Politik und der eingefahrenen Strukturen in den Unternehmen bisher nur kleinere Anstöße hin zur Verbesserung der Fehler und des Wissensmanagements gibt, liegt es also an jedem Einzelnen von uns, einen Unterschied fürs große Ganze zu machen. Wie beschrieben macht es durchaus Freude und sichert Ihnen die Anerkennung von interessierten Kollegen, wenn Sie Ihr Fachwissen teilen.

Bewusstsein fürs Wesentliche

Viele von uns meinen, sie müssen sich besonders anstrengen, besonders gut sein, oder haben das Gefühl, nie gut genug zu sein. Bereits seit Jahrhunderten wird den Menschen von Generation zu Generation weitergegeben, dass sie besonders gute Menschen sind, wenn sie sich anstrengen und besondere Leistungen vollbringen. Das hat sich mit dem Beginn der Industrialisierung seit inzwischen über 200 Jahren noch verstärkt. Gleichzeitig wird Kindern, auch heute noch, immer wieder vermittelt, dass andere besser wissen, was gut und richtig ist, als sie selbst. So werden wir von frühester Kindheit an dazu erzogen, uns an dem zu orientieren, was uns von außen vorgegeben wird. Diese Mischung führt dazu, dass wir einige Glaubenssätze verinnerlichen, die uns einerseits antreiben, was per se ja nicht schlecht ist, und uns andererseits verunsichern. Äußerlich bringen einen diese so vermittelten Glaubenssätze häufig scheinbar weit. Der Anspruch, besonders große, nach außen sichtbare und durch Titel und Zertifikate beglaubigte Leistungen zu erbringen, ist in unserer Gesellschaft zusätzlich hoch anerkannt.
Indem wir unsere eigenen Bedürfnisse dem Ziel nach Anerkennung, Status und Besitz unterordnen, schaffen wir Ressourcen, um dieses schnell zu erreichen. Hin und wieder ist das durchaus sinnvoll, da wir so Dinge erreichen, die uns wichtig sind. Zum Beispiel wenn wir einen anerkannten Abschluss schaffen, durch den wir unseren Traumberuf

ausüben können, ist es das durchaus wert, einige Zeit auf alles Mögliche zu verzichten, was wir eigentlich gerne tun.

Häufig sind auch gerade Menschen sehr erfolgreich, die ein geringes Selbstwertgefühl haben, die also den Glaubenssatz verinnerlicht haben, selbst nicht zu genügen, so wie sie sind. Erfolgreich sind sie im Sinne von beruflichem Erfolg, Aufstieg in der Hierarchie, hohe finanzielle Einkünfte … Hierfür leisten diese Menschen jedoch auch häufig weit mehr als andere. Vor allem investieren sie extrem viel Zeit. Dabei kommen die meisten Bedürfnisse, wie die nach Muße, Gemeinschaft und tiefer gehenden sozialen Bindungen, zu kurz. Auf Dauer wirkt sich dieser Verzicht auf unsere anderen Bedürfnisse negativ aus. Es sind die hohen Ansprüche an uns selbst, das Streben nach Perfektion, die uns letztendlich sogar krank machen können. Nicht selten treten bei diesem andauernd hohen Leistungseinsatz nach einiger Zeit körperliche Beschwerden bis hin zu lebensbedrohlichen Erkrankungen auf.
Dass wir teilweise bis zur Erschöpfung arbeiten, was sich in Burnouts zeigt, zahlt sich meistens zunächst in Status, Ansehen (also Anerkennung) sowie monetär aus.
Dennoch sind heute die meisten – auch erfolgreichen – Menschen nicht wirklich glücklich bei dem, was sie tun. Einige gehen ihrer Tätigkeit nach, da sie sich nun einmal, teilweise bereits vor einigen Jahrzehnten, für diese berufliche Laufbahn entschieden und nun einen bequemen Status quo erreicht haben. Andere wollen immer weiter kommen, in höhere Positionen aufsteigen, noch mehr Geld verdienen. Diese greifen bei jeder Gelegenheit nach dem beruflichen Erfolg. Dabei geraten die jeweiligen Werte, hehre Ziele und der bei

vielen Menschen ursprünglich ideelle Antrieb für diesen Beruf oft stark ins Hintertreffen.

Inzwischen sind es leider gerade die Menschen in den höchsten Positionen, die ihre Macht nicht nutzen, um das zu tun, was sie für richtig und wichtig halten. Ausnahmen bestätigen hier die Regel und sind für mich auch der Beweis, dass es eben doch noch anders geht. Die weit überwiegende Mehrheit passt sich jedoch flexibel der Meinung und Strategie an, welche die hierarchisch über ihnen Stehenden, die Mitglieder ihres Netzwerkes, Stakeholder ihres Unternehmens oder die vermeintliche Mehrheit der Menschen von ihnen fordern. Wer will schon seinen gut bezahlten Posten gefährden? Schließlich warten viele darauf, auf diesen nachzurücken.

Dabei wäre selbst dieser „Worst Case", also der am schlimmsten anzunehmende Fall, letztlich gar nicht so dramatisch. Das gilt selbst für Menschen, die eine Position in nicht ganz so weit oben liegenden Hierarchieebenen bekleiden. Denn was auch immer wir verlieren, wir gewinnen viel mehr, indem wir für unsere Werte einstehen und den Erfolg nicht mehr als Ersatzdroge benötigen. Wir gewinnen unsere Lebendigkeit zurück, dadurch, dass wir tun, wofür wir wirklich brennen.

Unsere wahren Bedürfnisse erkennen

Folgendes ist hilfreich, um herauszufinden, was wir uns tief im Inneren eigentlich wünschen: Wir fühlen in uns hinein und spüren nach. Wir verknüpfen diese Gefühle und Gedanken mit der Erinnerung an das, was für uns in unserer Kindheit und

Jugend wichtig war, indem wir uns gedanklich in diese Zeit zurückversetzen. So finden wir auch heraus, dass es gar nicht so viel braucht, um zufrieden und erfüllt zu sein. Sondern eben eher weniger.

Zum Beispiel habe ich mich, seit ich denken kann, in der Natur sehr wohlgefühlt. Habe als Kind viel mit Pflanzen und Tieren gesprochen und fand mich dabei selbst ebenso wunderschön und perfekt, wie es die Ordnung der Natur auch ist. Auch habe ich mich stets sehr gerne bewegt und gerne gesungen. Letzteres häufig sogar gleichzeitig. Um dies alles noch heute zu tun, hätte es keiner Ausbildung, schon gar keiner Karriere, ja noch nicht einmal einer Schulbildung bedurft. Über all diesen Dingen und dem Bestreiten ihres Lebensunterhaltes, vergessen die meisten von uns, auch das in ihr Leben zu integrieren, was ihre Seele nährt.

Bildung ist zwar eines der wichtigsten Güter unserer Gesellschaft. Es kommt jedoch natürlich darauf an, was wir mit dieser machen. Alleine Lesen zu lernen ist eine Voraussetzung für lebenslanges Lernen, was die Basis für die fachliche wie persönliche Entwicklung eines Menschen ist. Vorausgesetzt er wählt Bücher, die ihn wirklich weiterbringen. Diesen wichtigen Aspekt vernachlässigen wir jedoch immer wieder, da wir unseren Fokus lediglich auf unsere äußeren Ziele richten. Diese Ziele werden dabei häufig von unserem Arbeitgeber, anderen Menschen in unserer Umgebung und unseren eigenen Karrierebestrebungen vorgegeben, denen wir folgen. Ein weiterer Antrieb ist es, einen höheren sozialen Status in unserer Gesellschaft zu erreichen. Hierfür absolvieren viele – gerade überdurchschnittlich aufnahmefähige und intelligente Menschen – scheinbar lohnende Studiengänge, promovieren und tun alles dafür, um so mit dem höheren Bildungsstatus auch eine höhere und besser bezahlte Position erreichen zu können. Es sieht, oberflächlich gesehen, tatsächlich danach aus, dass ein solcher Mensch es im wahrsten Sinne des Wortes „geschafft hat". Was dabei jedoch alles auf der Strecke bleibt – vor allem wenn sein Fokus ausschließlich auf Macht, Anerkennung durch Status und finanziellem Wohlstand liegt – ist von außen nicht ganz so sichtbar. Erst wenn dieser Mensch einmal nicht mehr „funktioniert", vielleicht eine Krankheit durchmacht, bei der ihm sein Wissen und sein Geld nur bedingt helfen, fällt auf, was in seinem bisherigen Leben vernachlässigt worden ist: Meist sind es die echten menschlichen Beziehungen im privaten Umfeld, die Persönlichkeitsentwicklung fernab von Leistung und Effizienz und oft auch das körperliche Wohl.

Bewusstsein für Zusammenhänge entwickeln

Grundsätzlich gilt: Worauf auch immer wir unseren Fokus richten und was wir nutzen, das stärken wir, das, was wir nicht beachten und nicht nutzen, verkümmert dabei immer mehr. Wir Menschen sind ungeheuer komplexe Wesen, die fähig sind, alles Mögliche zu tun, zu schaffen und zu leisten. Unsere strategische und komplexe Denkfähigkeit, unser Sinn für Kunst und Kultur sowie unsere körperliche Leistungs- und Anpassungsfähigkeit, unsere Fähigkeit, uns in andere Menschen und Lebewesen einzufühlen, Trost zu spenden, durch die Kooperation mit anderen etwas Großes entstehen zu lassen, gemeinsam zu wachsen ... all das und noch viel mehr macht uns insgesamt aus. So gilt es, im Leben stets einen

Ausgleich zu schaffen, den der Begriff der Work-Life-Balance nur höchst unzureichend abbildet. Unser körperlich-geistig-seelisches System will in seiner Gesamtheit und Komplexität beachtet und bedient werden. Wir dürfen also den Radius unseres Blickwinkels durchaus deutlich weiten. Dabei liegt die Variationsbreite dessen, was uns guttut, weit über dem üblichen Arbeit-Freizeit-Ausgleich.

Sind wir zum Beispiel durch unsere vielen privaten und beruflichen Termine überlastet, fiebern wir regelrecht auf den rettenden Anker Urlaub oder Wochenende hin, um dann endlich einmal zu entspannen und das tun zu können, was wir möchten. Dafür fliegen viele möglichst weit weg, um den Alltag mit all seinen Aufgaben und die Menschen, die sonst um sie sind, hinter sich zu lassen. Endlich einmal nichts tun müssen ... Endlich einmal man selbst sein können... In einer schönen Umgebung andere Reize als die gewohnten zu erleben ... Können Sie das nachvollziehen? Haben Sie es vielleicht auch schon so empfunden?

Das Problem im Denken vieler Menschen und somit unserer Gesellschaft liegt darin, dass sie die Auswirkungen von etwas, also die Symptome, beheben wollen. Wenn man jedoch die Ursache nicht angeht, wird das eigene Bemühen, die Symptome zu beheben, nicht wirklich nachhaltig wirken. Es ist also nicht zielführend. Will man den Löwenzahn im Garten loswerden, nutzt es nicht, diesen oberhalb der Erde abzuschneiden. Man muss die Wurzel entfernen. Sonst wächst er immer wieder nach.

Ebenso wie beim Löwenzahn ist es mit vielen Dingen, bei denen wir versuchen, die Auswirkungen zu beheben oder zumindest zu mildern. Diese vermeintlichen Lösungen sind lediglich Kompensationen, die nur eine gewisse Zeit scheinbar erfolgreich wirken. So lösen wir unser Problem nicht, sondern lenken sogar noch von dessen tatsächlicher Ursache ab. Wir verlieren also den Kern des Problems aus den Augen, das es zu lösen gilt. Nämlich zum einen die einseitige Ausrichtung auf Ziele, die zudem nicht wirklich wesentlich für uns sind. Und zum anderen die dahinterliegenden Glaubenssätze, wie nicht zu genügen oder nur gut genug zu sein, wenn wir es anderen auch zeigen können. So verpassen wir einen großen Teil unseres Lebens, indem wir nicht dem nachgehen, was uns wirklich zufrieden macht, indem wir nicht das leben, was uns ausmacht. Wen wundert es da, dass immer mehr Menschen antriebslos bis erschöpft und unzufrieden sind? Und dazu nur mehr funktionieren, statt zu agieren?

Wenn auch Sie sich wöchentlich ins Wochenende oder wenige Male im Jahr in den Urlaub retten, stellen Sie sich einmal die Frage, ob es nicht schöner wäre, jeden Tag einige Zeit Wochenende, Urlaub und damit Entspannung und Hingabe an das, was Sie tatsächlich gerne tun, zu genießen.

Ich selbst habe mich ja bereits wiederholt als Fan vom „Urlaub im Alltag" geoutet (siehe Kapitel „Bewusste Routinen") und tue das an dieser Stelle gerne wieder.

> **Fragen Sie sich jeden Tag beim Aufwachen und im Laufe des Tages häufiger: Worauf habe ich gerade eigentlich richtig Lust? Was würde mir jetzt, in dieser Situation, guttun?**

Bleiben Sie dabei aber realistisch. Es geht nicht darum, sich an einen Strand mit Palmen zu begeben oder sich in einer Sänfte zum Privatmasseur tragen zu lassen. Auch nicht darum, alles hinzuschmeißen und kommentarlos ihren Arbeitsplatz zu verlassen.

So kann es zum Beispiel sein, dass Sie einmal eine kurze Pause in der Sonne genießen möchten, wofür Sie Ihre Arbeit dann gerne einmal unterbrechen dürfen. Auch ein paar tiefe und bewusste Atemzüge oder das Bewegen verspannter Muskulatur sollten jederzeit möglich sein. Ein paar Schritte zu gehen auf dem Nachhauseweg oder auch einen spontanen Anruf oder Besuch bei einem Menschen, der Ihnen am Herzen liegt … Finden Sie selbst heraus, was Sie in Ihrem Alltag stärkt und Ihnen ein gutes Gefühl vermittelt.

Bitte wundern Sie sich dabei nicht, wenn Sie zunächst auch zu überhaupt nichts Lust haben oder es Ihnen so vorkommt, als ob Sie nur noch schlafen und „herumgammeln" möchten.

Auch wenn dies sicher einige von Ihnen schon sehr erschreckend finden und darauf mit einer gewissen Skepsis oder sogar Abwehr reagieren.

Ich möchte Ihnen gerne Mut machen, dies einfach einmal durchzuziehen. Zu schlafen, wann auch immer Ihnen der Sinn danach steht und es Ihr Alltag erlaubt. Früher zu Bett zu gehen … Und vor allem: Lassen Sie die Ablenkungen des Alltags weg, die Sie von sich selbst und dem, was Sie fühlen, abbringen. Das heißt: keine Messenger-Dienste. Schalten Sie diese aus oder auf jeden Fall auf „stumm". Reduzieren Sie massiv Ihre Blicke aufs Mobiltelefon und schalten Sie es auf „stumm", sagen Sie Verabredungen, auf die Sie eigentlich keine Lust haben,

konsequent ab und gehen keine weiteren mehr ein. Besuchen Sie keine Veranstaltungen, auf die Sie sich nicht sehr freuen. Verabreden Sie sich mit sich selbst!
Sie werden überrascht sein, was sich so zeigt, wenn Sie endlich einmal wieder bei sich selbst ankommen. Vor allem wird Ihnen bewusst werden, dass Sie sehr wohl gut genug sind, und an dieser Stelle dürfen Sie auch einen gesunden Ehrgeiz einsetzen zum Erreichen Ihrer Ziele. Denn dafür steht Ihnen jetzt die Art von freudiger Energie zur Verfügung, die zum Erfolg verhilft, ohne andere wichtige Dinge zu vernachlässigen.

Bewusstsein für Überforderung versus Unterforderung

Überfordert sind wir dann, wenn Menschen, deren Anweisungen wir eigentlich folgen sollen und wollen, etwas von uns einfordern, das wir (noch) nicht beherrschen, nicht gerne tun oder das uns nicht liegt. Aber auch, wenn die (An-)Forderungen einfach zu zahlreich sind. Zu viel Arbeit, auch wenn diese uns eigentlich Freude bereitet und frei gewählt wurde, ebenfalls.
Meist jedoch überfordern wir uns selbst. Dies, weil wir glauben, viel tun und schaffen zu müssen, um etwas zu erreichen, um etwas wert zu sein. Hier begegnen uns wieder, die Glaubenssätze aus dem vorherigen Kapitel.

Überforderung entsteht auch im privaten Bereich, wenn wir meinen, uns für Familienmitglieder, den Partner oder Freunde aufopfern zu müssen. Das geht vielen Elternteilen so, wenn es um ihre Kinder geht. Doch vor allem stoßen Menschen spätestens bei der Versorgung von pflegebedürftigen Angehörigen an ihre Grenzen. Viele haben die Erfahrung gemacht, dass man sich bis zur vollkommenen Erschöpfung verausgaben kann, wenn man (zu) viel für andere tut.
Gerade auch in sozialen, Gesundheits- und beratenden Berufen kommen die Menschen, die eigentlich anderen helfen

wollen, schnell an ihre Grenzen, wenn sie nicht auch gut für sich selbst sorgen.

Ganz nebenbei und meistens ohne dies als Quelle von Erschöpfung und Leere zu erkennen, überfordern wir uns gerade in der Zeit, die wir eigentlich sinnvoll für uns selbst nutzen könnten: mit digitalem, ständigem „On-Sein", digitaler Kommunikation in allen Situationen, Empfangen und Senden von Nachrichten aller Art, Konsumieren von Informationen, Wissen, Geschichten, Filmen etc. So suchen wir unseren Wunsch nach Kontakt zu anderen Menschen und Kontrolle zu befriedigen, was wir jedoch nur ansatzweise erreichen. Die Reize und Informationen sind einfach zu zahlreich und lenken uns in höchst ungesunder Weise von uns selbst und den für uns wesentlichen Dingen ab.

Dabei benötigen wir eigentlich Ruhe, um Informationen zu verarbeiten, Ruhe zur Regeneration und um unsere Empfindungen und Bedürfnisse überhaupt wahrzunehmen. Wenn wir uns keine Ruhepausen gönnen oder einfach zu wenig davon, entfernen wir uns immer weiter von uns selbst. Was dazu führt, dass wir immer weniger spüren und so auf Dauer abstumpfen, was in depressive Verstimmungen führen kann, die sich bis zu einer klinischen Depression auswachsen können. Auch unser Körper reagiert auf diese Dauerüberlastung mit Anzeichen wie Verspannungen und Unwohlsein, damit wir unsere Aufmerksamkeit wieder auf uns selbst richten. Doch vor allem bei uns selbst erkennen wir dies meist nicht oder erst sehr spät. Werden diese Warnsignale jedoch nicht beachtet, werden sie immer stärker, und wir sind schließlich, durch Krankheit und Schmerz, gezwungen, sie wahrzunehmen.

Was Überforderung angeht, sind den meisten Menschen viele Ursachen und die Folgen bereits bekannt, wenn auch nicht immer bewusst. Dabei kann auch eine Tätigkeit, die uns unterfordert, uns erschöpfen und letztendlich krank machen. Kaum jemand denkt daran, dass auch die vielen Dinge, mit denen wir uns das Leben erleichtern, dazu beitragen können, dass wir uns nicht mehr ausreichend fordern. Wir sparen körperliche Kraft, Denkleistung und Zeit, indem wir diese Arbeiten von anderen Menschen oder Algorithmen ausführen lassen. Dabei gilt für unseren Organismus stets die Aussage „Use it, or lose it". Das bedeutet, dass wir in allem, was wir nicht nutzen abbauen, was ja eigentlich niemand erleben will. Und doch machen wir es uns bequem, bis wir schließlich nicht mehr anders können. So machen wir uns immer abhängiger von allen möglichen Dienstleistungen und Services. Wir degenerieren regelrecht, denn Degeneration vollzieht sich bei allem, was wir nicht (mehr) nutzen.

Wenn wir das vermeiden wollen, sollten wir uns Folgendes bewusst machen: Was unseren Körper angeht, so ist er nicht nur fähig, sondern sehr gut darauf ausgelegt, dass wir uns körperlich betätigen und es uns eben gerade nicht immer bequem machen, wie wir es gerne tun. Auch gewöhnen wir uns immer mehr das selbst Denken ab, indem wir für jede Kleinigkeit ein Rechengerät oder Suchmaschinen nutzen, um schnell und bequem die korrekte Antwort zu erhalten. Dass wir trotz all der Zeitersparnis dennoch das Gefühl haben, dass es uns an Zeit mangelt, darf uns an dieser Stelle ebenfalls gerne zu denken geben.

Wenn wir eine Tätigkeit als sinnvoll erachten, sind wir leistungsfähiger und gehen dieser Tätigkeit mit Freude nach. Wenn wir einer Arbeit nachgehen, die uns unterfordert, wir in dieser unser Potenzial nicht ausschöpfen, können wir dies teilweise mit anderen Aktivitäten, einer anderen Aufgabe ausgleichen. Ein anspruchsvolles Hobby, ehrenamtliches Engagement oder die Hingabe an unsere Familie können uns diesbezüglich bereichern und ausfüllen. Vielleicht finden wir in unserer Tätigkeit selbst auch sinnstiftende Begegnungen mit anderen Menschen, die uns bereichern. Diese sind es häufig, die uns letztlich noch an diesem Arbeitsplatz ausharren lassen, wenn die Arbeit selbst uns nicht mehr erfüllt. Es lohnt sich jedenfalls allemal, uns bei dem, was wir tun, immer einmal wieder die Frage zu stellen, wie sinnstiftend es für uns ist. Erst dann können wir unser Handeln und Wirken dementsprechend anpassen, um aus Über- und Unterforderung wieder in unsere emotionale Mitte zu finden.

Bewusstsein für die eigene Leistung

Gerade bei Menschen, die einer Tätigkeit in der gleichen Firma, am gleichen Arbeitsplatz bereits seit vielen Jahren nachgehen, kommt es häufig vor, dass sie den Wert der Arbeit, die sie leisten, nicht so hoch schätzen, wie er eigentlich liegt. Dass dies auch deren Führungskräfte meistens ebenfalls nicht wahrnehmen, macht die Sache nicht besser.
Wenn wir etwas schon sehr lange und routiniert tun, ist uns häufig gar nicht mehr bewusst, wie gut – teilweise bis zur Perfektion – wir etwas beherrschen. Unsere Leistung wird von uns und den Menschen in unserer Umgebung als selbstverständlich hingenommen. Wovon sicher auch die Menschen, die einen Privathaushalt organisieren, ein Lied singen können.
Wenn auch Sie bereits seit einigen Jahren der gleichen Tätigkeit nachgehen und sämtliche damit verbundenen Aufgaben beherrschen, bemerken auch Sie vielleicht gar nicht, wie gut Sie Ihre Arbeit inzwischen machen. Auch Ausnahmesituationen, die seltener vorkommen, werden Sie wahrscheinlich inzwischen gut bis sehr gut bewältigen, da Sie bereits geübt darin sind und die dafür notwendige Erfahrung besitzen.
Machen Sie sich hier aber einmal Folgendes bewusst: Wenn heute eine andere Person neu eingestellt werden würde und genau Ihre Arbeit machen sollte, hätte diese für eine längere

Zeit keine Chance, das Gleiche zu leisten, wie Sie es inzwischen können. Und das sowohl im Hinblick auf die Qualität als auch auf die Quantität. Schließlich haben Sie sich Ihre Abläufe und Vorgehensweisen auch nicht an einem Tag angeeignet, sondern über die Jahre immer mehr perfektioniert. Wenn Sie sich also all das bewusst machen, dann ist dies nicht nur eine sehr gute Basis für Ihr nächstes Gehaltsgespräch. Sondern es gibt Ihnen etwas meiner Meinung nach noch viel Wertvolleres: Zufriedenheit. Vor allem diese innere Zufriedenheit macht es auch aus, dass Sie sich wohlfühlen. Unabhängig von der Anerkennung anderer. Zudem können Sie, wenn Sie sich Ihres Könnens bewusst sind, auch besser für sich und Ihre Belange einstehen. Was sich zusätzlich positiv auf Ihr Selbstwertgefühl auswirkt.

Bewusst Ressourcen nutzen

Seit inzwischen zwei Jahren dusche ich kalt. Das jedoch nicht hauptsächlich zur Reduzierung von Energieressourcen, wie Sie vielleicht annehmen mögen. Auch wenn ich das als angenehmen Nebeneffekt durchaus schätze und es als äußerst wichtig erachte, wertvolle Ressourcen möglichst zu schonen. Bereits seit einigen Jahren beschäftigt mich die Frage, wie Menschen ohne Heizung, ohne Strom etc. überleben können, da wir hier in Deutschland doch schon überfordert sind, wenn der Strom einmal für kurze Zeit ausfällt oder die Zentralheizung nicht funktioniert. Denn das ist definitiv in vielen Ländern heute noch so, und selbst bei uns übernachten obdachlose Menschen immer wieder bei Temperaturen um die 0°C im Freien – und das meistens, ohne zu erfrieren.
Eine fast 80-jährige Bekannte erzählte mir, wie sie als Flüchtlinge nach dem Zweiten Weltkrieg zu sechst in zwei Zimmern wohnten, und dass sich im Winter Eisblumen an den Fenstern des Raumes bildeten, in dem sie als Kinder schliefen. Letzteres ist ein Zeichen dafür, dass auch hier die Temperaturen bei 0°C oder weniger lagen. Bis heute heizt sie nur einen Raum in ihrer Wohnung und ihr Schlafzimmer bleibt im Winter kalt.
Der letzte Impuls weg von meinem verwöhnten Wohlfühl-Wärmekonsum kam dann durch die Kinder meines Partners, zwei damals 17-jährige junge Männer. Diese fingen zu diesem Zeitpunkt damit an, kalte Badewannenbäder zu nehmen, um

später dann in einem fast komplett mit Eis bedeckten See zu baden.
Ich sagte mir: „Wenn diese jungen Kerle in Eiswasser baden, kann ich doch zumindest kalt duschen und weniger heizen." Da ich sowieso ressourcenschonender leben möchte, passte mein Vorhaben auch gut in mein Lebenskonzept. Seither heize ich deutlich weniger häufig und dann deutlich weniger warm. Außerdem dusche ich seither konsequent kalt. Was mich teilweise noch heute, vor allem wenn mir kalt ist, Überwindung kostet. Doch ich werde es weiter so handhaben und mich hin und wieder auch am Waschbecken mit einem Waschlappen waschen. Eben weil es mir guttut und ich ein gutes Gefühl dabei habe, wenn ich nicht übermäßig Ressourcen verschwende. Mein Körper reguliert seine Temperatur der Außentemperatur entsprechend und ist gesund und fit. Vor allem aber entspricht es meinem Wunsch nach mehr Unabhängigkeit, dass ich mich damit von Dingen wie fließend Warmwasser und Zentralheizung unabhängiger mache. Unabhängiger bin ich auch, indem ich bares Geld einspare, was mir dann für andere Dinge zur Verfügung steht, die mir wichtiger sind. Meinen Warmwasser- und Heizkostenverbrauch konnte ich so um 50 Prozent reduzieren.

Fragen Sie sich, was Sie tun wollen

Es ist doch so, dass wir es selbst in der Hand haben, wie wir leben wollen.
Und wenn wir auf Kosten anderer leben, auf Kosten von Ressourcen anderer Menschen, auf Kosten anderer Nationen, auf Kosten der Umwelt, dann sollten wir dazu stehen. Wenn

wir das jedoch wirklich *nicht* wollen, was in letzter Zeit immer mehr Menschen behaupten, liegt es in unserer Macht, etwas an unserem Verhalten zu ändern. Was jeder schließlich nach seinem eigenen Ermessen tun kann.

Einige Menschen tendieren – vielleicht sogar gut gemeint – dazu, teilweise selbstgerecht und empört anderen vorzuwerfen, dass diese sich nicht „richtig" verhalten. Ich hingegen bezweifle, dass es sinnvoll und richtig ist, mit dem Finger auf andere zu zeigen. Auch ist es nicht konstruktiv, was die regelrechte Abwehrhaltung vieler Menschen, die sich bevormundet fühlen, zeigt. Allenfalls können wir auf andere schauen, indem wir uns etwas abschauen, das diese unserer Meinung nach gut machen, um es ihnen dann gleich zu tun. Oder auch indem wir uns bewusst machen, dass wir anders handeln wollen und werden, da wir etwas anderes für richtig erachten. Diesbezüglich greift wieder das Prinzip: „Jeder kehre vor seiner eigenen Türe" (vgl. Kapitel „Bewusstsein für uns selbst und die Beurteilung anderer").

So würde es uns insgesamt weiterbringen, dass jeder ganz einfach nach sich selbst schaut, indem er sein eigenes Handeln immer einmal wieder ehrlich hinterfragt. Danach, was jeder selbst tun kann und will. Je nachdem, was jeder einzelne für richtig und wichtig hält. Wenn wir zudem Gleichgesinnte in unserer Umgebung finden, die dabei mit uns an einem Strang ziehen, ist das umso besser. Das sollte jedoch keine Bedingung dafür sein, dass wir uns so verhalten, wie wir selbst es für richtig halten.

Fühlen Sie sich etwa wohl dabei, wenn Sie ein Mobiltelefon benutzen, nach dessen Rohstoffen wie Gold, seltenen Erden und anderen Metallen Kinder gegraben haben, unter

schlechtesten Bedingungen mit Chemikalien hantierend? Das Gleiche dann wieder, wenn Sie dieses Handy, sogar ordnungsgemäß, entsorgen? Es landet dann doch letztendlich meistens in Afrika oder Asien und wird dort von den Ärmsten der Armen unter übelsten Bedingungen für Mensch und Umwelt „recycelt".
Das Schöne ist, dass wir es uns eigentlich aussuchen können, was wir wie lange nutzen, was wir kaufen und bei wem. Das ist so, weil wir verglichen mit den meisten Menschen auf der Welt reich sind. „Eigentlich" schreibe ich, weil so viele Menschen sich ihrer Macht als Konsument gar nicht bewusst sind oder sich diese nicht bewusst machen. So wie jede Handlung, die wir zum Beispiel an unserem Arbeitsplatz ausführen, eine Wirkung hat, hat auch jede andere Handlung, die wir vornehmen, eine (Aus-)Wirkung auf uns und unser Umfeld. Ja selbst unterlassene Handlungen wirken sich in irgendeiner Art und Weise aus.

Wir leben in einem reichen und sicheren Land – nicht zuletzt auf Kosten anderer. So haben wir es selbst in der Hand, wie wir mit diesem Reichtum umgehen. Ob wir so weitermachen wie bisher: weiterhin Ressourcen, Menschen, Nationen und die Umwelt ausbeuten und dabei weiter mit dem Finger auf andere zeigen, die sich unserer Meinung nach nicht ganz richtig verhalten. Oder ob wir selbst aktiv werden und über die Bewusstmachung dessen, was wir uns wirklich wünschen, was wir wirklich brauchen, zur Konzentration auf das Wesentliche kommen. Das, was wirklich wesentlich ist, ist tatsächlich viel weniger als das, womit wir uns, freiwillig, aber unbewusst, im Alltag umgeben.

Bewusstes Handeln für Zufriedenheit

Wenn wir aktiv werden, um bewusst etwas zurückzugeben, an andere Menschen und die Natur, wirkt sich das positiv auf unsere Stimmung aus, und wir sind automatisch zufriedener. Da uns aktives Handeln im Sinne einer guten Sache stärkt. So ist dies nicht nur zum Wohl anderer und unserer Umwelt. Wir selbst haben unmittelbar etwas davon. Nämlich das gute Gefühl „das Richtige" zu tun.

Wenn Sie Spaß daran haben, Auto zu fahren, wenn Sie dieses Fahrzeug wirklich brauchen und dies bei Ihnen zu mehr Zufriedenheit führt: Nutzen Sie es mit Freude. Wenn es Ihnen absolut wichtig ist und nachhaltig zu Ihrer Zufriedenheit beiträgt, fliegen Sie mit dem Flugzeug in den Urlaub. Aber tun Sie beides bitte nicht, ohne einmal in sich zu gehen, ohne einmal bei sich anzukommen und nachzuspüren, welche Werte Sie eigentlich leben wollen. Welches sind die Werte, die Ihrer tiefsten Überzeugung entsprechen? Leben Sie nach diesen Werten, trägt dies nämlich entscheidend zu Ihrer Zufriedenheit und einem erfüllten Leben bei.

Auch dass Sie Sie selbst sein können, die Freiheit, das zu tun, was Ihnen entspricht, sorgt für ein erfüllendes Leben. Als Kind waren Sie auf jeden Fall noch Sie selbst. Zumindest zum allergrößten Teil. Vielleicht können Sie sich daran erinnern, woran Sie Spaß hatten. Damals haben Sie im Spiel höchstwahrscheinlich immer das gemacht, was Ihnen Spaß gemacht hat. Hoffentlich haben Ihnen Ihre Eltern möglichst wenig hineingeredet und nicht angeboten, auf andere Art und Weise zu spielen. Dann konnten Sie sich ganz für sich, Ihren Interessen entsprechend, das erschließen, was es zu erfahren und zu lernen gab.

Auch im Erwachsenenalter lernen wir Dinge, für die wir uns aus unserem eigenen Antrieb heraus interessieren, um ein Vielfaches leichter als das, was uns zum Beispiel vom Arbeitgeber oder von Behörden vorgegeben wird.

Vielleicht entdecken Sie, wenn Sie einmal bewusst in sich gehen und nachspüren, Talente und Vorlieben, die Sie schon lange vergessen hatten. Weil Sie sich auf einen Abschluss konzentriert haben, auf Ihre Karriere, darauf, Geld zu verdienen, Ihre Familie zu ernähren, Ihre Kinder großzuziehen. Weil Sie sich darauf konzentriert haben, was „man" haben und tun muss.

Meine Frau, meine Kinder, mein Haus ... Das gehört zum deutschen Standard. Aber lässt uns das wirklich zufrieden sein? Ist das das richtige Konzept für jedermanns Lebensglück? Ich plädiere dafür, dass jeder für sich selbst herausfindet, was ihm liegt und was ihn wirklich bereichert.

Wer ein Auto fährt, braucht vielleicht gar kein schickes Auto, kein SUV, kein großes Fahrzeug – vielleicht sogar überhaupt kein Auto. Vielleicht fahren Sie viel lieber mit dem Fahrrad? Vielleicht brauchen Sie auch kein elektrisch betriebenes E-Bike, weil Sie viel lieber ohne Strom fahren, um dabei unverfälscht Ihre eigene Kraft zu spüren. Vielleicht gondeln Sie mit dem Fahrrad auch viel lieber ziellos und langsam durch die Gegend, so wie ich es als Kind liebte und heute noch gerne tue. Als Kind habe ich so Straße für Straße erkundet, Hinterhof für

Hinterhof, Sackgasse für Sackgasse und alle Parkplätze und Einfahrten mit meinem Kinderfahrrad ausgekundschaftet. So habe ich meine Umgebung und die Menschen, die dort lebten, näher kennengelernt. Mir ist bewusst, dass diese Art des Spazierens, sei es mit oder ohne Fahrrad, mir heute noch ebenso guttut, wie es damals der Fall war.

Im Einklang mit uns selbst und der Umwelt

Was tut Ihnen seit jeher gut? Was entspannt Sie und lässt Sie bei sich selbst ankommen? Was macht Ihnen wirklich Freude? Ich bin der Überzeugung, dass wir die Umwelt nicht mehr ausbeuten und nicht mehr über unsere Verhältnisse leben, wenn jeder genau und ausschließlich das tut, was er von Herzen gerne tut, und das auch nur so lange, wie es ihn wirklich erfüllt.
Ist das eine Utopie? Meiner Meinung nach nicht.
Denn das Meiste von dem, was wir gut situierte Menschen alles tun, erfüllt uns auf Dauer nicht wirklich. Vor allem schadet es uns, wenn wir zu viel von einer Sache tun oder haben. Auch verschwenden wir wertvolle Ressourcen und schaden unwillkürlich und unbeabsichtigt unserer Umwelt mit unserem unbewussten Verhalten. Darum plädiere ich hier auch immer wieder und nachhaltig dafür, mehr Bewusstsein zu entwickeln. Ein Bewusstsein für das System, in dem wir leben, und dafür, dass alles mit allem zusammenhängt und jeder einzelne von uns viel mehr tun kann, als er gemeinhin glaubt.

Um herauszufinden, was uns selbst guttut, hilft es, den Blick nach innen zu richten. Was sehr gut mittels Meditation

möglich ist. Vielleicht erfüllt es uns nicht auf Dauer, wenn wir nur dasitzen und meditieren. Unsere Ökobilanz wäre dann jedoch hervorragend. Man verbrennt weniger Energie, benötigt weniger zu essen, es fällt weniger CO_2 für Produktion und Transport von Waren an, weil wir nicht mehr so viel konsumieren.
Unabhängig von diesen Nebeneffekten tut es jedenfalls den meisten Menschen, die sich wirklich darauf einlassen, was sich bei der Meditation in ihnen verändert, sehr gut, sich in dieser zu üben. Auch wenn nicht jeder einen Zugang zum Meditieren findet, halte ich es für einen guten Weg, um bei sich selbst anzukommen und Ruhe und Gelassenheit zu finden. Was ich in meiner täglichen Meditationspraxis häufig, wenn auch nicht immer, erlebe. Zudem bestreitet man mit Meditation ruhiger und gelassener seinen Alltag. Den meisten Menschen, die ich bisher dazu befragt habe, hat es zumindest sehr gutgetan, und die positive Wirkung der Meditation ist inzwischen auch durch wissenschaftliche Studien belegt.

Wie Sie sich auch entscheiden, tun Sie das, was Ihnen und Ihren Werten entspricht, aber tun Sie es bewusst und nur so lange, wie es Sie unterstützt. Vielleicht fliegen Sie auch noch ein, zwei Mal mit dem Flugzeug in den Urlaub, bevor Sie feststellen, dass Fliegen für das, was Sie im Urlaub suchen, gar nicht notwendig ist. Vielleicht finden Sie sogar ganz in der Nähe Ihres Wohnorts einen ähnlich entspannenden, schönen, herausfordernden Ort. Auch wenn Sie nur noch jedes dritte oder jedes fünfte Jahr fliegen, wenn Sie dies vorher jährlich taten, ist der Umwelt ein Stück geholfen. Und Sie spüren vielleicht, dass Sie die weite Reise viel mehr wertschätzen, da dies eben nicht mehr Routine ist, sondern etwas ganz Besonderes.

Bewusst ökologisch wirksam handeln

Für mich persönlich ist ein großes Anliegen, dass jeder seine Macht als Verbraucher bewusst nutzt. Ich selbst tue das gerne, indem ich beim Einkaufen „mit den Füßen abstimme". Egal, ob es sich um Gebrauchsgüter handelt, die wir über längere Zeit hinweg nutzen (wie zum Beispiel unsere Kleidung, Küchenutensilien, Werkzeuge oder Möbel), oder um Verbrauchsgüter (wie Lebensmittel oder Reinigungsmittel), die wir teilweise sehr schnell verbrauchen: Je nachdem, wo und was wir einkaufen, können wir unmittelbar unterstützen, was wir für richtig halten.

Bereits lange bevor ich über nachhaltiges Konsumieren nachdachte, habe ich beim Einkaufen die Chance genutzt, Geschäfte, in denen der Service der Mitarbeiter sehr gut war, denen vorzuziehen, bei denen es einen schlechten bis gar keinen Service gab.

So verfahre ich noch heute und zusätzlich genieße ich es, bewusst zu kaufen, um damit die Produzenten und Geschäfte zu unterstützen, die meinen Vorstellungen von Nachhaltigkeit möglichst entsprechend handeln.

Wenn wir bewusst so handeln, wie es unserer persönlichen Überzeugung entspricht, merken wir erst, wie wirksam das ist. Wir fühlen uns selbst nicht nur verantwortlich, sondern auch wirkmächtig, was wir als Verbraucher schließlich auch sind.

So habe ich für mich zum Beispiel das Einkaufen unverpackter Lebensmittel im Unverpacktladen entdeckt. Was mir sehr viel Spaß macht, wie auch der Einkauf beim Biobauern vor Ort.

Vorteile vom Einkaufen unverpackter Lebensmittel sind, dass ...

- ... man die Ware, die man kauft, wirklich sieht, da diese nicht von einer Werbeverpackung mit Abbildungen verdeckt wird;
- ... man die Mengen selbst bestimmen kann (benötigt man zum Beispiel nach Rezept für ein Gericht 150 Gramm von etwas, muss man nicht auf die häufig üblichen 200-Gramm-Beutel zurückgreifen);
- ... man einen guten Überblick darüber hat, ob und wie viel teurer etwas wird (vor allem, wenn man für die gleichen Lebensmittel immer die gleiche Gefäßgröße verwendet; außerdem orientiere ich mich unwillkürlich eher am Kilopreis, da dieser ohne die vielen auf Verpackungen aufgedruckten Informationen präsenter ist);
- ... es sehr schön aussieht, also ästhetischer ist, wenn man die Lebensmittel in Gläsern aufbewahrt (bei mir stehen diese in einem Schränkchen mit Glasfenstern und dienen so gleichzeitig als Dekoration);

- … man extrem viel Müll spart (ich konnte meinen Verpackungsmüll so weit reduzieren, dass ich jetzt in sechs Wochen so viel Plastikmüll verursache, wie vorher in einer Woche);
- … man die Lebensmittel in Gläsern oder anderen Gefäßen vor kleinen Tieren schützt, sozusagen vor „Mitessern", die man dort nicht haben will.

Aber auch, wenn Sie in anderen Geschäften, wie zum Beispiel auf dem Wochenmarkt oder im Supermarkt einkaufen, lässt sich sehr viel Verpackung sparen:

- **An der Frischetheke kann man seine mitgebrachten Gefäße befüllen lassen.**
- **Auf dem Wochenmarkt kann man seine eigenen Taschen sowie Tüten und Gefäße mitbringen.**
- **Beim Bäcker kann man sein Brot oder Brötchen in ein Stoffsäckchen oder einen anderen Beutel geben lassen.**
- **Bei Kuchen oder anderen Backwaren, die man horizontal transportieren sollte, kommen bei mir die altbewährten Tupper-Behältnisse zum Tortentransport zum Einsatz.** (Diese bestehen zwar aus Plastik, sind inzwischen jedoch bereits über 20 Jahre alt und werden mich sicher überleben.)

Wenn es Sie zu Anfang etwas Überwindung kostet, die eigenen Gefäße befüllen zu lassen, kann ich Ihnen Mut machen. Meinem Partner und mir ging es genauso. Vor allem trifft man

immer einmal wieder auf Verkäufer, die nicht bereit sind, Waren unverpackt zu verkaufen. (Diese sind jedoch in der absoluten Minderheit und es lässt sich auch meistens eine Lösung finden, bei der letztendlich die Ware doch bei Ihnen im mitgebrachten Gefäß landet, ohne Müll zu produzieren.) Auch ist dies in ein und demselben Geschäft oder an ein und demselben Stand auf dem Wochenmarkt bei einer anderen Person erfahrungsgemäß auch schon wieder anders. Wenn man Sie schließlich als wiederkehrenden Stammkunden erkennt, läuft es dann erfahrungsgemäß ganz selbstverständlich ab.
Fragen Sie auch ruhig einmal danach, ob Ihr jeweiliges Lieblingsgeschäft Pfandbehältnisse anbietet, in die die Ware abgefüllt werden kann. Dies ist inzwischen bei immer mehr Geschäften der Fall.
... Und sonst gehen Sie eben doch in den Unverpacktladen, sofern es einen in Ihrer Nähe gibt. Schließlich sitzen dort die Profis fürs unverpackte Einkaufen, und Sie erhalten sicher zusätzlich Tipps und Antworten auf Ihre Fragen.

Wenn Sie bewusst ressourcenschonender handeln, tun Sie das immer auch für sich. Für Ihr gutes Gefühl und ein zufriedeneres, weil bewussteres Leben. Wenn Sie selbst-bewusst das tun, was für Sie richtig und wichtig ist, werden Sie damit automatisch ökologischer agieren.

Davon bin ich überzeugt und wünsche mir, dass so möglichst viele Menschen zu mehr Bewusstsein für ihr Glück, ihre Gesundheit und ihren Wohlstand gelangen.

Wie ökologisches, ressourcenschonendes Handeln Zeit und/oder Geld spart:

- Keine Kompromisse beim Einkaufen.
  Kaufen Sie nur, was Sie glücklich macht oder nachhaltig nützlich für Sie ist.
- Möglichst keine To-go-Produkte kaufen. Wenn, dann nur im Mehrweg-Behältnis.
- Lebensmittel in Pfandbehältnissen kaufen.
- Nicht mehr kaufen als nötig.
- Lebensmittel in Mengen kaufen, die Sie auch verbrauchen. (Täglicher Lebensmittelcheck auf Haltbarkeit, der im Haushalt befindlichen Ware vermeidet, dass Sie etwas wegwerfen müssen.)
- Ein Gericht für zwei oder mehr Tage kochen. Das Aufwärmen ist nicht so energieintensiv wie das Kochen selbst.
- Leitungswasser trinken.
- Wasserkocher nutzen, da diese weniger Energie verbrauchen als ein Elektroherd.
  (Das kann beim Gasherd und bei Induktion anders sein.)
- Tee mehrmals aufbrühen.
  (Bei den meisten Tees ist das möglich und in China durchaus üblich.)

- Vorhandenes möglichst reparieren (lassen).
  - Elektrogeräte
  - Schuhe
  - Kleidungsstücke

  Repair-Cafés und Anleitungen zum selbst Reparieren finden Sie hier:
  www.reparatur-initiativen.de
- Erst wenn Reparieren nicht mehr möglich ist:
  - Gebrauchte Dinge kaufen.
  - Beim Neukauf auf Langlebigkeit und Reparaturfreundlichkeit achten.

  (Die Stiftung Warentest testet zum Beispiel einige Produktgruppen auf Langlebigkeit.)
  - Leihen, statt kaufen, bei Gegenständen, die Sie selten verwenden.
- Elektrische Geräte, die Sie nicht nutzen, konsequent vom Stromnetz nehmen, indem Sie diese ausstecken.
- Die Temperatur Ihres Kühlschranks können Sie auf 9°C anheben. Das reicht für die allermeisten Lebensmittel zur Kühlung aus.

Indem wir uns die Folgen unseres Handelns bewusst machen und dabei ehrlich zu uns sind, handeln wir eher so, wie wir es uns eigentlich wünschen. Vielleicht lassen wir auch einfach einmal eine Handlung sein, die uns nicht wirklich einen Vorteil bietet und der Umwelt schadet. Wenn wir konsequent so vorgehen, werden wir ganz automatisch zufriedener, weil wir unseren Überzeugungen entsprechend handeln.

Falls Sie auch gerne ressourcenschonender handeln möchten, finden Sie in folgender Auflistung eine Unterstützung, die – wieder einmal – zur Bewusstmachung dienen soll.

Die Folgen der Kurznutzungszeit von Produkten:

- **Extrem viel überflüssiger Müll entsteht. (Der letztlich doch in der Natur und somit auch wieder in unseren Nahrungsmitteln landet. Die Verschmutzung der Meere ist hierfür nur ein Beispiel.)**
- **Ressourcen gehen schneller zur Neige.**
- **Der Wert der Ware verringert sich, diese wird im Verhältnis also teurer. (Aus diesem Grund kann es häufig nützlich sein, mehr Geld auszugeben für Ware, die länger haltbar ist, denn letztlich sparen Sie auf diese Weise.)**

Wenn wir uns diese und andere Folgen unseres Handelns bewusst machen, wird es uns sicher leichter fallen, unseren Konsum dahingehend zu verändern, dass wir dafür sorgen, dass es uns Menschen und der Natur möglichst nicht schadet. Bewusst werteorientiertes Handeln sorgt für mehr Zufriedenheit zum Nutzen aller Menschen und unserer Erde.

Verzicht oder Befreiung?
Die Kunst des Loslassens

Befreiung vom Negativimage des Verzichts

Wenn jeder Mensch nur das nutzt, was er wirklich von ganzem Herzen genießen kann, und es auch nur so lange nutzt, wie er es wirklich genießen kann, dann kommen wir an den Punkt, an dem wir unserer Erde nicht mehr schaden.

Denn wir benötigen nicht so viel, wie wir derzeit verwenden und damit verbrauchen. Wir tun so viele Dinge aus Gewohnheit. Wir greifen aus Gewohnheit zum Autoschlüssel, auch wenn der Weg so kurz ist, dass wir diesen bequem zu Fuß gehen könnten. Wir buchen einen Flug, eine Flugreise oder ein fernes Urlaubsziel – aus Gewohnheit und weil wir glauben, uns damit etwas besonders Gutes zu tun. Dabei kommen wir gar nicht darauf, einmal zu hinterfragen, wo wir uns in der Nähe erholen und uns an unserer Freizeit erfreuen könnten. Das wäre mit weniger Zeitaufwand, weniger Belastung für unseren Körper (wegen Jetlag und Klimadifferenz zum Heimatort) durchaus möglich und würde so zu mehr Wohlbefinden beitragen. Wenn wir also innehalten und nachdenken, könnten wir noch einmal eine ganz neue Rechnung aufmachen. Dabei ist es nicht notwendig, dass jemand auf etwas verzichten muss, sondern wir lassen weg, was wir nicht brauchen, was uns also eigentlich gar nicht nutzt. Was schließlich nur sinnvoll ist.

Überhaupt könnten wir uns auch glücklich schätzen, dass wir so vieles haben, auf das wir verzichten können. Es ist doch so, dass „Verzicht" stets auf Freiwilligkeit beruht. Denn wenn man etwas gar nicht erst besitzt oder zumindest die Möglichkeit dazu hat, kann man eben auch nicht auf dieses verzichten. Hat man aber die Möglichkeit, etwas zu kaufen oder eine Forderung zu stellen, und verzichtet dennoch darauf, dann erklärt man sich bereit, etwas nicht zu tun oder zu konsumieren, was einem eigentlich zustehen würde beziehungsweise was man sich eigentlich leisten kann. Zurzeit wird das Wort „Verzicht" meist sehr negativ aufgenommen. Wir verbinden es mit unfreiwilliger Entbehrung und unangenehmen Folgen.

Erinnern Sie sich noch an die Empörung, mit welcher der Hinweis, dass man auch einen Waschlappen anstelle der Dusche nutzen kann, zurückgewiesen wurde? So passiert, als Winfried Kretschmann, Ministerpräsident von Baden-Württemberg, diesen Tipp äußerte. Alles, was ich im Internet zu dieser Äußerung fand, war nicht bevormundend, sondern freundlich als Tipp zum Energiesparen geäußert, den man annehmen und ausprobieren kann – oder auch nicht.

Ich selbst kann zumindest das Unverständnis vieler Menschen bezüglich der Körperreinigung am Waschbecken mittels eines

Waschlappens aufgrund eines Erlebnisses aus meiner Kindheit nachvollziehen.

Als ich eines Tages sah, wie meine Oma sich am Waschbecken mit einem Waschlappen wusch, und ich erstaunt fragte, was sie da tue, erklärte sie mir, dass sie sich so wasche und dass dies auch kostengünstiger sei als zu duschen.

Ich konnte das damals weder monetär noch praktischerweise nachvollziehen, da ich es von meinen Eltern her nur kannte, zu duschen. Aber ist die Lösung eines anderen Menschen schlechter, weil ich etwas bisher nicht tue und diese Möglichkeit nicht kenne? Für die Haut ist dies allemal besser, als sich, wie ich es jahrzehntelang tat, warm zu duschen. 20 Minuten lang, selten mit einer Pause beim Einseifen oder shampoonieren der Haare.

Mag sein, dass die Empörung dem geschuldet ist, dass viele von uns das Gefühl haben, dass „man" uns immer mehr Vorschriften machen will, und darum bereits eine vergleichsweise harmlose Anmerkung eines hochrangigen Politikers gleich auf Gegenwehr stößt.

Seit einigen Jahren bereits und immer häufiger wird in Medien, Umwelt-Organisationen und Politik unser immer höher werdender Ressourcenverbrauch angeprangert. In letzter Zeit sind besonders die Themen Energieeinsparung, Ressourcenschonung und Nachhaltigkeit sehr propagiert worden. Immer wieder mahnen Politik und Medien vor allem vor einer zu erwartenden Energieknappheit.

Es fallen dann Sätze wie „Wir müssen verzichten", „Es wird hart werden", „Wir müssen" oder gar „Sie sollten" ...

Sätze, die die meisten von uns nicht gerne hören. Vor allem lassen wir uns nur ungern etwas vorschreiben. Dabei *müssen* wir überhaupt gar nichts.

Wie bereits geschrieben, kann Verzicht nur freiwillig erfolgen und meistens aus der eigenen Überzeugung heraus.

Mir kommt es so vor, als würden vor allem wir, die wir es gewohnt sind, alles haben zu können, uns am meisten darüber echauffieren. Menschen, die nur wenig Mittel zur Verfügung haben, nutzen schließlich seit jeher viel weniger, weil sie es sich schlichtweg nicht leisten können.
Gefühlt hat sich in letzter Zeit eine Gegenbewegung, gegen die verstärkten Vorschriften zum Umweltschutz gebildet. Die Menschen denken und handeln dabei genau konträr zu den von „der Politik" und von „den Umweltaktivisten" geforderten Konsequenzen. Dies mit der Einstellung: „Ich lasse mir doch nichts verbieten" oder „Sollen die doch erst einmal anfangen".

Empörung vonseiten vieler Menschen macht sich breit, die teilweise sogar in Aggression umschlägt.
Warum, ist klar: Uns Menschen fällt das Loslassen von Gewohnheiten und Dingen, die wir besitzen, stets schwer. Selbst wenn wir etwas hergeben sollen, das wir bis dato gar nicht genutzt hatten, halten wir daran fest und wollen es nicht loslassen. Das fängt beim Kleinkind im Sandkasten mit der Schaufel so an und ist beim Ingenieur, der sich nicht von seinem „heiligen Blechle", wie man im schwäbischen zum Auto sagt, trennen möchte, nicht anders. Dies ist so, auch wenn das

Kind vorher seine eigenen Hände der Schaufel vorgezogen hat, wie auch beim erwachsenen Menschen, selbst wenn er mit dem Rad oder sogar zu Fuß zur Arbeit geht. Auch in vielen anderen Bereichen, wenn es um Öl, Gas, Wohnen, Urlaubsreisen, Müllvermeidung etc. geht, wollen wir uns nicht reinreden lassen von anderen. Letzteres ist meiner Meinung nach auch weder zielführend noch notwendig. Überlegen wir doch einfach einmal, was wir tatsächlich brauchen, was wir von den Dingen, die wir uns leisten, auch tatsächlich vollkommen genießen und was uns wirklich guttut – und handeln wir danach.

Verzicht zugunsten des Wesentlichen

Wir sprechen von Verzicht, wenn es darum geht, weniger Freizeitaktivitäten zu unternehmen, weniger materielle Dinge oder auch nur weniger große Dinge zu besitzen (wenn wir an unsere Wohnräume oder unser Fahrzeug denken), weniger Flugreisen zu unternehmen, weniger Fleisch zu essen usw.

> **Wenn wir unser Handeln und Beharren auf einigen Dingen, die unserer Umwelt auf Dauer schaden, einmal hinterfragen, können wir feststellen, dass diese häufig auch nicht wirklich zu unseren eigenen Gunsten ausfallen. Wir also hauptsächlich uns selbst etwas Gutes tun, wenn wir darauf verzichten.**
>
> **Zudem führt uns das bewusst gewählte Weglassen von etwas den Wert dessen, auf das wir eben nicht verzichten wollen, erst so richtig vor Augen.**

Es gibt drei Fragen, deren Beantwortung Ihnen zeigt, wovon Sie sich bewusst befreien und was Sie ab sofort mehr wertschätzen dürfen:

1) **Tut mir das wirklich gut?**
2) **Wie wichtig ist mir Prestige?**
3) **Wie viel Mehrwert erreiche ich damit?**

Tut mir das wirklich gut?

Bezüglich dessen, was uns und unserer Umwelt (anderen Menschen, Tieren, der Natur) guttut, geht es eben nur scheinbar um Verzicht, wie es von vielen empfunden wird, denen die meisten – wenn nicht sämtliche – Maßnahmen zur CO_2-Reduktion, Ressourcenschonung und Müllvermeidung zu weit gehen. Wenn wir tiefer blicken, selbst wenn wir ganz egoistisch nach unseren eigenen Bedürfnissen sehen, lassen wir einfach weg, was wir nicht benötigen. Befreien uns vom Ballast des „Zuviel" in unserem Leben.

Konzentrieren Sie sich also darauf, sich bewusst zu machen, was Ihnen *wirklich* guttut.

Zum Beispiel ist es für unseren Körper belastend, wenn wir im Winter bei Minusgraden unsere Wohnung auf 25°C aufheizen. Zumindest, wenn wir unser Leben nicht ausschließlich in unseren Wohnräumen verbringen, sondern auch ab und zu einmal vor die Türe treten möchten. Diese Temperaturschwankung schadet also primär uns und erst sekundär der Umwelt. Würde es uns nicht besser bekommen, wenn wir vielleicht eine zusätzliche Lage Kleidung anziehen und uns hin und wieder bewegen würden? Bewegung ist sowohl für unsere Konzentration förderlich als auch für unseren Körper gut und gesund.
Wenn wir unser Automobil stehen lassen und stattdessen zu Fuß oder mit dem Fahrrad zum Bäcker gehen oder fahren, sparen wir damit CO_2 ein. In erster Linie tun wir jedoch

unserem Körper etwas Gutes, indem wir uns bewegen. Außerdem bauen wir durch die Bewegung Stress ab ... Und, sofern wir unser Mobiltelefon zu Hause lassen, haben wir so die Chance auf schöne Begegnungen mit anderen Menschen, da uns keine Automobilhülle und kein gebanntes auf das Display Schauen von diesen abschottet.

Was unsere Urlaubsreisen angeht, ist es ebenfalls besser für unseren Organismus, wenn wir uns keinem Jetlag und keinen größeren Temperaturschwankungen aussetzen. Die Umstellung auf andere Zeitzonen, Klimaverhältnisse und Nahrung bekommt uns häufig nicht gut, und es dauert einige Tage, bis sich unser Körper daran gewöhnt hat. Nach Rückkehr ist es dann häufig genauso. Bereits während der Rückreise aus einem warmen Land werden viele krank, bedingt durch die Klimaanlage des Flugzeugs, spätestens jedoch, wenn sie im oft nasskalten Mitteleuropa angekommen sind. Wenn wir uns also weite Reisen sparen, hat nicht nur die Umwelt etwas davon, sondern viel unmittelbarer vor allem wir selbst.

Wie wichtig ist mir Prestige?

Wie wichtig ist Ihnen Prestige? Bewegen Sie sich in einem Umfeld, in dem man eben nicht nur einfach Auto fährt, sondern ein Automobil der Luxusklasse? Tragen Sie einen bestimmten Kleidungsstil, bestimmte Markenkleidung, weil das in Ihrem Umfeld bevorzugt wird? Besuchen Sie bestimmte Restaurants, Veranstaltungen und Menschen, weil es zum guten Ton gehört? Wählen Sie Ihr Reiseziel nach der Bewunderung vonseiten anderer Menschen, die damit einhergeht?

Ich selbst habe schon einige Male feststellen können, dass die Verkäufer in einem Geschäft sich deutlich anders mir gegenüber verhielten, je nachdem, wie ich gekleidet war. Auch wenn ich, was ich im Sommer sehr häufig tue, barfuß unterwegs bin, reagieren immer wieder Menschen sehr abschätzig. Darum verstehe ich Menschen durchaus, wenn sie sich eher „normkonform" kleiden, um nicht aufzufallen oder gar anzuecken.

Die Kehrseite davon ist jedoch, dass sie ihre Möglichkeit aufgeben, sich mittels ihrer Kleidung auszudrücken, sich so zu kleiden, wie es für ihren Körper am gesündesten ist, wie es ihnen guttut.

Wenn Sie ein Luxusgut wirklich lieben und Freude daran haben, ist das absolut in Ordnung. Wenn Sie jedoch nur um des Ansehens oder um anderer Menschen willen zu diesem greifen, könnten Sie einmal hinterfragen, ob der Nutzen, den Ihnen die Anerkennung oder Akzeptanz derer bringt, die Sie ansonsten nicht schätzten würden, wirklich wichtiger ist als Ihr Wohlbefinden. Bedenken Sie immer: Selbst wenn, oder gerade weil, Sie sich ohne Weiteres teure Luxusgüter leisten können, sollten Sie sich nicht unnötig mit etwas belasten, das Ihnen nicht wirklich dient. Auch fällt Ihnen sicher noch etwas Sinnstiftenderes ein, das Sie mit Ihrem Geld tun können.

Wie viel Mehrwert erreiche ich damit?

Grundsätzlich hilft es, sich zur Bewusstmachung auch immer einmal diese Frage zu stellen: Wie wichtig ist mir das, was ich begehre, eigentlich wirklich?

Wenn Sie etwas, das Sie besitzen möchten, gerade nicht haben können oder zugunsten von etwas anderem darauf verzichten müssen, machen Sie sich dessen Mehrwert für Sie bewusst. Gerade wenn etwas, das wir begehren, für uns oder insgesamt nur sehr schwer verfügbar ist, können wir dies nutzen, um einmal innezuhalten und zu überlegen, ob es uns die Investition wirklich wert ist.
Nehmen Sie sich für diese Entscheidung wirklich Zeit.

Folgendes Vorgehen hat sich dabei für mich gut bewährt:

> **Stellen Sie sich vor, Sie wünschen sich etwas, das so teuer ist, dass es Ihre monatlich zur Verfügung stehenden Mittel übersteigt. Und egal, ob Sie nicht zu hundert Prozent sicher sind, ob Sie es kaufen wollen oder ob Sie es unbedingt wollen, es funktioniert gleichermaßen.**
>
> **Sparen Sie das Geld für dieses Gut über einige Monate hinweg an. Verteilen Sie die zu zahlende Summe gleichmäßig auf diese Monate. Vielleicht sind Sie dann in dem einen oder anderen Monat auch bereit, auf etwas anderes zu verzichten, um Ihr Ziel, das gewünschte Gut zu erstehen, schneller zu erreichen.**
>
> **(Dazu noch mehr im Kapitel „Vermögend versus arm ... oder wie Sie Ihr Geld richtig einsetzen".)**

Mit dieser Einstellung, diesem Vorgehen, entsteht eine Situation, bei der Sie nur gewinnen können:

- Entweder Sie erreichen Ihr Ziel und Sie erwerben das erstrebte Gut, welches Sie sich gewünscht hatten.
- Sie werden vermögender, da Sie Geld einsparen.
- Oder Sie erstehen etwas, das Ihnen mehr Nutzen stiftet als das, was Sie sich zunächst vorgenommen hatten.

Tun Sie das konsequent, werden Sie zukünftig nur noch Dinge besitzen, die Sie auch wirklich nutzen, und Sie werden immer mehr Geld zur Verfügung haben, da Sie sich eben nicht alles leisten, sondern nur das für Sie Wesentliche.

Ich selbst habe zum Beispiel einmal ein halbes Jahr lang auf einen sehr teuren Lesesessel gespart, der mir von Design, Farbe und Praktikabilität perfekt gefallen hat. (Ich wollte tatsächlich einen schönen Sessel haben, den man gut für die Position zum Lesen einstellen kann.) Nun sparte ich über sechs Monate hinweg jeden Monat so viel, dass es anschließend ausreichte, um meinen Sessel zu kaufen. Dafür verzichtete ich auf einiges andere, wie neue Kleidung, Urlaub, Restaurantbesuche etc. An dem Sessel freue ich mich immer wieder, wenn ich ihn betrachte, in ihm entspanne oder lese. Auch einigen Freunden hat er schon gute Dienste, vor allem zur Entspannung, geleistet. Von der Qualität her ist er so beschaffen, dass er mich höchstwahrscheinlich mein ganzes Leben lang begleiten wird. Da ich keine Couch besitze, passt der Sessel zudem fast in jedes Zimmer, ohne den Raum zu sehr zu begrenzen.

Gelingt es Ihnen nicht, diesen Verzicht zu üben, um etwas Bestimmtes zu erreichen, gibt es drei Möglichkeiten:
1) Dieses Gut ist Ihnen nicht so wichtig. Sie merken bereits während oder nach der Zeit des Ansparens, dass Sie das Gut gar nicht so sehr benötigen, es Ihnen nicht so viel Nutzen bringt, wie Sie es sich wünschen würden. Dann haben Sie immerhin Geld angespart – vielleicht, um sich später einen noch größeren, sicher jedoch einen für Sie wichtigeren Wunsch zu erfüllen.
2) Andere Prioritäten haben sich ergeben. Ist dies so, so können Sie getrost darauf verzichten, und es ist besser, Sie wählen etwas, das Sie dringender benötigen, wirklich wollen, Ihnen mehr Nutzen stiftet und Ihnen mehr Freude bereitet.
3) Es könnte aber auch sein, dass Sie die unmittelbare Befriedigung eines Ihrer anderen Wünsche bevorzugen. Sie geben also Ihr nachhaltiges Ziel auf für vielleicht nicht so nachhaltig wirkende Kleinigkeiten. Dies tun Sie dann jedoch bewusster, da Sie schließlich merken, dass Sie dadurch Ihr ursprüngliches Ziel nicht erreichen. Genau darum werden Sie das, was Sie bevorzugt haben, umso mehr genießen.

Wir „brauchen" kaum etwas wirklich, außer:
- **Nahrung**
- **Wasser**
- **Atemluft**
- **ein einigermaßen warmes und trockenes Zuhause**
- **soziale Kontakte – Zuwendung**

Alles andere kann Genuss sein, jedoch auch ein Überfluss an Dingen, die uns nicht wirklich guttun.

Wenn wir auf Dinge verzichten, die uns nicht guttun, uns nicht stärken, ja uns vielleicht sogar schaden, dann trifft das Wort „Erleichterung" eher zu als „Verzicht". Wir erleichtern uns vom Ballast und haben so mehr Energie, Kraft und Freude an den Dingen, die uns wirklich wichtig sind. Wenn wir damit noch den Fortbestand der Natur sichern, so wie wir sie derzeit auf unserem Planeten antreffen … umso besser.

Ich wünsche Ihnen, dass Sie in den Genuss kommen, alles, was Sie tun und besitzen, zu genießen. Schaffen Sie Ressourcen für die wirklich wichtigen Dinge in Ihrem Leben!

Ablenkung als Flucht vor uns selbst

In der gesamten Entwicklungsgeschichte des Menschen konnten wir noch nie auf ein dermaßen großes Spektrum von Ablenkungen zurückgreifen. Teilweise lenken wir uns bewusst von etwas ab, zum Beispiel von einem Gefühl oder von negativen Gedanken. Viel häufiger jedoch geschieht die Ablenkung unbewusst. Dass die Verwendung vieler dieser Ablenkungen inzwischen als normal gilt, macht es nicht besser, sondern vielmehr undurchsichtiger. So merken viele von uns gar nicht, dass es ihnen gerade durch den so nützlichen Konsum von Internetdiensten – der uns ja eigentlich das Leben erleichtern soll – schlechter geht als ohne diesen. Wir wundern uns dann: „Warum geht es mir denn nicht gut?", „Warum kann ich mich nicht mehr konzentrieren?", „Warum bin ich so schlapp?", „Was ist nur mit mir los?", „Warum kann ich nicht mehr gut schlafen?", „Warum bin ich immer so

nervös? ... Wo ich mich doch ganz normal verhalte, ein normales bis sogar überdurchschnittlich gutes Leben führe?".
Bei uns ist es heutzutage Usus, einen sehr hohen Lebensstandard zu pflegen. Dieser beinhaltet, über eine möglichst große Wohnfläche verfügen zu können, ein schickes, möglichst großes und neues Fahrzeug zu besitzen oder zu leasen, regelmäßige Besuche verschiedenster Veranstaltungen, jährliches Verreisen an ferne Ziele, teilweise mehrfache Kurztrips, die Mitgliedschaft in einem Fitnessstudio, Golfclub oder Tennisclub, statusbezogene Kleidung, Schmuck, Uhren, Smartphones etc.
Selbst wenn wir uns diesen Standard eigentlich nicht leisten können, halten wir ihn für normal und grämen uns, wenn wir merken, dass wir nicht mithalten können im vermeintlichen Schlaraffenland des Konsums.
Auch die digitale Welt der sozialen Netzwerke gehört zu den Dingen, die zu unserer statusgetriebenen Normalität gehören. Dabei ist gerade sie es, die dazu verführt, über neue Contents, Nachrichten, Bilder, Hashtags etc. unsere Aufmerksamkeit von uns selbst weg, immer mehr nach außen zu richten. Vor allem in Stresssituationen oder Lebenskrisen nehmen wir Menschen eine so geartete Ablenkung gerne an. Doch gerade in solchen Zeiten sind wir auch besonders verletzlich und zugänglich für die Heilsversprechen der Werbung. Denn nichts anderes tun die Menschen und Unternehmen über diese Plattformen: Sie werben um unsere Aufmerksamkeit!

Wenn wir nach einem stressigen Acht- bis Zehn-Stunden-Arbeitstag noch am Arbeitsplatz anfangen, unsere Nachrichtendienste und sozialen Netzwerke auf Neuigkeiten und Nachrichten zu checken, wenn wir auf dem Nachhauseweg bereits telefonieren, whats-appen oder Nachrichten hören, wenn wir dann zu Hause als Erstes den Fernseher oder die Stereoanlage anschalten, dann erholen sich unser Gehirn und unser Körper nicht vom Tag. Stattdessen bürden wir ihm noch mehr auf. Wir müllen uns damit regelrecht selbst zu. Vor allem, wenn uns das nicht bewusst ist. Auch wenn wir der Meinung sind, die Musik tut mir gut, ich habe gern Kontakt mit anderen Menschen, ich interessiere mich für die Neuigkeiten des Tages ... sollten wir unser Verhalten spätestens dann einmal genauer unter die Lupe nehmen, wenn wir uns nicht (mehr) glücklicher beim Konsum und Austausch fühlen.

Vor allem gilt es diesbezüglich zu erkennen, welche Bedürfnisse wir über die Nutzung von Internetdiensten, Social Media etc. eigentlich befriedigen möchten. Häufig ist es nämlich der Wunsch nach Verbundenheit, der Wunsch nach Anerkennung, der Wunsch gesehen zu werden, der Wunsch nach Ablenkung und Zerstreuung, der uns immer wieder unbewusst nach unserem Smartphone greifen lässt.

Mein Vorschlag: Überlegen Sie sich einmal, wie und wo Sie in der wirklichen Welt erleben können, was Sie sich wünschen.

Auch, wenn es uns an etwas mangelt, ist die digitale Lösung zwar meist die schnellstmögliche, jedoch gleichzeitig die am wenigsten nachhaltige. Wenn es mir zum Beispiel wirklich schlecht geht, tun mir der persönliche Kontakt zu einem mir wichtigen Menschen und dessen freundlich aufmunternde Gesten besonders gut. Das kann eine WhatsApp-Nachricht eben nicht erreichen. Diese bleibt immer ein wenig abstrakt und damit unpersönlich.

Die Vorteile und Chancen von sozialen Netzwerken und digitalen Medien sind dabei nicht von der Hand zu weisen. Jedoch bedarf es eines bewussten und disziplinierten Umgangs damit, sodass wir uns nicht im Klein-Klein verlieren, sondern auch einen wirklichen Nutzen daraus ziehen. Auch wenn Disziplin heute ein Wort ist, das auf der Rangliste der beliebtesten Worte wahrscheinlich gar nicht erst auftauchen würde, benutze ich es an dieser Stelle bewusst. Denn mit dem disziplinierten Umgang behalten wir die Kontrolle oder erlangen diese wieder, wenn wir sie bereits verloren haben.

Wenn Sie es schaffen, die Menge der verschiedenen Plattformen auf ein für Sie individuell passendes Maß zu reduzieren und diese für Sie optimal als Werkzeug und Mittel zum Zweck zu nutzen, was sie ja eigentlich sein sollten, kann sich Ihnen tatsächlich die auf allen möglichen Kanälen angepriesene wundervolle Welt erschließen.

Maßvoller Medienkonsum für wahre Selbstbestimmung

Die – einst vielleicht sogar voller Freude gewählten – Ablenkungen, die wir tagtäglich betreiben, immer wieder auch

einmal sein zu lassen, verhilft uns zurück zu mehr Selbstbestimmung und damit auch wieder zu mehr Lebendigkeit. Indem wir eben den Griff zum Smartphone, zur Fernbedienung, zum Tablet, Laptop oder Radioknopf unterlassen. Außerdem hilft es auch in diesem Bereich, sich die einfache Frage zu stellen: Was kann weg? Worauf kann ich verzichten?
Wenn Sie einiges aufgeben, das Sie derzeit nutzen, schaffen Sie damit wieder mehr Raum dafür, Sie selbst zu sein.
Man selbst sein, heißt zunächst, sich selbst wahrzunehmen, sich zu spüren, was jedoch ein Ding der Unmöglichkeit ist, wenn wir ständig von außen etwas in uns aufnehmen. Sei es über die Augen, die Ohren, den Mund oder den Verstand. Es muss uns nicht wundern, dass gerade Letzterer immer mehr Menschen abhandenkommt, dass manche teilweise wie Zombies herumlaufen, mit einer extern ausgelagerten Steuerungszentrale namens Smartphone, die ihr Denken und Handeln bestimmt. Wir reagieren dann nur noch, statt zu agieren, wir lassen über uns bestimmen, statt selbstbestimmt zu denken und zu handeln, fokussieren uns auf das Smartphone in unserer Hand und verlieren unsere reelle Umgebung aus dem Blick. Auch unser Körpergefühl, ja unsere Gefühlswahrnehmung insgesamt, geht über dem Medienreiz verloren. Wenn wir uns so verhalten, nehmen wir die Sonne nicht mehr wahr auf unserer Haut, wir sehen nicht den potenziellen Lebensgefährten, der uns gegenübersteht, wir spüren nicht, wie verkrampft unsere Muskulatur ist, und an wie vielen tollen Menschen und Dingen wir achtlos vorbei gehen.

Besonders traurig macht es mich, wenn ich sehe, dass ein kleines Kind etwas mit Freude entdeckt und der Erwachsene an seiner Seite nur kurz aufblickt, ohne auf das Kind und das von diesem Wahrgenommene einzugehen, um gleich wieder auf sein Smartphone zu sehen. Was soll aus Kindern werden, die die Erfahrung machen, dass das Smartphone ihrer Eltern oder anderer Bezugspersonen interessanter ist als sie, die Kinder selbst? Ein solches Kind lernt, dass es normal ist, die Kommunikation über das Smartphone der persönlichen vorzuziehen. Wollen wir das wirklich?

Eben diese Frage stellte ich mir, als ich einen Mann beobachtete, der mit einem ca. sechsjährigen Jungen vor mir ging. Er blickte gebannt auf sein Mobiltelefon und beachtete dabei kaum den Jungen, der sichtlich mit dem Mann kommunizieren wollte. Als der Junge ihm etwas zeigte, blickte er nur kurz auf, um sich dann sofort wieder in sein Mobiltelefon zu versenken. Unbefangen wandte ich mich an den Jungen, der ein selbstgemaltes Bild bei sich trug, und fragte ihn, ob er dieses selbst gemalt habe. Woraufhin sein Begleiter sofort aufblickte, dann erst mich und schließlich den Jungen ansah. Der Junge war schüchtern und getraute sich nicht, mir zu antworten. Aber die Aufmerksamkeit des Mannes hatte ich so gewonnen.

Ich stellte ihm folgende Frage: „Was in Ihrem Mobiltelefon ist eigentlich so interessant, dass es wichtiger als dieser tolle Junge hier ist?"

Er lächelte etwas verlegen und meinte schlicht: „Sie haben recht."

... und sein Mobiltelefon landete umgehend in seiner Jackentasche.

Was ich mit dieser Anekdote verdeutlichen möchte, ist, dass wir eigentlich instinktiv wissen, was gut und richtig für uns und unsere Mitmenschen ist. Manchmal braucht es einen Impuls von außen. Jeder von uns kann jedoch aus sich selbst heraus immer wieder einmal innehalten in seinen unbewussten Handlungen. Auch und gerade im Bereich der digitalen Medien ist dieses Bewusstsein jetzt und zukünftig besonders wichtig, wenn wir uns vor zu viel Fremdsteuerung schützen wollen.

Grundsätzlich dürfen wir uns die Frage stellen, wie wir zukünftig leben möchten. Wie viel virtuelle und/oder künstliche Realität wollen wir in unser Leben lassen? Wollen wir die von Algorithmen empfohlenen Wege beschreiten oder selbst entscheiden, welchen Weg wir gehen, worauf wir unseren Blick richten und womit wir uns beschäftigen? In welche Art von Kommunikation möchten wir unsere wertvolle Zeit investieren?

Wie Sie sich von zu viel Medienkonsum befreien:
- **Planen Sie bewusst internetfreie Zeit ein. Schalten Sie dieses an Ihrem Smartphone und zu Hause für einige Stunden oder ganze Tage aus. (Ja, das ist möglich und funktioniert anschließend genauso prima wie zuvor.)**
- **Schalten Sie, gerade wenn Sie Ruhezeiten für sich geplant haben oder sich bewusst einer bestimmten Aufgabe oder einem bestimmten Menschen widmen möchten, sämtliche Benachrichtigungstöne aus.**

- Hinterfragen Sie, ob Sie wirklich alles, was Sie regelmäßig nutzen, auch mobil nutzen möchten. Apps fürs Internetbanking, Mails etc. sind auf dem Smartphone vielleicht entbehrlich. Bankgeschäfte und E-Mail-Antworten lassen sich zudem am Computer oder Laptop zu Hause in Ruhe und gebündelt effizienter erledigen.
- Reduzieren Sie Ihre Social-Media-Kanäle auf den oder die für Sie wesentlichen. Was bringt Ihnen den meisten Nutzen? Über welche Plattform halten Sie zu den für Sie wichtigsten Menschen Kontakt? Ist ein Telefonat oder, wenn irgend möglich, ein persönliches Treffen nicht viel sinniger, um sich mit einem Menschen wirklich auszutauschen?
  Denken Sie hierbei wieder daran, dass sich auch diese Kanäle im Laufe der Zeit verändern, so wie auch Sie sich stetig verändern. Darum gilt es, auch hier immer einmal wieder abzugleichen, ob diese überhaupt noch zu Ihnen und Ihren Bedürfnissen passen.
- Wenn Sie gerne Fotos aufnehmen und diese vielleicht auch posten möchten: Stellen Sie sich die Frage, ob Sie das, was Sie gerade tun oder sehen, nicht einfach einmal (er)leben möchten. Wenn wir ehrlich zu uns selbst sind, unterbrechen wir mit jedem Einfangen-Wollen des Augenblicks und Posten des Bildes mit Kommentar den Fluss des augenblicklichen Erlebens. Auch lässt sich der Gesamteindruck weder mit einem Foto noch mit

einem Video so darstellen, wie er wirklich ist. Die Geräusche, Farben, Temperatur, Gerüche etc. lassen sich nicht festhalten. Sie sind jedoch einzigartig in jedem einzelnen Moment in unserem Leben. Wenn Sie das bewusst (er)leben, trifft es voll zu, dass Sie Ihren Tagen mehr Leben geben. (Dass Sie Ihrem Leben mehr Tage abringen, kann mit den heutigen technischen medizinischen Mitteln auch teilweise gelingen. Jedoch bleibt die Lebensqualität, wie bereits weiter vorne im Buch deutlicher ausgeführt, dabei meistens auf der Strecke.)

Befreit von Abhängigkeiten

... oder die wahre Unabhängigkeit

Da wir stets in einer Gemeinschaft leben – vorausgesetzt wir führen kein Dasein als Eremit in einem von der Zivilisation weit abgelegenen Gebiet – sind wir auch stets Abhängigkeiten unterworfen.
Bereits als Kind sind wir davon abhängig, dass jemand für uns sorgt, uns mit Lebensmitteln versorgt sowie mit liebevoller Zuwendung. Damit wir in dieser Zeit keinen Schaden nehmen, sind wir komplett darauf angewiesen, dass unsere Eltern oder andere Personen in unserer Umgebung es nicht nur gut mit uns meinen, sondern auch ein gewisses Wissen darüber haben, was uns wirklich guttut, und auch fähig sind, danach zu handeln.

Die anerzogene Bedürfniskompensation

In den vergangenen Jahren fällt mir immer häufiger auf, dass Kinder, die bereits das Kindergartenalter erreicht haben, häufig im Kinderwagen angeschnallt sitzen, was dem natürlichen Bewegungsdrang eines Kindes komplett entgegenläuft. Auch werden Kinder häufig, ohne dass sie den Wunsch danach geäußert haben, mit Süßgetränken und anderen Süßigkeiten wie Eis oder Keksen versorgt. Dabei sehen die jeweiligen Betreuungspersonen das Kind teilweise kaum an, während sie diesem etwas in die Hand bzw. in den Mund geben. Sie interagieren nicht mit ihm, sondern sind oft hauptsächlich mit

ihrem Mobiltelefon beschäftigt. Das Kind sitzt dabei fast bewegungsunfähig, an seiner Süßigkeit knabbernd und vor sich hinstarrend, im Kinderwagen.
Meldet es sich dann doch einmal, wird die Aufmerksamkeit nur kurz vom Mobiltelefon weggelenkt, um das Kind wieder mit etwas zu versorgen, das es in den Mund geschoben bekommt.
Dies ist die sicherste Methode, zucker-, alkohol- oder zigarettenabhängige Menschen zu formen. Wie könnte es auch anders sein, wenn auf jedes Bedürfnis des Kindes mit oraler Ablenkung geantwortet wird? Auch wird dem Kind vermittelt, dass das Mobiltelefon seiner Bezugsperson wichtiger ist als es selbst.
Eigentlich sollte man meinen, dass die Folgen von Bewegungsmangel, zuckerhaltiger Nahrung und mangelnder Zuwendung hinreichend bekannt sind. Einige Eltern scheinen dies jedoch nicht auf ihre Kinder zu übertragen.
Kinder können sich dagegen nicht wehren und auch nicht wissen, was wirklich gut für sie wäre. Sicher spüren sie es teilweise, werden jedoch immer wieder daran gehindert, ihren wahren Bedürfnissen nachzugeben, und mit Kompensationsangeboten abgelenkt.

Zu den eigenen Bedürfnissen stehen

Wir erwachsenen Menschen begeben uns tatsächlich freiwillig häufig in Abhängigkeiten, die uns nicht guttun.
Selbstverständlich ist es schön, wenn man gemeinschaftlich etwas unternimmt und sich mit anderen Menschen

austauschen kann. Auch gemeinsam Mahlzeiten einzunehmen, ist sehr angenehm.

Jedoch können wir uns getrost von gängigen Konventionen lösen, wenn diese uns nicht guttun. Dies wird häufig unterlassen, da wir dazugehören oder nicht auffallen möchten. Für einen Diabetiker ist es jedoch nicht gut, wenn er in der Eisdiele oder beim Konditor den gleichen Genüssen frönt wie seine Freunde.

Wenn es darum geht, seine Männlichkeit zu beweisen, indem man seinen Kumpels zeigt, dass man noch mehr als diese essen und/oder mehr Bier trinken kann, tut das keinem auch noch so gesunden Körper gut.

Selbst wenn es darum geht, in der Freizeit einer Sportart nachzugehen, ist schon durch die jeweils unterschiedliche körperliche Verfassung und Tagesform nicht für jeden alles gleich wohltuend und gesund.

Worauf ich mit diesen Beispielen gerne Ihre Aufmerksamkeit richten möchte, ist, dass es, bei den gesellschaftlichen, beruflichen und familiären Abhängigkeiten, in denen wir uns größtenteils freiwillig befinden, wichtig ist, sich selbst bei den zahlreichen Angeboten und Verpflichtungen nicht zu vergessen.

Aus eigener Erfahrung heraus kann ich sagen, dass es sowohl geschäftlich als auch privat so ist, dass man die Anerkennung und Zugehörigkeit eben nicht durch faule Kompromisse auf Kosten seines eigenen Wohlbefindens verdienen muss.

Meine Tante zum Beispiel war, Mitte der 80er-Jahre des vergangenen Jahrhunderts, als Vegetarierin eine absolute Rarität. Ich erinnere mich noch daran, wie ich als Kind bei einer

Familienfeier dem Gespräch lauschte, in dem die anderen Gäste meiner Tante erstaunt bis verständnislos gegenüberstanden bezüglich dieser so außergewöhnlichen Ernährungsweise, zumal auf dem Land in absoluter Nähe zu landwirtschaftlichen Betrieben.
Nach der kurzfristigen Verwirrung der Gäste waren die Gründe dargelegt und – wenn auch nicht gänzlich verstanden – akzeptiert. Von da an war sie eben diejenige, welche kein Fleisch aß.
Mir selbst ging es in verschiedenen Cliquen mit meiner Alkoholabstinenz ebenso. Nach einer kurzen Erklärung beim ersten Zusammentreffen – Menschen akzeptieren etwas stets eher, wenn wir eine Begründung nennen –, war ich eben diejenige, welche keinen Alkohol trinkt.
Mit diesen Beispielen möchte ich Ihnen aufzeigen, dass einige Konventionen, an die wir uns halten, gar nicht so wichtig sind für die Zugehörigkeit zu einer Gruppe, welcher Art diese auch immer gestaltet sein mag. Auch verändern sich die gängigen Konventionen stetig. Was man am Beispiel des Vegetarismus sehr schön sehen kann, wenn man die heutige Zeit mit den 80er-Jahren vergleicht. So wie auch wir selbst uns stetig weiterentwickeln.
Diese Entwicklung bringt veränderte Bedürfnisse und Wünsche mit sich, die wir gerne ausleben dürfen.
So wie wir im Laufe einer Woche verschiedene Bedürfnisphasen durchlaufen, ist dies auch in der kurzen Zeitspanne eines Tages und im Leben insgesamt der Fall. Was im Wochenablauf noch irgendwie funktioniert, häufig indem wir unsere Ruhephasen und Freizeitaktivitäten auf das Wochenende verschieben, bringen wir im Tagesablauf kaum

unter. Dabei ist es wichtig, auch an jedem einzelnen Tag eine gewisse Balance zwischen Anstrengung und Entspannung zu schaffen. Ideal wäre eine entspannte Anstrengung bei der Arbeit. Auch der Bewegungsausgleich ist heute, da wir uns beruflich immer weniger bewegen, sehr wichtig. Verbringen wir die meiste Zeit des Tages mit körperlicher Arbeit, ist es für unseren Körper gut, wenn wir immer wieder ausgleichende Bewegungen durchführen. Eine gekauerte Stellung lässt sich zum Beispiel ausgleichen, indem wir unseren Körper strecken. Eine starke Belastung der Arme mit Lockerungsbewegungen und Dehnungshaltungen derselben.

Auch verändern sich unsere Bedürfnisse, je nach Außentemperatur, Hormonstatus, der Stärke unserer psychischen und körperlichen Belastung. Dementsprechend sollten wir unsere Aktivitäten und Termine variieren, wenn wir uns etwas Gutes tun wollen.

Viele Menschen sagen eine Verabredung erst ab, wenn sie krank sind. Doch ist es meiner Meinung nach durchaus legitim, auch einmal keine Lust auf eine Verabredung zu haben. Auch wird man häufig nicht krank, wenn man sich rechtzeitig etwas mehr Ruhe gönnt. Manchmal ist man einfach eher müde und schlapp. Was ein Grund dafür sein kann, dass unser Körper gerade einige Krankheitserreger bekämpft. Gönnen wir uns in dieser Phase bereits mehr Ruhe und Erholung, werden wir auch gar nicht erst krank.

Unabhängigkeit als Single zum Vorteil nutzen

Vor allem als Alleinstehender ist es nicht einfach, die Balance zwischen Verabredungen mit anderen, zum Beispiel zum kommunikativen Austausch, und der Befriedigung anderer für sich wichtiger Bedürfnisse zu finden. So gilt es abzuwägen, was wir wollen: Wollen wir wirklich in das Restaurant mitkommen, in dem die Musik so laut ist, dass man sich nicht gut unterhalten kann, um Menschen zu treffen, mit denen wir gerne unsere Zeit verbringen? Oder vielleicht auch nur, um nicht allein zu sein. Oder wollen wir diese Zeit mit uns allein verbringen?

Der Vorteil, wenn man alleine lebt, ist, dass man auch immer sehr gut die Möglichkeit hat, sich Zeit für sich und die eigenen Gefühle zu nehmen. Vorausgesetzt, man möchte dies tun und verfällt nicht den vielzähligen Ablenkungen, die sich über das Internet, Fernsehen, Gaming, Smartphone etc. anbieten. Das gilt es, als Chance zu begreifen, denn je mehr Zeit wir uns für uns selbst nehmen, desto leichter gelingt es uns, unsere eigenen Bedürfnisse unverfälscht wahrzunehmen. Auch unsere Persönlichkeitsentwicklung können wir in Phasen, in denen wir alleine leben, gut voranbringen. Es ist nur wichtig, dass wir diese auch ergreifen und die Zeit, die uns zur Verfügung steht, dafür nutzen.

Frei für andere berufliche Möglichkeiten

Vor allem in unserer Berufstätigkeit findet sich häufig die größte gefühlte Abhängigkeit.
Die meisten Menschen befinden sich in einer Tretmühle, die zu verlassen ihnen schon gar nicht mehr in den Sinn kommt. Häufig wird auch sehr bestimmt über den Arbeitgeber geschimpft und sich beklagt über Firmenstruktur, Vorgehensweisen und Vorgesetzte. Selten stellen wir uns

jedoch hierbei ernsthaft die Frage, ob es nicht besser ist, den Arbeitgeber zu wechseln. Dabei liegt dies in unserer Macht. Wir können uns als Angestellte jederzeit bei einem anderen Unternehmen bewerben. Selbst wenn wir nicht gleich beim ersten Unternehmen ein Stellenangebot erhalten, so klappt es doch früher oder später mit einer gewissen Ausdauer. Glaubenssätze wie: „Ich bin schon zu alt", „Ein Branchenwechsel ist nicht möglich" und das Festhalten an erreichten Hierarchiestufen, hindern uns häufig daran, einen Stellenwechsel anzugehen. Sicher kennen auch Sie jemanden, vielleicht mehrere Menschen, denen jedoch ein eben solcher gelungen ist. Was, meiner Meinung nach, nichts mit besonderen fachlichen Fähigkeiten zu tun hat. Diese Menschen haben ihre Entscheidung für eine andere Tätigkeit und/oder ein anderes Unternehmen getroffen und gehandelt. So einfach ist das.

Entscheiden wir uns dafür, weiterhin für das Unternehmen tätig zu sein, bei dem wir derzeit arbeiten, dürfen wir uns auch einmal die Gründe dafür bewusst machen. Für diese positiven Aspekte können wir durchaus dankbar sein. Wir entscheiden uns also bewusst für diese Arbeit bei „unserer" Firma und sind somit zufriedener.

Den Körper von starren Strukturen befreien

Unser Körper äußert direkt, wie angepasst wir sind, und zwar in der Art und Weise, wie, oder genauer: wie frei wir uns bewegen. So ist es nicht nur für mich als Physiotherapeutin leicht zu erkennen, wie stark wir uns äußeren Zwängen unterwerfen. Jeder kann solche Manifestationen unserer jeweiligen Gemütsverfassung und gedanklichen Haltung an der Körperhaltung anderer erkennen.

Eine unterwürfige Haltung oder auch der eingezogene Nacken, dies meist gepaart mit einem vorsichtigen Gang und nur wenig eingenommenem Raum, zeigen, dass ein Mensch nicht seine individuellen Bewegungen lebt, sondern sich selbst stark zurücknimmt.

Das Gegenteil findet sich an dem Menschen, der mit ausschweifenden Bewegungen aggressiv in den Vordergrund drängt. Auch dieser Mensch lebt nicht wirklich sich selbst, sein inneres Bedürfnis aus. Vielmehr kompensiert er häufig mit der übertriebenen Ausbreitung seines Körpers etwas. Bei jungen pubertierenden Männern, die sich gerne breiter machen, als sie eigentlich sind, zeigt sich dies am häufigsten.

Im Grunde geht es darum, die Mitte dieser beiden Extreme zu finden.

Eine aufrechte Körperhaltung zeigt, dass ein Mensch aufrichtig (aufrecht) zu sich steht. Dabei sollte eine federnde Flexibilität in den Bewegungen nicht fehlen. Diese erlaubt es auch, anderen auszuweichen oder sich gegebenenfalls etwas anzupassen, dies jedoch nicht absolut und starr, sondern eben mit entspannten Muskeln und einer entspannten Einstellung.

Wie unsere Psyche und gedanklichen Muster sich auf unseren Körper auswirken, so ist es auch umgekehrt. Indem wir unsere Haltung, unsere Weise, zu gehen, oder unser Geh-Tempo ändern, ändert sich automatisch auch unsere psychische Verfassung. Auch wenn wir lächeln oder lachen, obwohl uns eigentlich nicht danach zumute ist, können wir unsere Stimmung damit heben.

So können wir letztendlich sogar nicht nur positiv auf die Vermeidung von psychischen und orthopädischen Erkrankungen einwirken. Sondern auch auf die Linderung oder sogar Heilung bereits vorhandener Erkrankungen.

Befreiung von alten Abhängigkeiten

Meine eigene selbstverursachte gedankliche Abhängigkeit wurde mir in meinem letzten Urlaub höchst anschaulich vor Augen geführt. Als ich an einem Badeteich saß und eine Frau dort sichtlich fröhlich nackt baden ging, wurde mir bewusst, dass man manchmal noch nicht einmal Kleider benötigt. Ich selbst hatte Bikini und Badeanzug eingepackt, die letztendlich nicht zum Einsatz kamen. Die Konventionen und Gepflogenheiten aus der Schwimmhalle in meinem Wohnort hatte ich automatisch auf den Urlaubsort übertragen. Dies, also in diesem Fall die Badekleidung, war jedoch schlichtweg nicht notwendig.

Ob Sie nun der freien Körperkultur zugänglich sind oder nicht – diese automatische Übertragung und Fortführung von Gewohnheiten legen wir häufig an den Tag.

> **Stellen Sie sich einmal die Frage, was Sie bei sich, an sich oder in sich tragen, das Sie eigentlich gar nicht (mehr) benötigen.**

Häufig machen wir uns das Leben unnötig schwer mit solchen Dingen. Auch wenn es scheinbar „nur Kleinigkeiten" sind, die wir mit uns herumtragen, schleppen wir in der Summe doch schwer daran.

Sich von dem scheinbar notwendigen Bedürfnis, Besitz (Geld) anzusammeln, zu lösen, und die Umstellung (alter) Verhaltensweisen sind zwei Dinge, die den allermeisten Menschen schwerfallen.

Eingeübte Verhaltensweisen und etwas zu besitzen, geben uns ein Gefühl der Sicherheit. Dies aufzugeben, scheint uns, mit dem Verstand erfasst, geradezu irrwitzig. Dafür gibt es verschiedene Beispiele. Die Frau, die eine Firmenbeteiligung an dem Unternehmen hat, in dem sie arbeitet, und sich weder von dem Geld, was sie in dieses investiert hat, noch von der Firma trennen möchte, aus Angst, dass diese nicht überlebt, wenn sie ihr Geld herauszieht. Und dies, obwohl es ihr mit der Tätigkeit in diesem Unternehmen inzwischen immer schlechter geht.

Das Paar, von dem keiner den Schritt zur Trennung wagt, obwohl sie beide bereits seit Jahren eher nebeneinanderher leben als miteinander.

Der Mensch, der genau weiß, dass ihm sein Suchtkonsum nicht guttut, und es dennoch nicht sein lässt – nicht lassen kann.

Die Mutter, die ihr inzwischen über 30-jähriges Kind nicht loslassen kann, sodass dieser erwachsene Mensch noch immer nicht fähig ist – und es auch kaum jemals sein wird –, sich selbst zu versorgen.

Dies sind alles Beispiele, bei denen wir zwar wissen und spüren, dass das, was wir da tun, uns eben nicht guttut. Wir ändern es aber nicht, aus Angst vor eventuellen oder vermeintlichen Folgen.

Dabei machen wir uns nicht klar, dass wir auch durchaus Positives erwarten dürfen. Wenn wir uns von einer vermeintlichen Stütze trennen, schaffen wir auch immer einen

Freiraum. In diesem können wir dann wachsen und uns dem zuwenden, was wir gerade jetzt brauchen und wollen.

Unbeeinflusst von den Dingen, an die wir uns bisher gebunden hatten, nehmen wir erst wieder wahr, was wir uns wirklich wünschen. Je unabhängiger wir von äußeren Einflüssen sind, desto eher sind wir wir selbst.

Selbst zu handeln, befreit von Abhängigkeit

Nur scheinbar unabhängiger machen wir uns, wenn wir es uns leisten, Dienstleistungen in Anspruch zu nehmen:
Der Paketservice, der uns alles, selbst Lebensmittel, nach Hause bringt. Das Restaurant, das unser Essen zubereitet. Die Reinigungskraft, die unsere Wohnung säubert. Die Wäscherei, die unsere Kleidung reinigt und bügelt. Unser Fahrzeug, das selbst die voreingestellte Geschwindigkeit reguliert. Elektronische Impulse, die unsere Muskeln dazu bringen, sich zu bewegen.
Dass wir mit dem Abgeben solcher Tätigkeiten mehr Freiheit erreichen, hat den Nachteil, dass dies zugleich zu mehr Abhängigkeit führt.

Einerseits ist es schön, lästige Arbeiten abzugeben. Vielleicht nutzen *Sie* ja auch die eine oder andere Dienstleistung, immer oder auch nur hin und wieder. Wahrscheinlich, um sich zu entlasten und um mehr Zeit für andere Dinge zu haben. Haben Sie dabei vielleicht auch schon bemerkt, dass Ihr Stresslevel sich bei der Inanspruchnahme einer solchen kaum bis gar nicht verringert? Falls nein, achten Sie einmal darauf.

Was tun Sie in der Zeit, die Sie einsparen, wenn Sie eine Arbeit auslagern? Nutzen Sie diese für sich? Ein gemeinsames Erlebnis mit Ihrer Familie, Ihrer/Ihrem Liebsten? Nutzen Sie die so gewonnene Zeit bewusst oder geht sie eher unter in den vielen Aufgaben und Terminen, die Sie zu bewältigen haben? Mir fällt immer wieder auf, dass es häufig nicht wirklich zu ihrer Zufriedenheit beiträgt, wenn sich Menschen alles Mögliche abnehmen lassen. Wir sparen dadurch nur scheinbar Zeit ein, da wir diese in den allerseltensten Fällen wirklich sinnvoll für uns nutzen. Vor allem aber – und das machen sich die wenigsten Menschen bewusst – sinkt mit der Zeit die Wertschätzung und Freude, die wir empfinden, wenn wir etwas nicht selbst getan, geschaffen, geschafft haben.

Ich selbst genieße es zum Beispiel sehr, ganz gemütlich und in Ruhe ein Gericht zuzubereiten. Gemüse zu putzen und kleinzuschneiden. Dieses zu dünsten und zu würzen. Was sich auch wunderbar zu zweit oder mit mehreren Personen als Gemeinschaftsprojekt betreiben lässt. Wenn mein Partner und ich anschließend das selbst gekochte Essen verzehren, loben wir uns immer selbst, aufgrund des wundervollen Geschmackserlebnisses, das so durch unser Einwirken entstanden ist.

So schön es ist, sich auch einmal bedienen zu lassen, ein Restaurant zu besuchen, was vielleicht Gerichte anbietet, die wir selbst nicht kochen würden – es fehlt dabei eben der Aspekt, selbst etwas geschaffen zu haben. Auch ist die Wertschätzung häufig nicht dieselbe, da wir uns kaum bewusst machen, wie viel Arbeit mit der Zubereitung des Essens verbunden war. Es sinkt auch die Wertschätzung und Freude, die wir durch das empfinden, was wir unser Eigen nennen, wenn wir uns alles Mögliche abnehmen lassen: Unser Traumauto, das wir uns leisten, nehmen wir nicht nur beim Fahren wahr. Sondern auch, wenn wir es bewusst selbst reinigen. Dasselbe gilt für unsere Wohnung, unser Haus, unseren Garten etc.

Auch das Bügeln unserer Lieblingskleidung lässt uns diese wieder mehr wertschätzen. (Und das sage ich, deren unliebste Haushaltstätigkeit es ist, zu bügeln.)

Ich habe für einige Zeit die Reinigungstätigkeit für das Mehrparteienhaus, in dem ich lebe, übernommen. Dabei war ich zunächst überrascht, wie anstrengend es ist, die abschüssige Garageneinfahrt zu kehren. Doch fand ich heraus, dass wenn man sich bewusst den Zustand vor und nach der Reinigung anschaut, schließlich stolz und glücklich über die eigene Leistung ist. Zudem genieße ich es bewusst, körperlich tätig zu sein, da ich sonst hauptsächlich schreibend oder sprechend agiere.

Vor allem der Aspekt des achtsamen Verrichtens einer Tätigkeit gefällt mir sehr gut daran. Das ist mir bei einem mehrtägigen Aufenthalt im Zen-Kloster bei einem Sesshin (eine Zeit konzentrierter Zazen Meditation) bewusst geworden. Im Zen wird es Samu-Arbeit (die Arbeit in der Stille) genannt. Dabei geht man achtsam und schweigend einer Tätigkeit nach, legt zwischendurch bewusst eine Pause ein, in der man nichts tut, als dazustehen, sich zu sammeln, ganz bei sich zu sein. Gerade solche wiederkehrenden Aufgaben, wie das Reinigen von Gegenständen oder Flächen, kann man, in dieser Art und Weise ausgeführt, als echte Bereicherung für sein Leben erkennen und nutzen.

Unabhängig Handeln als Selbstwirksamkeitserfahrung

In unserer Gesellschaft ist derzeit im Allgemeinen das Gegenteil von bewusst und selbst ausgeführter Arbeit etabliert. Wir lassen uns, sozusagen von allen Seiten, bedienen. Gerade die Möglichkeiten unseres Smartphones sind hervorragend dafür geeignet, uns alles Mögliche abnehmen zu lassen. Aber es erleichtert uns auch sonst einiges. Das Mobiltelefon stets dabei zu haben, gibt uns die Sicherheit, im Notfall einen Notruf absetzen zu können, wo auch immer wir gerade sind.
Ebenso ermöglicht uns dieses, jederzeit mit anderen, uns wohlgesonnenen Menschen in Kontakt zu treten, wenn wir uns ungerecht behandelt fühlen oder ein emotional berührendes Erlebnis mit jemandem teilen möchten. Wir können so jederzeit unsere Freunde oder Familienmitglieder erreichen, um uns die gewünschte Bestätigung abzuholen. So gut und schön das ist, gibt es hier jedoch auch eine Kehrseite. Die Gefahr dabei ist, dass wir die Situation mit ihren emotionalen Auswirkungen, die diese auf uns hat, nicht mehr zu Ende erleben. Wir lenken uns damit ab, dass wir Bestätigung und/oder Hilfe von außen erhalten und lernen bzw. üben so nicht mehr, selbst mit einer Herausforderung umzugehen. Dadurch büßen wir letztendlich sehr viel Bewältigungs- und Handlungskompetenz ein. Denn jedes

Durchleben und Bewältigen einer schwierigen Situation macht uns resilienter, also stärker.
Stellen Sie sich vor, Sie bleiben mit Ihrem Fahrzeug liegen. Angenommen, es ist glatt, Sie sind von der Straße abgekommen, und nun stecken zwei Reifen im Schnee auf Eis und drehen durch. Sie ärgern sich darüber, dass das jetzt passieren muss. Schließlich haben Sie gleich einen Termin in der nächsten Ortschaft.
Natürlich ist es einfach, nach Ihrem Smartphone zu greifen und Hilfe zu rufen. Sie sitzen bequem im Fahrzeug, geben den Menschen, die auf Sie warten, Bescheid, dass es später werden wird, und warten nervös auf die nahende Hilfe. Wenn die Hilfe in Form eines Abschleppwagens oder Traktors dann Sie und Ihr Fahrzeug aus der Misere befreit hat, können Sie dankbar sein. Die Dankbarkeit hält sich jedoch meist in Grenzen, da Sie ja schließlich für die Dienstleistung auch bezahlen und sowieso Ihren folgenden Termin im Fokus haben. Sie können jedoch auch anders handeln. Nämlich selbstständig. Aus dem Fahrzeug aussteigen, sich umsehen und vielleicht vorhandene Zweige oder die Fußmatten aus Ihrem Fahrzeug vor die Reifen legen, damit diese Grip, also eine bessere Haftung erhalten. *(Ich konnte so schon einmal einem verzweifelten Mercedesfahrer beistehen, der von einem vereisten Parkplatz nicht mehr losfahren konnte. Es hatte mir sehr viel Spaß gemacht, ihm zu helfen.)* Wenn Sie es in der Situation des feststeckenden Fahrzeugs also schaffen, selbst eine Lösung zu finden, haben Sie bei den Menschen, die Sie erwarten, etwas zu erzählen, auf das Sie stolz sein können. Außerdem haben Sie durch Ihre eigene (körperliche) Aktivität auch noch Stress abgebaut. Sie haben sich hierbei als selbst

handlungsfähig erlebt. Dadurch fühlen Sie sich stark und nehmen sich als selbstwirksam wahr.

Wenn wir also unsere Stärke trainieren wollen, indem wir selbstwirksam handeln, dürfen wir auch einmal das Mobiltelefon beiseitelassen ... um unseren Freunden und Liebsten dann beim nächsten Treffen stolz die Geschichte zu erzählen, wie wir diese Situation gemeistert haben – ganz ohne Google, ohne telefonischen Support und vor allem: ohne den „großen Bruder"!

Befreit von Angst

... oder vom Umgang mit unangenehmen Gefühlen

Was würden Sie tun, wenn Sie keine Angst hätten? Wie würden Sie handeln, wenn Sie keinerlei negative Konsequenzen fürchten würden?
Kurz: Was würden Sie jetzt ändern?

Dabei meine ich nicht die unmittelbare, existenzielle, Angst, die uns erfasst, wenn wir einer konkreten Bedrohung ausgesetzt sind. Es ist gut, dass wir in einer akut lebensbedrohlichen Situation adrenalingefüllt, schnell und ohne nachzudenken handeln. Zum Beispiel den Not-Aus-Knopf drücken, wenn jemand sich am drehenden Sägeblatt einer Kreissäge verletzt hat. Oder beherzt ins kalte Wasser springen, um ein Kind zu retten, das nicht schwimmen kann. Auch für uns selbst ist es wichtig, dass die Fluchtreflexe Energie freisetzen, die wir sonst nicht hätten. Sodass Sie sich gegen den Angriff eines wilden Tieres erfolgreich zur Wehr setzen könnten, auch wenn Sie es vorher nicht geübt haben.
Was ich meine und wofür ich Ihr Bewusstsein wecken möchte, sind unsere alltäglichen Ängste, aber auch Hemmungen und Befürchtungen. Die Angst, die uns hemmt und uns häufig daran hindert, wir selbst zu sein.
Das fängt damit an, dass wir uns nicht so kleiden, wie es unserem Geschmack und Stil, in dem wir uns wohlfühlen, entspricht. Wir äußern unsere Wünsche nicht. Wir schweigen,

wenn wir anderer Meinung sind als andere, um einen Konflikt zu vermeiden. Letzteres führt dann meistens dazu, dass dieser, schwelend, alle Beteiligten belastet.
Wir trennen uns nicht von einer Person, die uns schadet, um nicht allein zu sein. Wir halten an einer beruflichen Position fest, um des Status' oder des Geldes willen, auch wenn diese uns nicht (mehr) entspricht. Das wohlgemerkt, selbst ohne wirklich auf die Höhe des Gehalts angewiesen zu sein, da wir mit weniger auch gut leben könnten.
Letztlich ist es die Angst vor dem Tod, die Angst, alles hinter sich zu lassen, was unser Leben ausmacht: die Menschen, die wir lieben, alle materiellen Dinge, die wir besitzen, und damit auch unseren Körper, der zurückbleibt, wenn wir nicht mehr der Mensch sind, der wir jetzt sind. Wenn Sie diese Vorstellung, so wahr sie ist – oder eben gerade, weil sie wahr ist –, erschreckt, sind Sie sicher in guter Gesellschaft.
Die meisten von uns haben nicht gelernt, sich ihren Ängsten und unangenehmen Gefühlen zu stellen. Wir tun alles Mögliche, um diese zu vermeiden. Was letztlich zu einer Anzahl von Kompensationsmechanismen führt, die uns immer weiter von uns selbst entfremden. So verlieren wir auf Dauer das Gefühl für uns selbst.

Viele haben es sicher bereits bemerkt, dass wir eben *nicht* zufriedener und glücklicher werden, wenn wir versuchen, unangenehmen Gefühlen auszuweichen. Im Gegenteil ist es in der Regel so, dass Angstvermeidung letztlich zu einer Verstärkung der Problematik führt. Darum wird in einer Psychotherapie der Patient auch darin bestärkt, sich mit seiner Angst zu konfrontieren und sich bewusst mit dieser

auseinanderzusetzen. Angst ist nämlich tatsächlich unausweichlich und lässt sich nur über die Auseinandersetzung mit ihr bewältigen.
Zudem sind auch Menschen keineswegs angstfrei, die zum Beispiel durch Vermögen, Versicherungen oder sogar Bodyguards vermeintlich sehr gut abgesichert sind. Was uns zahlreiche Menschen, die „eigentlich doch alles haben", immer wieder vor Augen führen. Denn auch sie sind nicht gefeit vor Depressionen, Angstzuständen, Burnout, innerer und äußerer Unruhe, Schlafstörungen und den Folgeerkrankungen, die damit im Zusammenhang stehen.
Denn so, wie unsere angenehmen Gefühle wie Freude, Glück, Zufriedenheit etc. zu unserem Leben gehören, zählen eben auch genauso selbstverständlich die nicht so angenehmen Gefühle dazu.
Natürlich kommen immer auch einige Gefühle hoch, die sich nicht gut anfühlen, wenn man sich von etwas trennt. Zum Beispiel einen Anstellungsvertrag kündigt, seine Beziehung zum Partner beendet oder in eine andere Gegend (oder vielleicht sogar ein anderes Land) zieht. Mit Unsicherheit, Ängsten und Unruhe dürfen Sie rechnen, wenn Sie einen solchen Schritt vollziehen.
Das ist auch dann der Fall, wenn man sich dies vorher gut überlegt hatte, seinem Bauchgefühl folgend diesen Schritt getan hat und sich auf die neue Situation freut. Schließlich geben wir immerhin ein Stück Sicherheit auf.
Darum ist es auch durchaus gut, wenn Sie sich Gedanken darüber machen, was Sie tun, wenn etwas eintritt, das tatsächlich nicht so schön ist. Denn es gilt, mit realistischen Problemen umzugehen und diese anzupacken. Nicht umsonst

nutzen erfolgreiche Unternehmen Szenariotechniken, um auf die unterschiedlichsten Zukunftsentwicklungen vorbereitet zu sein. (Dabei wird eine Spannweite vom schlechtesten anzunehmenden Fall bis zu dem, was bestenfalls eintreten könnte, für die Unternehmensausrichtung in Betracht gezogen.) Das, was schließlich wirklich passiert, liegt dabei meist irgendwo zwischen diesen Polen. Ebenso ist es in den meisten Fällen auch im privaten Bereich.

Wie wir uns von Angst befreien

Als ich Anfang zwanzig war, hatte ich regelrecht panische Angst, wenn absehbar war, dass ich zum Beispiel zu spät zu einem vereinbarten Termin kommen würde, sei es geschäftlich oder privat. Das äußerte sich körperlich sogar spürbar in Herzrasen. Bewältigen konnte ich diese Angstattacken dann, indem ich einfach stehenblieb, meinem rasenden Herzschlag bewusst nachspürte und mir vorstellte, was schlimmstenfalls passieren würde, wenn ich zu diesem Termin zu spät kommen würde. Das Ergebnis war, dass nichts so schlimm wäre, dass ich dafür dermaßen gestresst reagieren müsste. Nachdem ich einige Male so verfahren war, hatte sich diese Art der Angst bei mir aufgelöst.

Das heißt nun nicht, dass ich seither vollkommen angstfrei mein Leben gestalten kann. Jedoch hat mich diese Selbstwirksamkeitserfahrung resilienter und damit zuversichtlich werden lassen, dass ich meine Ängste überwinden kann und diesen eben nicht hilflos ausgeliefert bin.

Wenn Sie also Ängste haben, für die Sie mit konkretem Nachdenken keine realistisch begründbaren Ursachen ausmachen können, kommt es darauf an, dass Sie diese Gefühle nicht wegschieben, sondern ihnen nachspüren. Hinterfragen Sie, warum Sie dies so, in dieser Weise fühlen.

Wenn Sie dieses Nachspüren immer wieder, auch in anderen Situationen, bewusst umsetzen, erkennen Sie höchstwahrscheinlich eine Grundtendenz. Häufig handelt es sich nämlich nicht um eine reell begründbare Befürchtung, die die konkrete Situation betrifft, sondern um eine Art von Gefühlen, die sich in den unterschiedlichsten Situationen immer wieder zeigen. Jeder Mensch hat diesbezüglich eine Tendenz. Sei es in Richtung Angst, Getrieben-Sein, Unruhe, Beklemmung, Starre, Unsicherheit ...
Versuchen Sie nicht, das Gefühl wegzudrücken. Ich schreibe hier bewusst „versuchen", da es meiner Meinung nach nicht möglich ist, einem Gefühl zu entkommen. Es wird nur in andere Bereiche, wie zum Beispiel körperliche Symptome, verlagert und trifft uns zu einem späteren Zeitpunkt umso härter.
Am Beispiel der Angst im Sinne von Befürchtungen möchte ich das noch einmal verdeutlichen: Es geht darum, sich bewusst zu machen, wovor man eigentlich Angst hat, und darum, sich dieser zu stellen.
Häufig sind es Befürchtungen, die uns davon abhalten, etwas an uns oder unserem Leben zu verändern. Angst vor etwas hat

man so lange, bis die Situation eintritt. Ist die Situation dann da, wären die Angst und die damit einhergehenden Symptome berechtigt. Meist ist es dann jedoch erfahrungsgemäß gar nicht so schlimm oder sogar ganz in Ordnung, wie es ist, und die Angst war somit überflüssig.

Machen Sie sich das Folgende bewusst:
Wenn die Situation, vor der wir vorausgehend Angst haben, nie eintritt, haben wir unser Leben lang Angst. Ergibt das Sinn?

Bei Ängsten hilft es insgesamt, dass wir uns ihnen stellen. Tun wir dies nicht und versuchen die Situationen, welche uns ängstigen, zu meiden, werden unsere Ängste immer schlimmer. Die Angst schränkt unseren Blickwinkel, unsere gesamte Aufmerksamkeit massiv ein. In dem Moment, in dem uns die Angst ergreift, verlieren wir komplett den Weitblick. Wir scannen die Umgebung nur noch auf die „vermeintliche" Gefahr hin. Das Blut wird aus unseren inneren Organen abgezogen, die Herzfrequenz erhöht sich stark, unsere Atmung ist flach und schnell, unsere Muskulatur ist angespannt. Wenn Sie sich das eben Gelesene einmal bewusst machen, erkennen Sie sicher selbst, wie schädlich die Auswirkungen von Ängsten sind.
Wahrscheinlich hat jeder Mensch vor irgendetwas Angst. Doch je stärker diese ist und auf je mehr Dinge diese sich erstreckt oder sogar ausweitet, desto größer ist das Leid des Menschen, der damit konfrontiert ist. Konfrontiert werden wir damit immer wieder, auch wenn wir noch so sehr versuchen, es zu vermeiden. Vermeidung oder Kompensation, durch wie auch

immer geartete Ablenkung, ist hierbei lediglich für kurze Zeit eine gute Bewältigungsstrategie. Wenn Sie also das Gefühl haben, dass die Angst Sie zunehmend beherrscht, wenn Menschen in Ihrer Umgebung sich immer wieder dahingehend äußern, dass Ihre Ängste in deren Augen übertrieben sind, und auch wenn Sie einfach der Meinung sind, dass Sie aus dem Kreislauf der wiederkehrenden Angst nicht mehr herauskommen, dann tun Sie sich den Gefallen und nehmen Sie Hilfe in Anspruch. Ich kenne zahlreiche Beispiele von Menschen, denen eine verhaltenstherapeutische Psychotherapie sehr gut geholfen hat bei ihrer Angstbewältigung. Was auch meiner eigenen positiven Erfahrung entspricht.

Lassen Sie sich nicht manipulieren

Jede Angst, der wir uns nicht stellen, gewinnt an Macht und macht uns immer handlungsunfähiger. Wir fühlen uns hilflos und greifen gerne nach jedem Strohhalm, der sich uns bietet. Verkäufer, die sich für besonders clever halten, verfolgen gerne die Strategie, im Kunden Ängste auszulösen. Oft durch den Hinweis, ein Artikel sei knapp oder die Preisvergünstigungen liefen ab. Dabei fällt es solchen Verkäufern besonders leicht, wenn sie vorhandene Ängste der potenziellen Käufer in den Vordergrund holen können, um eine Lösung in Form eines Sicherheitsversprechens abzugeben. Wenn es darum geht, uns Sicherheit zu verkaufen, ist gerade Deutschland seit jeher Vorreiter. Ursprünglich durch die Versicherungsbranche und deren fleißig agierende Vertreter, die uns in sympathischer Art und Weise „versichern", dass sie

für unsere Sicherheit Sorge tragen. Inzwischen sind vor allem Politiker und Medien, das Gesundheitswesen mit seiner Medizinindustrie sowie zahlreiche andere Industriezweige mit ihrer Werbung ein Treiber, wenn es darum geht, unsere Ängste zu schüren.
Ich selbst war durch meine Arbeit in Medizintechnikunternehmen, Praxen und Kliniken und auch privat als Patientin und Angehörige immer wieder Zeugin solcher – ich will es deutlich sagen – Angstmache.

In der Politik fällt mir seit Jahren immer mehr auf, dass unsere Probleme hausgemacht, also selbst verursacht sind. Immer wieder gibt es neue unnötige bis irrsinnige Bestimmungen, durch die ein mehr oder weniger großer Teil der Bevölkerung handlungsunfähig gemacht, überfordert und in die Abhängigkeit getrieben wird. Dies wird, im Nachhinein, auch von den staatlichen Führungskräften erkannt. Ein Aktionismus, der Unsummen von Geld und personellen Ressourcen verschlingt, soll die aufkommende Unruhe dann wieder befrieden. Ich möchte hier unseren staatlichen Führungskräften gar keine böse Absicht unterstellen. Diese sind jedoch sichtlich überfordert mit der Komplexität der Auswirkungen ihrer Beschlüsse.
Wenn Sie sich als „Laie" davor schützen wollen, Ihrem seelischen Wohlbefinden, Ihrem Körper und Ihrem Geldbeutel Unnötiges zuzumuten, haben Sie nur eine Chance: nämlich sich selbst und das, was Ihnen guttut, sehr gut zu kennen. Vor allem gilt es, herauszufinden, was der wahre Ursprung Ihrer Angst ist.

Als ich einen Tumor in meiner Brust entdeckte und erfuhr, dass er nicht gutartig war, machte ich mir bewusst, dass ich daran sterben könnte. Dieser Urangst galt es, sich zu stellen. Meine Mutter war durch Brustkrebs gestorben und ich wusste damit sehr gut und aus nächstem Erleben, dass diese Möglichkeit bestand. Aber ich wusste auch, dass dies – selbst im schlechtesten Fall – nicht so schnell passieren würde. Ich hatte also Zeit, mein Verhalten, das zum Tumorwachstum beigetragen hatte, zu ändern.
Seither tue ich mir viel mehr Gutes und verabschiede mich insgesamt immer mehr von selbstschädigendem Verhalten. Hätte ich meinen Fokus lediglich auf die Bekämpfung des Tumors gelegt, wäre das nicht zielführend gewesen. Es war die Urangst vor dem Sterben und auch die Angst vor der drohenden Schädigung meines Körpers, der ich mich stellen musste.

Meiner Meinung nach sollte sich jeder Mensch, möglichst früh, mit seiner eigenen Sterblichkeit befassen. Schließlich sterben wir alle irgendwann einmal, und keiner kann voraussagen, wann dies der Fall sein wird. Machen wir uns das bewusst, leben wir letztendlich entspannter und zufriedener, da wir viele kleine Aufreger im Alltag nicht mehr so wichtig nehmen. Im Gegenzug schätzen und genießen wir das, was wir haben mehr.

Wenn Sie lernen, nicht nur Ihren eigenen Tod zu akzeptieren, sondern auch die Tatsache, dass nichts Materielles auf dieser Welt ganz sicher ist und sich der damit verbundenen Angst zu stellen, werden Sie weniger manipulierbar durch gewiefte Trickser. Sie sind auch gewappnet gegen Empfehlungen und Ratschläge von Menschen, die selbst ihren Ängsten ausgeliefert sind und dementsprechend handeln.

Viele der von Versicherern, Politik und Medizinindustrie propagierten vermeintlichen Risiken decken sich übrigens gar nicht mit den wahren Risiken, denen wir ausgesetzt sind. Ein viel bemühtes anschauliches Beispiel verdeutlicht eine solche Fehleinschätzung, der wir Menschen häufig erliegen: Die Angst vieler Menschen vor Flugreisen. Denn die Wahrscheinlichkeit, im Straßenverkehr zu sterben, ist um ein Vielfaches höher als bei einem Flug. Dennoch haben die meisten Menschen eher Angst vor dem Fliegen als vor dem Autofahren.
Außerdem sind wir heutzutage sowieso immer weniger Gefahren ausgeliefert, insgesamt und in allen möglichen Bereichen, auch durch technische Verbesserungen. Die Gefahren für Leib und Leben haben in den vergangenen Jahrzehnten stetig abgenommen. Wenn wir uns jedoch nicht bewusst mit unseren heute immer häufiger vorkommenden Ängsten befassen, sie stattdessen immer wieder verdrängen und überspielen, bleibt stets ein Gefühl der Unsicherheit. Was zwar keine Gründe hat, jedoch diese sucht.
Darum lässt sich unser bereits vorhandenes ungutes Gefühl sehr gut mit dem Angebot einer vermeintlichen Gefahr

verbinden. So geschieht es unwillkürlich, dass wir nur allzu leicht eine eigentlich diffuse Angst auf die Gefahr projizieren, die von profitorientierten Unternehmen präsentiert wird. Was natürlich die Absicht dieser Unternehmen ist.
Ich selbst bin immer wieder erstaunt, wie wunderbar solche Angst- und Verunsicherungskonzepte funktionieren. Die Mehrheit der Menschen in unserer Gesellschaft tut für ihre eigene Sicherheit so gesehen sehr viel, solange es möglichst einfach und bequem ist. Wobei meistens der Preis, den wir für solche „Sicherheiten" bezahlen, monetär hoch ist und Folgen sowie Nachteile von uns als Kunden unterschätzt oder sogar komplett übersehen werden. Schließlich wollen die Sicherheit versprechenden Unternehmen gut davon leben, das Wohl der Kunden steht da mindestens an zweiter Stelle.
Was auch immer wir jedoch tun, um ein Risiko auszuschließen: Wenn wir ehrlich zu uns selbst sind, finden wir heraus, dass es uns mit der jeweiligen „Vorsorge" oft gar nicht besser geht. Vielmehr lenkt diese uns häufig von größeren Gefahren und der tatsächlichen Ursache ab. Eigentlich sollten wir uns auf diese größeren Gefahren konzentrieren und diesbezüglich ins Handeln kommen, um wirkliche Vorkehrungen zu treffen. Auch die tatsächlichen Ursachen können wir in den allermeisten Fällen selbstständig beheben, wenn wir diese denn erkannt haben, oder zumindest das Risiko stark reduzieren.
Wir dürfen uns eingestehen, dass wir uns auch gerne selbst etwas vormachen, indem wir glauben, dass etwas so einfach zu verhindern ist, wie es uns verkauft wird. Dabei können wir, gerade im Gesundheitsbereich, selbst sehr viel dafür tun, um wirklich vorzusorgen. Möchten wir zum Beispiel Herz-Kreislauf-Erkrankungen vorbeugen – welche die in unseren Breiten

höchsten Sterberaten aufweisen und unter denen immer mehr Menschen leiden –, können wir unsere Ernährung umstellen und unser Bewegungspensum erhöhen. Alles, was wir in dieser Hinsicht unternehmen, senkt unser Risiko eines überhöhten Blutdrucks, einer Verfettung und Verstopfung unserer Gefäße und damit das Herzinfarkt-, Schlaganfall- und Embolierisiko.
Machen Sie sich bewusst: Durch eine Vorsorgeuntersuchung beim Arzt kann lediglich ein bereits bestehender Schaden erkannt werden. Verhindern lässt er sich jedoch nur mit der entsprechenden Vorbeugung durch eine gesündere Lebensweise. Zum Beispiel mittels Ernährung, Stressreduktion und ausreichend Bewegung.

So ist es eine traurige Tatsache, dass wir die Gefahren, denen wir ausgesetzt sind, immer mehr selbst verursachen. Zu viele Termine, zu viel (vor allem ungesundes) Essen, zu viel Zeit vor dem Bildschirm, zu viel technischer Schnickschnack, eine zu hohe Geschwindigkeit beim Radfahren, Autofahren etc., zu viele Medikamente, zu viel als sinnlos empfundene Arbeit ... Dabei erleben wir zu wenig erfüllende Momente, zu wenig achtsame Begegnungen mit anderen Menschen, zu wenig bewusste Nahrungsaufnahme, zu wenig Bewegung, zu wenig Pausen ...
Aber wie kommen wir nun aus dieser selbstgemachten Misere heraus? Ebenfalls komplett selbstständig. Es liegt im wahrsten Sinne des Wortes in Ihren Händen! In Form dieses Buches. Dieses wird Ihnen das Bewusstsein und die Handlungskompetenz vermitteln, um ab sofort selbstwirksam

zu handeln, und Sie in sämtlichen Bereichen Ihres Lebens unterstützen.

Raum für Verstand und Gefühl schaffen

Obwohl ich ein großer Verfechter davon bin, dass wir wieder lernen, unseren Gefühlen nachzuspüren und mehr auf diese zu hören, ist es, wenn es um das Abschätzen von Risiken geht, vor allem wichtig, dass wir möglichst rational denken und handeln. Auch ist es wichtig, sich die Komplexität der meisten Dinge bewusst zu machen und zu akzeptieren, dass wir diese niemals komplett erfassen können.

Bei der Einschätzung einer Gefahr hilft es, wenn Sie immer wieder einmal Statistiken durchsehen und diese miteinander vergleichen. Sie werden sich wundern, wie vielen Gefahren wir ausgesetzt sind, die medial kaum vorkommen, von denen Versicherungsvertreter, Mediziner und andere Menschen, die Ihnen ihre Hilfe anbieten, jedoch nie sprechen. Warum diese das nicht tun, liegt dabei auf der Hand: Sie haben nichts davon. Unternehmen, die Ihnen etwas verkaufen wollen, prüfen vorab sehr genau, wie hoch die Wahrscheinlichkeit ist, dass Sie die Versicherung in Anspruch nehmen werden, also dass der Abschluss sich für sie lohnt. Alles andere werden sie Ihnen sicher nicht aktiv anbieten. Also prüfen Sie bitte in Ihrem eigenen Interesse ebenfalls, sachlich und ohne Angst, wie hoch Sie Ihr Risiko einschätzen und Ihren Vorteil, den Sie durch das Angebot gewinnen. Ziehen Sie Menschen Ihres Vertrauens mit hinzu. Wenn Sie jemanden kennen, der sich zum Beispiel mit Geldanlagen sehr gut auskennt, bitten Sie ihn, Sie zum

Beratungsgespräch in Ihre Bank zu begleiten. Ein Fachmann, der keinen Gewinn von einem Abschluss einstreicht, wird Ihnen einen besseren Rat geben als ein von Provision abhängiger Bankberater.

Besonders gilt es bei Entscheidungen Ruhe und Vorsicht walten zu lassen, wenn es um Ihren Körper geht. Denn diesen kann man eben nicht einfach austauschen, und auch ein Austausch von Körperteilen hat immer Nebenwirkungen. Was die Gesundheitsindustrie natürlich anders verkauft. Machen Sie sich immer bewusst: Kein Medikament, keine Behandlung ist ohne Nebenwirkungen.

> **Auch und vor allem hier, ist weniger mehr.**
> **Tun Sie also lieber zunächst nichts, ordnen Sie Ihre Gedanken und werden Sie sich über Ihre wahren Gefühle und Beweggründe und die Ihres Gegenübers bewusst. Fällen Sie Ihre Entscheidung. Anschließend handeln Sie konsequent, selbstbestimmt und selbstwirksam zu Ihrem Wohl.**

Gerade als lebensrettende Maßnahmen angepriesene Heilsversprechen setzen einen kranken Menschen stark unter Druck. Als Patient glaubt man, dass das, was einem angeboten wird, die einzige Chance sei, und vergisst dabei unwillkürlich, die Schäden mitzubedenken, die durch die Therapie entstehen. Auch ist zum Beispiel ein Patient, bei dem ein Tumor im Körper wächst, nicht gleich sterbenskrank. (Das ist in den allerseltensten Fällen so.) Die meisten Menschen glauben das aber von sich, wenn ein Arzt ihnen diese Diagnose mitteilt.

Es geht darum, sich nicht von unseren Ängsten und anderen Gefühlen einschränken zu lassen. Wir verbauen uns sehr viel, wenn wir uns nicht trauen, die Verantwortung für bestehende Risiken zu übernehmen.

Der Wunsch nach Sicherheit

Wir tun so viele Dinge unbewusst, die uns nicht guttun oder uns sogar schaden. Andererseits wollen wir bewusst Sicherheit gewinnen, indem wir Risiken grundsätzlich ausschließen. Dabei vergessen wir jedoch, dass dies, wie oben beschrieben, niemals möglich ist. Sicher nicht zu hundert Prozent. Vielmehr ist sicher, dass eben nichts wirklich sicher ist.
Vor allem vergessen wir den Preis, den wir dafür zahlen, dass wir unser Bewusstsein voll auf die Risikovermeidung fokussieren.
Wahre Sicherheit erfahren und erhalten wir nur aus uns selbst heraus. Wenn Sie das annehmen, bietet es Ihnen eine Unabhängigkeit, die Sie bisher nicht für möglich gehalten haben. Eine Unabhängigkeit von bestimmten Dingen und Menschen, was letztendlich Freiheit bedeutet.

Der Grund, warum wir an Dingen festhalten oder uns von bestimmten Menschen nicht lösen können, liegt darin begründet, dass sie uns Sicherheit vermitteln. Selbst wenn wir eigentlich wissen, dass diese uns nicht guttun, bleiben wir bei dem, was uns bereits bekannt ist, weil es uns vertraut ist. Hier unterliegen wir jedoch einem Trugschluss:

> Wahre Sicherheit, die besteht, unabhängig davon, was oder wer uns umgibt, bedarf nichts Bestimmtem. Sie besteht, auch wenn wir scheinbar nichts mehr haben. Diese finden wir nur in uns. Wenn wir uns dessen gewahr sind, sind wir erst wirklich unabhängig und agieren selbst-*sicher* aus uns heraus.

Dabei führt der Wunsch nach äußerer (oberflächlicher) Sicherheit häufig zu einem scheinbar gelungenen, da erfolgreichen Leben. Ein Leben nach den bereits seit vielen Jahrzehnten gängigen Maßstäben von Erfolg zu führen, hat viele Vorteile, und die Anerkennung – manchmal auch der Neid – der meisten Menschen ist uns damit sicher.

Eine äußerst erfolgreiche Geschäftsfrau aus meinem Bekanntenkreis hat es, wie man so schön sagt, „geschafft". Aufgewachsen in einem rumänischen Dorf, in dem sie sich ein Zimmer mit ihren beiden Geschwistern teilte. Die Kinder gingen, wie bei uns in Deutschland früher übrigens auch, den ganzen Sommer über barfuß, da die finanziellen Mittel nicht für Schuhe oder auch nur die Neubesohlung alter Schuhe reichten.

Nie wieder arm sein, hatte sie sich geschworen. Und sie hat alles darangesetzt, das auch zu erreichen. Was ihr, als selbstständige Geschäftsfrau, letztendlich auch sehr gut gelungen ist.

Heute besitzt sie ein Haus in wunderschöner Umgebung und Natur, in dem sie ganz alleine lebt. Ihr großer Garten wird von Gärtnern gepflegt, das Haus selbst von Reinigungspersonal gereinigt. Ihr Porsche wird stolz als äußerlich sichtbarer Beweis für ihren Erfolg präsentiert. Teure und extravagante Kleidung ebenso. – Dennoch fehlt ihr etwas: Vor lauter Konzentration auf den beruflichen Erfolg, darauf, Anerkennung zu erhalten und die damit verbundene äußere Sicherheit, hat sie vernachlässigt, sich um das zu kümmern, was sie selbst eigentlich ausmacht. Das, was sie ist, wenn sie nicht Status- und Vermögen nachjagt: Ein Mensch mit vielseitigen Interessen und Talenten sowie einzigartigen Eigenschaften, die jeden Menschen schließlich ausmachen. So gelingt es ihr auch nicht, obwohl definitiv überdurchschnittlich attraktiv, einen Liebespartner an sich zu binden. Zu verschieden sind ihre innere Bedürftigkeit und die äußere Wirkung von Reichtum.

Auch der Ehemann und Vater, der alles seiner Karriere unterwirft, nur damit alle in der Familie gut versorgt sind, kann als Beispiel für solche innere Verarmung dienen. Versorgt wird die Familie dabei natürlich hauptsächlich – wenn auch nicht ausschließlich – materiell. Denn ansonsten herrscht hier häufig ein Mangel an wahrer zwischenmenschlicher Begegnung und Anteilnahme an den Belangen der anderen Familienmitglieder. Auch fehlt ihm die Zeit dafür, um sie mit seinen Kindern zu verbringen. Denn nur, wenn wir diese Care-Arbeit nicht einer anderen Person überlassen, stärkt das unsere Verbundenheit – auch zum eigenen Partner. Denn Beziehungen, auch zu eigenen Familienmitgliedern, werden gestärkt durch das

Gemeinsame, Persönliche, durch sanfte Berührungen und gemeinsam verbrachte Zeit.

Ansonsten sind es irgendwann nur noch die materielle Sicherheit, eine Abhängigkeit oder der Status, die die Familie zusammenhalten.

Aber auch innerlich, auf sich selbst bezogen, merken immer mehr Männer und Frauen, die so agieren, dass sie gefühlsmäßig verarmen. Gefühle und menschliche Bedürfnisse verschwinden tatsächlich, wenn wir diese nur häufig genug wegdrücken. Zu kurz kommen Ruhe und wirklicher Genuss am Leben. Irgendwann bleibt dann häufig auch keine Kraft mehr für jegliche Freizeitaktivitäten. Von denen wir uns doch alles leisten könnten mit unserem Geld. Wenn sich diese Kraftlosigkeit und Antriebslosigkeit weiter verstärkt, reicht es schließlich auch für die Arbeit und die so gut mit sämtlicher Energie gespeiste Karriere nicht mehr aus. Wir sprechen dann von Burnout.

> **So schön es ist und so viel Freude es auch bereitet, wenn man beruflich erfolgreich ist und die monetäre Vergütung entsprechend hoch ausfällt: Wir dürfen dabei nicht vergessen, was uns selbst sonst noch ausmacht. Was uns sonst noch wichtig ist im Leben.**

So kann es sein, dass wir, vor lauter Fokussierung auf ein Ziel, das uns vermeintlich die größte Sicherheit bietet, viele andere – wesentliche – Dinge vergessen. Den Preis dafür zahlen wir dann nicht in Geld, sondern mit dem Verlust unserer Gesundheit, unserer engen Bindungen an andere Menschen und unserer Lebensfreude. Mit dem Ruf nach der viel bemühten und immer wieder beschworenen Work-Life-Balance soll ausgedrückt werden, wie wichtig es ist nicht nur unsere Arbeit zu pflegen. Wir Menschen sind einfach zu komplex, um nur eine dermaßen einseitige Richtung in unserem Leben zu verfolgen. Es gilt auch hier, immer einmal wieder zu hinterfragen, ob das Leben, wie wir es führen, uns wirklich erfüllt. Ob uns diese Art und Weise, unser Leben zu leben, überhaupt noch entspricht. Viele vor allem junge Menschen begehren Geld, Statusgüter und höhere Positionen. Je älter wir jedoch werden, desto mehr wird uns bewusst, dass es andere Dinge sind, die ein glückliches und zufriedenes Leben ausmachen. Dass es die wirklich wichtigen Dinge im Leben eben nicht zu kaufen gibt.

Dennoch halten viele Menschen weiterhin am Gewohnten und so hart Erarbeiteten fest. Sie wundern sich dann, dass der Partner sie verlässt, dass ihre eigenen Kinder sich von ihnen abwenden, da diese keine Bindung spüren. (Schließlich lässt sich die Bindung zu anderen Menschen nur aufbauen und erhalten, indem wir die Beziehungen zu ihnen pflegen.)

Auch sterben viele Menschen, die sich so einseitig auf äußere Dinge konzentriert haben, ohne den eigenen Körper zu pflegen, kurz vor oder im frühen Rentenalter. So erleben sie schließlich auch nicht mehr, wie es ist, nach der Berufstätigkeit die Dinge zu leben, die sie ein Leben lang aufgespart haben, zu tun.

Wenn Sie bereit sind, ein Stück Sicherheit aufzugeben, werden Sie auf jeden Fall mehr Lebensqualität erhalten. Wenn Sie zudem Ihren Fokus mehr auf das ausrichten, was Ihnen wirklich wichtig ist, und in diese Dinge und Menschen mehr Ihrer kostbaren Zeit investieren, schaffen Sie einen guten Ausgleich zugunsten Ihrer Lebensqualität. Das Buch „5 Dinge, die Sterbende am meisten bereuen" von Bronnie Ware kann Ihnen vielleicht bei der Bewusstmachung helfen. Ansonsten finden Sie auch alle möglichen Anregungen und Unterstützungen zur Bewusstmachung hier in diesem Buch.

Von mir selbst kann ich sagen, dass ich jederzeit mit einem guten Gefühl sterben kann, ohne das Empfinden, etwas verpasst oder versäumt zu haben. Das wünsche ich auch Ihnen.

Akzeptieren Sie bestehende Unsicherheiten

… denn diese sind da, ob Sie diese sehen (wollen) oder nicht.

In der Zeit, als das Coronavirus Covid 19 sich in Europa ausbreitete und die Länder Restriktionsmaßnahmen verordneten, waren viele Menschen gezwungen, ihre Geschäfte zu schließen, ihren Beruf (vorübergehend oder dauerhaft) aufzugeben und sich mit den damals verfügbaren Impfstoffen impfen zu lassen. Damals wurde mir erst richtig bewusst, wie schnell wir unsere Überzeugungen und unser eigenes Gefühl aufgeben, um keine monetären oder sozialen Nachteile oder einen Statusverlust in Kauf nehmen zu müssen. Auch die Unsicherheit konnten viele Menschen nur schwer ertragen und riefen nach eindeutigen und einheitlichen Vorgaben zu ihrem Schutz. Kaum ein Politiker, Wissenschaftler oder Sachverständiger hat in dieser Zeit darauf hingewiesen, dass es hundertprozentige Sicherheit nicht gibt.

Mir fehlten in dieser Zeit unterstützende Worte, die den Menschen klar verdeutlichten, dass ihre Gesundheit in der gegebenen Situation zwar wahrscheinlich gefährdeter war als im Durchschnitt ihres bisherigen Lebens, dass sie jedoch einiges dafür tun können, um einem schweren Krankheitsverlauf vorzubeugen.

Dabei spielt das individuelle Wohlbefinden, also die psychische Verfassung eines Menschen, eine wichtige Rolle in der Gesunderhaltung, also zur Prävention.
Sich komplett zu separieren und den persönlichen Kontakt zu anderen Menschen zu vermeiden, ist etwas, das den allerwenigsten von uns wirklich guttut.

Um herauszufinden wie viel Kontakt zu anderen Menschen Sie stärkt und bei welchen Menschen das der Fall ist, können Sie sich folgende Fragen stellen:

- „Welche Menschen tun mir wirklich gut?"
- „Fühle ich mich im Trubel der Massen, z.B. auf einer Messe oder einer sonstigen Veranstaltung mit vielen hunderten oder sogar tausenden Menschen, wirklich wohl?"
- „Welche Verabredungen stärken mich, sind für mein Leben eine Bereicherung?"

Auch können wir uns fragen, mit wie vielen Menschen wir gleichzeitig kommunizieren können. Bedarf es wirklich großer Gruppen oder suchen wir uns in diesen nicht sowieso immer einige wenige Menschen aus, mit denen wir uns am liebsten umgeben und mit denen wir am liebsten kommunizieren? Wenn wir ehrlich zu uns selbst und anderen sind, beschränken wir unsere Kontakte automatisch auf die Menschen, die uns wirklich wichtig sind.
Natürlich können wir beim persönlichen Umgang mit diesen menschlichen Kontakten auch jederzeit eine ansteckende Krankheit bekommen. Auch könnten wir an solch einer Erkrankung, je nach persönlicher Krankheitsdisposition, schwer erkranken und sogar sterben. Dies ist jedoch ein Risiko, das wir, auch wenn es uns bisher nicht bewusst war, bereits unser ganzes Leben lang eingegangen sind.
- Mir selbst ist schon lange bewusst, dass mich Krankheit und Tod stets treffen können, da ich mich bereits um einiges mehr mit Krankheit und Tod beschäftigt habe in meinem Leben als die meisten anderen Menschen in unserer Gesellschaft. Eben diese Gewissheit über die Unsicherheit ist für mich jedoch gerade der Grund dafür, dass ich mein Leben viel bewusster lebe und genieße.
Darum umgebe ich mich auch bewusst mit Menschen, die mir guttun. Menschen, bei denen ich weiß, dass sie auch in Krankheit und bei meinem nahenden Tod bei mir sein werden.-
Unsere psychische Verfassung und mentale Einstellung wirken sich stark auf unsere körperliche Gesundheit aus. Darum ist es wichtig, dass wir gut für uns sorgen. Machen Sie sich bewusst, dass Körperkontakt, und sei es nur eine kurze Berührung eines geliebten Menschen, unser Stresslevel sofort deutlich

reduziert. Schon unser Wissen um die Stärkung der Selbstheilungskräfte, die uns bei körperlichen wie psychischen Erkrankungen zur Verfügung stehen, stärkt unser Immunsystem, unsere Resilienz und die Schmerzreduktion. Wenn wir zusätzlich noch einige weitere Dinge beachten, können wir uns maximaler körperlicher und seelischer Gesundheit erfreuen.

Hierzu ein paar Beispiele, worauf Sie zur Prävention und Linderung von Krankheiten achten können:

- möglichst viel frische pflanzlich vollwertige Nahrung,
- tägliche Bewegung draußen, möglichst in der Natur,
- zusätzliche kontrollierte Vitamin-D-Einnahme, vor allem in den Wintermonaten,
- körperliche Nähe zu Menschen, die uns guttun,
- Tätigkeiten, sei es Arbeit oder Hobby, die uns Freude bereiten.

Sollten wir dennoch einmal krank werden, haben wir mit diesem Verhalten die beste Grundlage geschaffen, um auch wieder gesund zu werden.

Wenn wir dann irgendwann früher oder später sterben, haben wir uns und unserer Umgebung in der Zeit unseres Lebens gutgetan. Ein erfülltes Leben erleichtert auch den Abschied, und je mehr Klarheit zu diesem Zeitpunkt herrscht, je weniger wir bereuen, desto mehr Lebenszeit haben wir wirklich genutzt. Diese gelebte Zeit kann sich tatsächlich stark von der Lebenszeit, die in Jahren gemessen wird, unterscheiden. Auch dürfen wir uns gerne einmal bewusst machen, dass die durchschnittliche Lebenserwartung weltweit unter 70 Jahren, in Deutschland inzwischen allerdings bei über 80 liegt, mit steigender Tendenz.

Eine weitere Unsicherheit, die viele Menschen in unserer Gesellschaft wirklich nervös macht, wenn sie sich diese denn eingestehen, sind die eigenen Finanzen. Immer wieder höre ich, wie sich Menschen über die „gierigen Banker" beschweren, von denen sie falsch beraten wurden. Dabei gilt auch hier, dass eben nichts sicher ist.
In der EU haben wir zwar ein sehr gutes Einlagensicherungssystem, das Geldanlagen bis zu 100.000 Euro sichert. Sie würden Ihr angelegtes Geld also komplett ausgezahlt bekommen, sofern es diese Summe nicht übersteigt, auch wenn die Bank, bei der Sie dieses Geld angelegt hatten, insolvent ist.
Jedoch sind viele vereinbarte vermeintliche Rentensicherheiten eben nicht mehr sicher. Hier können Sie lediglich mit dem geringsten garantierten Auszahlungsbetrag sicher rechnen, der zudem noch einmal versteuert werden muss. Letzteres wird Ihnen bei Abschluss einer Rentenversicherung tatsächlich in den allermeisten Fällen nicht mitgeteilt.
Besonders an der Börse gilt natürlich, dass nichts zu hundert Prozent sicher ist. Wer Ihnen etwas anderes erzählt, weiß es nicht besser oder sagt Ihnen eben nicht die Wahrheit. Finanzberater weisen diesbezüglich immer auf den bisherigen Verlauf der Aktienkurse hin. Diese stellen jedoch stets nur einen Rückblick in die Vergangenheit dar. Darüber, wie sich

diese Fonds, ETFs oder Aktien weiterentwickeln werden, lässt sich eben nur spekulieren, wie es so richtig im Börsenjargon heißt.
Auch ist Ihr Arbeitsplatz nie wirklich sicher, Ihre Liebesbeziehung ebenfalls nicht. Das muss und soll Sie nicht erschrecken, sondern nur ins Bewusstsein bringen, dass eben wirklich nichts sicher ist.

Wenn wir diese Unsicherheiten zu akzeptieren lernen, ist unsere Chance dabei, dass, wir die Menschen und Dinge, mit denen wir uns umgeben, umso mehr schätzen. Nichts ist sicher, nichts selbstverständlich und darum viel wertvoller, als es uns gemeinhin bewusst ist.

Befreit von Anhaftung und den Erwartungen anderer

Wenn Sie mehr Lebenszufriedenheit gewinnen wollen, geht es nicht hauptsächlich darum, Reduktion zu betreiben, nach dem Minimalismus-Prinzip, um nur mit dem Allernötigsten auszukommen. Es geht auch nicht darum, nach dem ökonomischen Prinzip der Wirtschaft mit dem minimalen Einsatz das Maximale zu erreichen. Sondern es geht darum, nach dem Erfüllungsprinzip zu agieren. Also nach dem, was Sie persönlich wirklich erfüllt. Hier ist zunächst entscheidend, sich selbst die folgenden Fragen zu beantworten: „Was brauche ich, um wirklich glücklich und zufrieden zu sein?" und „Wie lange bin ich damit glücklich und zufrieden?". Vieles hat man heutzutage eben oder macht man eben. Ohne weiter darüber nachzudenken, was man damit eigentlich auf Dauer erreicht – erreichen möchte.

Meiner Mutter gegenüber hatte ich bereits als Kind stets geantwortet, dass das, was „man" macht, mich nicht interessiert, da ich ja nicht „man" sei.

Es geht darum, zu hinterfragen und nachzuspüren: Was tut mir selbst gut? Was entspricht mir? Was entspricht mir noch immer? Was möchte ich – jetzt im Moment, in dieser Woche, in diesem Monat – für mich?

Ziele nach den eigenen Bedürfnissen ausrichten und anpassen

Es geht nicht darum, was wir uns einmal erträumt haben, und auch nicht darum, dieses Ziel auf jeden Fall und um jeden Preis zu verfolgen. Es geht auch nicht darum, jemandem etwas zu beweisen, weil vielleicht Menschen in Ihrer Umgebung einmal gesagt haben „Das schaffst du doch sowieso nicht". Es geht darum, die Dinge zu tun und zu erreichen, die Ihnen inzwischen, also *jetzt*, wirklich wichtig sind. Stellen Sie sich diese Fragen: „Ist das wirklich wichtig für mich?", „Ist das für mich noch immer so wichtig wie vor fünf, zehn oder 20 Jahren?".

Es ist nicht immer so, dass wir Dinge bis zum Schluss durchziehen müssen. Auch wenn das sehr viele Menschen glauben. Häufig denken wir: „Ich habe es nun bereits so lange durchgehalten, ich breche das Studium jetzt nicht ab", „Ich fange jetzt keine neue Arbeit an, ich halte schon noch durch bis ..." – letztlich bis zur Rente. Wir haben Angst, da es vielleicht diese oder jene Folgen hätte. Oder Glaubenssätze wie: „Ich bin doch noch gar nicht so lange in der Branche, da muss ich noch etwas durchhalten" bringen uns dazu, weiterzumachen.

Natürlich gibt es bestimmte Standards, zum Beispiel, dass es besser ist, eine Ausbildung zu haben, oder dass es gut ist, möglichst viel Geld zu verdienen, welche Ihnen auch gute Berater und Coaches nennen, und diese haben, nach der vorherrschenden Meinung in unserer Gesellschaft, auch recht damit.

Wir sind jedoch eben keine standardisierten Wesen, sondern sehr individuell. Das sieht man daran, dass eben auch Menschen, die nicht nach dem gesellschaftlichen Standard, wie wir ihn kennen, agieren, doch erfolgreich sind. Jemand, der seinen Talenten, Interessen und Werten entsprechend handelt, ist meiner Meinung nach immer erfolgreich und dabei viel lebendiger als der, der sich ausschließlich an Standards und der Norm orientiert. Je lebendiger wir wiederum sind, desto flexibler, wandlungsfähiger und wandlungswilliger sind wir auch. Was von großem Vorteil ist, da derzeit immer mehr Flexibilität und Anpassung an die neuen, durch den immer schneller voranschreitenden Wandel bedingten, Gegebenheiten gefragt ist.

Aus eigener Erfahrung weiß ich, dass es eben häufig nicht besser wird, bei einer Arbeit oder einem Studiengang zu bleiben, wenn dies einem nicht (mehr) liegt. Vielmehr schaden wir uns immer mehr selbst, je länger wir unter einer Situation leiden. Lösen wir uns jedoch von dem, was uns nicht guttut und auf Dauer immer mehr schadet, kann sich erst etwas Neues und Besseres für uns ergeben.

… Und da fällt mir wieder ein Spruch aus meiner süddeutschen Heimat ein: „Es geht immer wieder irgendwo eine Türe auf." Will heißen: Wo eine Türe zu geht, wo man etwas hinter sich lässt, tut sich an anderer Stelle auch wieder etwas auf. Ja es öffnen sich vielleicht sogar mehrere Türen, und man kann selbst entscheiden, durch welche man geht. Was so auch meiner Erfahrung entspricht.

Ich selbst habe einmal für ein Unternehmen gearbeitet, in dem mir die Arbeit sehr gut gefiel. Ich hatte sehr viel Freude an

dem, was ich tat, lernte dabei viel und leistete auch sehr gute Arbeit. Dies empfand ich die ersten zweieinhalb Jahre weit überwiegend so. Wie es so gang und gäbe ist, wurde in dem Unternehmen jedoch einiges umstrukturiert. Einiges davon war auch tatsächlich gut. Jedoch lief es immer mehr darauf hinaus, dass die Arbeitsbedingungen schlechter wurden. Zudem machte ich mir selbst auch noch immer mehr Druck. Trieb mich und meine Mitarbeiter zu Höchstleistungen an und akzeptierte auch nur das. Dabei blieben jedoch die Menschen, vor allem ich, auf der Strecke. Viel zu lange, insgesamt über acht Jahre, verharrte ich noch in dem Unternehmen, was rückwirkend ein Fehler war. Ich hätte dieses verlassen sollen, als der Druck überwog und die Freude an der Arbeit immer seltener vorhanden war. Meinem Körper und meiner Psyche wäre es sicher besser bekommen. Doch ich hatte mich an der vermeintlichen Sicherheit, dem Materiellen, dem Dienstwagen, dem höheren Gehalt festgehalten.
Sicher, auch in dieser Zeit hatte ich schöne Erfahrungen, die ich heute nicht missen möchte. Ich habe in dieser Zeit tolle Menschen kennengelernt, die wirklich ehrenhaft menschlich und fair waren. Top Mitarbeiter, die man sich als Führungskraft nur wünschen kann. Dennoch bin ich heute der Meinung, dass wir viel zu häufig zu lange in einer für uns negativen Situation verharren.
So wie ich nach acht Jahren den Absprung aus diesem Unternehmen gefunden hatte, hätte ich auch bereits nach drei Jahren die Firma verlassen können.
Dabei haben wir immer die Möglichkeit, auch in kleineren Schritten Veränderungen anzugehen. Mir selbst fällt es jedoch

leichter, einen harten Cut zu machen. Als Befreiungsschlag sozusagen.

Häufig halten wir an Dingen fest, die uns nicht guttun, um eine vermeintliche Sicherheit zu bewahren. Im Bereich der Angestelltenverhältnisse gibt es bedenkliche Zahlen, wenn man danach fragt, wie zufrieden bzw. eher unzufrieden Menschen mit ihrer Arbeit sind.
Schon früh ist mir aufgefallen, dass gerade Menschen, die sehr gut verdienen, häufig an einer Arbeit festhalten, die sie nicht (mehr) erfüllt.
Dabei gibt es auch viele Menschen, die genau das tun, was sie bereits in jungen Jahren machen wollten. Sie sind damit gerade auch darum so erfolgreich, weil ihnen das, was sie tun, im Kern entspricht. Durch den schnellen Wandel, dem die Berufswelt heute unterworfen ist, und die heutigen Regularien und Vorschriften ist der einmal erlernte Beruf jedoch am Ende häufig nicht mehr das, was uns ursprünglich daran gereizt hatte. Das ist auch oft dann der Fall, wenn wir endlich die erstrebte Führungsposition innehaben. Denn die Aufgaben einer Führungskraft weichen meistens stark vom ursprünglichen Berufsbild ab und werden durch Personalverantwortung, Administratives und Organisatorisches ersetzt. Zudem ist es in vielen Firmen so, dass immer häufiger strukturelle Veränderungen vorgenommen werden, sodass sich Führungskräfte in immer kürzeren Zeitabständen auf neue Anforderungen in ihren Aufgaben bezüglich Mitarbeiterführung und Aufbereitung von Zahlenmaterial einstellen müssen. Wenn man Glück hat, ist es einmal eine Veränderung, die einem entspricht. Wenn man

Pech hat, entfernt sich diese jedoch stark von dem, was wir selbst für gut, richtig und wichtig halten. Wir können dann nicht nur unsere Stärken nicht mehr wirklich sinnvoll einsetzen, sondern tun – nach dem Willen des Arbeitgebers – Dinge, die wir eigentlich nicht für richtig halten. Das schwächt uns auf Dauer, da wir unsere Energie daraus beziehen, dass wir aus eigenem Antrieb handeln. Dieser ist wiederum am stärksten, wenn wir von dem, was wir tun, überzeugt sind.

Was heute zwar seltener, jedoch noch immer vorkommt, ist, dass Menschen eine berufliche Laufbahn einschlagen, die von ihrem Umfeld, ihrer Familie so angedacht ist. Um bei der Berufswahl dem Wunsch der anderen nachzukommen, muss man sich permanent auf das Ziel fokussieren, diesen Beruf zu ergreifen und darin erfolgreich zu sein. Und man muss dabei seine eigenen Bedürfnisse und wahren Berufswünsche unterdrücken.

In all diesen Fällen halten Menschen meist viel zu lange an dieser vermeintlich bequemen, weil sicheren und von anderen anerkannten Situation fest. Dies geht so lange gut, bis sich körperliche und/oder seelische Beschwerden einstellen, die wir nicht mehr ignorieren können.
Hier in Deutschland geht es den allermeisten Menschen finanziell so gut, dass sie sehr gut auf einen Teil ihres Einkommens verzichten könnten. Auch ist der Arbeitsmarkt inzwischen – und in Zukunft immer mehr – darauf ausgerichtet, sich um Arbeitskräfte zu bemühen. Unsere Arbeitskraft und unser Know-how sind also gefragter denn je.

Darum können wir es uns auch immer mehr aussuchen, wo und unter welchen Bedingungen wir arbeiten möchten.
Was uns davon abhält, ist einmal wieder unsere Angst davor, die vermeintliche Sicherheit aufzugeben. Ich schreibe hier bewusst „vermeintlich", da im Leben einfach nichts wirklich sicher ist. Was wir ja eigentlich wissen, aber gerne ins Unterbewusstsein verdrängen. Doch was wir gerne verdrängen möchten, ist uns eben doch latent bewusst. Ein Gefühl der Unsicherheit bleibt also zurück. So versuchen wir, das Gefühl der Unsicherheit mit immer mehr vermeintlichen Sicherheitseinrichtungen und Angeboten zur Absicherung, zu verdrängen.

Dabei reicht es nicht aus, das hier Beschriebene intellektuell und kognitiv zu begreifen. Den meisten von uns ist, spätestens wenn sie einmal darüber nachdenken, durchaus bewusst, dass wir hier mitten in Europa eine privilegierte Sicherheitssituation haben. Vielmehr gilt es, sich mit dem unguten Gefühl der Unsicherheit auseinanderzusetzen. Inwiefern ist dieses berechtigt? Fühlen Sie sich nicht vielleicht freier, wenn Sie einmal mutig sind und ein Stück Sicherheit aufgeben?
Es gibt – sicher auch in Ihrem Umfeld – viele Beispiele von Menschen, die eine Arbeitsstelle gekündigt haben und in der neuen Firma viel zufriedener sind als bisher. Ganz nach dem Motto „Allem Anfang wohnt ein Zauber inne" nach Hermann Hesse, hilft häufig bereits eine neue Umgebung und der Blick von außen auf ein Unternehmen, um mit wieder erstarkter Kraft einer neuen Tätigkeit nachzugehen.
Gute Unternehmen und kluge Unternehmer nutzen auch gerne diesen Blick von außen, indem sie gezielt Feedback von

neuen Mitarbeitern einholen. Dies, da sie wissen, dass sich nach einiger Zeit bei jedem mehr oder weniger Betriebsblindheit einstellt.

Loslassen: Menschen, Aufgaben und die Vergangenheit

Es bekommt uns besser, wenn wir uns von Situationen und Menschen verabschieden, die nicht gut für uns sind. Ein wie auch immer geartetes Umfeld, in dem wir nicht wir selbst sein können, in dem wir uns ständig anpassen müssen und unter dem Verhalten anderer Menschen leiden, sollten wir schnellstmöglich verändern. Das leuchtet eigentlich jedem ein. Dennoch halten viele Menschen an einer Familie, einem Freundeskreis oder einer Umgebung fest, die sie nicht stärkt und eher runterzieht. Der Grund ist die Sicherheit, die ihnen das Gewohnte – so schlecht oder sogar schlimm es ist – vermeintlich bietet. Tatsächlich sind wir aber in den allerseltensten Fällen in unserer Existenz bedroht, wenn wir es schaffen, nicht mehr an solchen selbstschädigenden Beziehungen festzuhalten.
Es hilft uns häufig auch im Umgang miteinander, wenn wir in eine Beziehung Abstand bringen. Das passiert zum Beispiel, wenn jemand aus seinem Elternhaus auszieht und sich bedingt durch Beruf oder Studium weit entfernt niederlässt, sodass er die Eltern und Geschwister eine Weile nicht sieht. Wenn derjenige dann einmal zu Hause ist, kommt er häufig viel besser mit seinen Eltern oder Geschwistern zurecht als zu der Zeit, da er noch zu Hause wohnte. Selbst bei Paaren kann das gut funktionieren. *Ein Klient erzählte mir, dass seine Frau und*

er sich eigentlich trennen wollten, weswegen er schließlich ausgezogen war. Nun, da sie getrennt wohnen, kommen sie jedoch wieder wunderbar miteinander aus und die „alte Liebe" wurde so wieder neu entfacht. Darum belassen sie es auch bei den getrennten Wohnungen. So funktioniert die Beziehung einfach besser.

Manchmal sind wir auch gezwungen, etwas loszulassen: Wie zum Beispiel die Arbeit in einer Firma, für die wir jahrzehntelang tätig waren. Wenn wir in den Ruhestand eintreten oder auch durch Kündigung des Arbeitsverhältnisses durch den Arbeitgeber.
… Oder einen Menschen: Eltern fällt es teilweise schwer, wenn sie ihre Kinder loslassen müssen, weil diese das Haus verlassen, um einen eigenen Haushalt zu gründen.
Und wenn unser Partner uns verlässt oder ein uns nahestehender Mensch stirbt, fällt es uns oft besonders schwer, loszulassen.
Dennoch ist es bei jedem dieser, teilweise unfreiwilligen, Ereignisse wichtig, dass wir nicht an der Vergangenheit festhalten. Sicher schmerzt es, wenn ein Mensch uns verlässt. Auch sind wir gekränkt, wenn wir in einer Firma nicht mehr gebraucht werden. Dass dadurch Gefühle, wie Trauer, Schmerz und sogar Wut hochkommen, ist dabei ganz normal. Diese dürfen, ja sollen auch durchlebt werden. Jedoch ist es wichtig, den Punkt zu finden, an dem wir letztendlich loslassen. Den Menschen loslassen, die Aufgabe, die Vergangenheit … um uns der Gegenwart zu widmen und zuversichtlich in die Zukunft sehen zu können.

Indem wir loslassen, können wir die Gegenwart, wie sie jetzt ist, akzeptieren und damit Raum schaffen für alles, was in unserem Leben Platz finden soll. Auch die Lücke, die ein geliebter Mensch hinterlässt, dürfen wir dabei getrost mit schönen Erinnerungen an diesen füllen, die uns stärken, um mit mehr Kraft und positiver Energie unseren weiteren Lebensweg zu gestalten. In gespannter und freudiger Erwartung, welche Aufgabe uns das Leben als Nächstes stellen wird. Denn diese bewältigen wir leichter, wenn wir das, was uns belastet, loslassen.

Aus der Praxis für den Alltag

Ankommen bei sich als Basis für Zufriedenheit

Nichts tun, bei sich ankommen. Hört sich das für Sie auch bereits entspannend an? Diese scheinbar einfache (Nicht-)Handlung fällt den meisten von uns doch eher schwer. Schließlich haben wir fast ständig irgendwelche Ablenkungen um uns, die uns davon abhalten, zu empfinden, was wir eigentlich spüren würden.
Sind andere Menschen um uns, sprechen wir mit ihnen; sind wir alleine zu Hause, finden wir Ablenkung durch das Smartphone, Radio, Fernsehen und Internet.
In Wartezeiten und möglichen Ruhephasen lesen wir, nutzen unser Smartphone oder gehen einer anderen Tätigkeit nach, die die Lücke füllt.
Für sich gesehen sind das durchweg Dinge mit einem legitimen Nutzen, die wir als Bereicherung für uns nutzen können. Nach und nach haben wir uns jedoch angewöhnt, gar nicht mehr zu spüren, was wir eigentlich im Moment wollen. Wir haben feste Rituale, die zu Automatismen mutiert sind, wie: Nachrichten schauen um 20:00 Uhr, das Radio anschalten beim Autofahren, etwas essen, wenn wir nervös sind, Rauchen, wenn sich eine kurze Pause bietet etc.
Wenn wir dies nun einmal nicht machen, vielleicht sogar planen, einmal nichts zu tun, ist es durchaus nicht so, dass wir entspannt in unserem Inneren ruhen.

Vielmehr kommen uns gerade dann scheinbar unendliche Gedankenreihen in den Sinn, der Körper wird unruhig und es kommen Gefühle hoch, die wir eher ablehnen. Gefühle wie Nervosität, Angst und Trauer sind häufig schlagartig da, wenn die Geräusche um uns und unser Tun zur Ruhe kommen.
So kommen wir zunächst gar nicht dazu, zu spüren, was wir tatsächlich wollen. Ja, wir schrecken häufig sogar vor den aufkommenden unangenehmen Gefühlen zurück.

Viele erfolgreiche Lehrer, Coaches und gefragte Berater, die in sich so gefestigt, bei sich angekommen sind, dass sie inzwischen andere auf ihrem Weg begleiten, haben mit einer länger andauernden Klausur in Abgeschiedenheit begonnen, allein mit sich. Mehrere Wochen oder sogar Jahre fast vollkommen allein verbrachter Zeit haben ihnen die Tür zu sich selbst und ihrem Potenzial geöffnet. Siddhartha Gautama, der Buddha, ist wohl das Bekannteste Beispiel dafür. Auch in der Bibel ist beschrieben, dass Jesus 40 Tage in der Abgeschiedenheit der Wüste verbrachte, bevor er in die Öffentlichkeit trat, um die Lehre des christlichen Glaubens zu verbreiten. So wie es uns Menschen vor über 2000 Jahren geholfen hat, in der Ruhe die Auseinandersetzung mit uns selbst zu suchen, tut uns dies heute noch immer gut. Dabei geht es nicht um die Erleuchtung oder die Gründung einer Weltreligion, auch nicht darum, als Vorbild und Lehrer für andere zu fungieren, sondern schlicht darum, tiefe Zufriedenheit zu erlangen, wenn wir bei uns selbst angekommen sind.
Übrigens zeigt meine Erfahrung, dass es sich tatsächlich auch positiv auf die Menschen in unserem näheren Umfeld

auswirkt, wenn wir in uns ruhen. Fühlen Sie sich nicht auch wohler, wenn Sie mit einem durchweg zufriedenen Menschen zu tun haben als mit einem, der im wahrsten Sinne „außer sich" ist?

Mit welcher Methode auch immer: Kommen Sie zu sich – kommen Sie bei sich an.
Ob Sie nun meditieren, verhaltenstherapeutische Hilfe in Anspruch nehmen, Autogenes Training, Tai-Chi oder Yoga praktizieren – tun Sie alles, was Ihnen hilft, aus der gewohnten Tretmühle auszusteigen.
Wichtig dabei ist, dass Sie sich mit den dadurch entstehenden Terminen nicht noch mehr aufladen, sondern dass Sie hier bereits beginnen, zunächst zumindest zeitweise, nicht gleich die eine Aktivität durch eine andere zu ersetzen.

> **Schließlich geht es darum, dass Sie sich mehr Raum schaffen, in dem Sie Ihren Gefühlen und damit sich selbst wieder näher kommen.**
> **Darum ist es auch unabdingbar, dass Sie Zeit mit sich verbringen. Ohne Ablenkung, ohne Zeitdruck und ohne Leistungsdruck.**

Wenn Sie den Gipfel eines Berges erklimmen möchten und einige Kilometer von dessen Fuß entfernt sind, müssen Sie auch erst einmal dorthin kommen, um den Aufstieg überhaupt antreten zu können. Würden Sie nur zusehen, wie Sie in möglichst kurzer Zeit zum Fuße des Berges gelangen, und sich dabei schon anstrengen, hätten Sie kaum mehr Kraft für den

eigentlichen Anstieg. Darum gilt es, bei der Arbeit an und mit sich selbst stets den gewählten Weg bewusst und achtsam zu gehen. Nur so spüren Sie auch, wenn sich Ihre Ziele oder Bedürfnisse ändern, damit Sie jederzeit die Richtung Ihres Weges neu justieren können.
Auch Ehrgeiz dürfen Sie sich hierbei ersparen. Schließlich hat jedes Wachstum seine Zeit, und da von uns Menschen jeder absolut einzigartig ist, ist der Vergleich mit anderen nicht wirklich zielführend.

Einige Beispiele dazu, dass Wachstum (und somit Veränderung) Zeit braucht: Wächst ein Baum schneller, nimmt seine Holzdichte signifikant ab. Das Holz ist damit leichter und es fehlt ihm somit an Substanz. Leichtes Holz ist weniger stabil und damit auch sein Brennwert geringer, also die Energie, welche aus ihm gewonnen werden kann.

Das in Mastbetrieben produzierte Fleisch, welches von Tieren stammt, die innerhalb kürzester Zeit auf ein hohes Schlachtgewicht gemästet wurden, bleibt qualitativ weit hinter dem Fleisch von Tieren mit Auslauf im Freien zurück. Es fehlt an Substanz, durch Bewegung und Durchblutung.

Wenn Sie in Ruhe darüber nachdenken, ist es Ihnen wahrscheinlich auch lieber, dass Sie in Ihrem Leben eine solide Substanz als Basis schaffen.
Ansonsten hat man buchstäblich „auf Sand gebaut".
Mit bewusst nicht-aktionistischen Handlungen, also mit einer gewissen Gelassenheit, schaffen Sie also die Basis für die Gestaltung Ihres weiteren Lebens.

Sinnvoller Umgang mit wertvoller Zeit

An dieser Stelle möchte ich gerne wieder auf den Faktor Zeit zurückkommen. Denken Sie noch einmal genau darüber nach, womit Sie im Laufe einer Woche oder eines Monats Ihre Zeit verbringen, und ob Ihnen das wirklich guttut und nützlich für Sie ist.

Was uns alles Zeit kostet

Kaufen Sie im Internet? Kaufen Sie vor Ort oder regional? Kaufen Sie Dinge, die Sie benötigen, an denen Sie Freude haben und die Sie häufig oder zumindest immer wieder benutzen?
Eine Bekannte ist inzwischen bereits seit einigen Jahren im Besitz von Walking-Stöcken, die, noch original verpackt, in ihrem Keller stehen und auf ihren ersten Einsatz warten. Sie hätte sich sowohl das Geld als auch die Zeit, die sie für die Auswahl und den Kauf aufwenden musste, sparen können.

Bedenken Sie immer: Auch Konsum kostet Zeit. Die Recherche im Internet mit den tausenden von Möglichkeiten, um das noch bessere noch günstigere Produkt zu finden. Aber auch der teilweise gar nicht gemütliche Bummel auf der Shoppingmeile. Wenn wir beides mit Genuss machen und danach auch ein gutes Gefühl haben, ist es vollkommen in Ordnung. Jedoch beobachte ich in beiden Situationen an anderen Menschen sowie an mir selbst, dass häufig nicht das Belohnungssystem anspringt, sondern das Stresslevel steigt. Wenn wir dann anschließend das Gekaufte kaum oder gar nicht nutzen, da wir unsere Zeit mit anderen Dingen verbringen, könnten wir auch die in die Kaufentscheidung investierte Zeit einsparen und etwas Sinnvolleres damit anfangen.

Als ich meine erste eigene Wohnung einrichtete und ausstattete, erstand ich in der Haushaltsabteilung eines Möbelhauses eine Butterdose und ein Salatsieb. Inzwischen sind seit dem Kauf über 20 Jahre vergangen und ich freue mich an beiden Gegenständen noch heute jedes Mal, wenn ich sie in die Hand nehme. Das Design und die Farbe gefallen mir, zudem ist beides sehr praktisch. Das Salatsieb zum Beispiel hat drei Füße, mit denen es sicher steht, und ich nutze es sehr gerne für das Abschütten von Nudelwasser. Zusätzlich zu dem guten Gefühl bei der Verwendung der beiden Gegenstände, bin ich mir sicher, dass mich diese auch die kommenden 20 Jahre begleiten werden, höchstwahrscheinlich solange ich lebe. Dieser nachhaltige Aspekt bereitet mir zusätzlich Freude. Die Zeit für diesen Einkauf war somit definitiv bestens investiert!

Vielleicht haben Sie bereits durch das Kapitel „Bewusstsein für Zeitverschwendung" einige Anregungen erhalten und sicher bietet Ihnen der Bereich „Bewusstsein schaffen" in diesem Buch einige Anreize. Mit diesen Bewusstmachungen möchte ich gerne sowohl dazu beitragen, dass Sie erkennen, was Sie getrost weglassen können, als auch dazu, dass Sie Ihre Zeit ab sofort wirklich sinnvoll einsetzen.

Im folgenden Abschnitt erhalten Sie einen praktischen Tipp, wie sie vorgehen können, um mehr freie Zeit für sich zu schaffen. Sie können diese Vorgehensweise auch über Wochen hinweg oder immer wieder anwenden. Schnell zeigt sich dabei, wie nach und nach die Terminflut zurückgeht und sich immer mehr Freiraum für Sie auftut.

Wie Sie herausfinden, wo Sie Zeit einsparen können:

Notieren Sie sich zunächst sämtliche Dinge, mit denen Sie sich im Tagesverlauf beschäftigen. Am Ende eines jeden Tages kreisen Sie bitte sämtliche Tätigkeiten in grün ein, die Sie gerne tun und die Ihnen *wirklich* nutzen.

So sehen Sie auf einen Blick, dass Sie an den Folgetagen alles andere getrost weglassen können.

Wenn es sich um einen wöchentlich wiederkehrenden Termin handelt, den Sie bisher wahrgenommen haben, der jedoch eher zur Pflicht mutiert ist, als Freude zu bereiten – Prima! Das bedeutet mehr freie Zeit in jeder Woche für Sie.

Unsicherheiten überwinden und freier werden

Wenn Sie Ihre Zeitfresser, wie im vorherigen Kapitel beschrieben, ausgemacht haben, könnte es auch sein, dass sich bei Ihnen Bedenken einstellen oder Sie eine Art Hemmung verspüren. Schließlich geht es darum, eine Gewohnheit, die Ihnen Sicherheit vermittelt, aufzugeben.

Wohl den meisten Menschen fällt es schwer, Gewohntes loszulassen – auch wenn und teilweise sogar gerade weil sie vorher Energie, Zeit und vielleicht auch Geld in dieses investiert haben. Doch wenn wir es einfach einmal wagen und so die Erfahrung machen, wie befreiend es wirkt, wenn wir Ballast abgeben, stellen wir fest, dass die Vorteile, die Nachteile bei Weitem überwiegen.

> **Führen Sie sich noch einmal bewusst die schädliche Wirkung der Tätigkeiten, die *nicht* zu Ihrem Wohlbefinden beitragen, vor Augen. Wenn Sie ehrlich zu sich selbst sind, schaden Sie sich doch sicher nicht vorsätzlich.**
>
> **Auch wenn Sie sich vorstellen, womit Sie Ihre Zeit lieber verbringen möchten, kann das den entscheidenden Antrieb bewirken, sich von etwas zu verabschieden. Wenn Sie den auf der vorherigen Seite beschriebenen wiederkehrenden Wochentermin zum Beispiel mit einem Spaziergang**

in der Natur ersetzen, tun Sie sich damit auf jeden Fall etwas Gutes.

Ob Sie die Zeitfresser Ihres Lebens bewusst eins zu eins mit etwas Sinnvollerem ersetzen oder erst einmal eine Lücke entstehen lassen, in der Ihnen Zeit in Fülle zur Verfügung steht, entscheiden Sie. Ersteres ist für viele in der Umsetzung einfacher, da sich die bereits beschriebenen „unguten Gefühle" sonst häufig einstellen. Ich selbst habe für mich gute Erfahrungen damit gemacht, bewusst Zeitlücken zuzulassen. (Das in Prüfungen bewährte Motto „Mut zur Lücke" bekommt hierbei eine ganz andere Qualität.) Es entstehen erfahrungsgemäß Ideen, auf die man sonst kaum gekommen wäre. Auf jeden Fall gewinnen Sie Zeit, in der Sie Sinnvolleres tun können. Zum Beispiel einfach nur entspannen.

In dieser Entspannung werden Sie höchstwahrscheinlich dann auch Impulse für Tätigkeiten erhalten, auf die Sie Lust haben. Häufig sind das Dinge, für die vorher keine Energie vorhanden war, die aber jetzt in den Vordergrund treten und angegangen werden können. Es entsteht Raum, in dem Menschen häufig endlich die Dinge in Angriff nehmen, die sie schon lange einmal tun wollten, an denen sie die fehlende Zeit jedoch bisher hinderte. Schließlich geriet der Wunsch sogar in Vergessenheit. Dieser kommt erst in ebensolchen Ruhephasen wieder zum Vorschein, wenn er denn noch stimmig für uns ist.

Als ich zuletzt einmal ein paar Monate arbeitslos war, hatte ich endlich damit begonnen, Französisch zu lernen, was ich seit meiner Schulzeit eigentlich bereits vorgehabt hatte. Außerdem hatte ich damals angefangen, zu meditieren und Yoga zu praktizieren, was bis heute eine wirksame Bereicherung für mein Leben ist. Indem ich Yoga praktiziere, bin ich beweglicher,

als ich es seit mindestens 30 Jahren war. Und das mit über 40.
Also nur Mut. Es wird nicht mit fortschreitendem Alter schlechter im Leben, sondern mit dem Verlust des Körpergefühls und der fehlenden Fokussierung auf das Wesentliche, was sich jederzeit auch wieder ändern lässt. Es ist Ihre Lebenszeit – machen Sie etwas daraus!

Voller Kleiderschrank, wenig Inhalt

Raum schaffen für mehr Übersicht

Gehören Sie auch zu den Menschen, die morgens vor einem übervollen Kleiderschrank stehen und sich nicht entscheiden können, was sie anziehen sollen? Haben Sie vielleicht sogar das Gefühl, nichts zu haben, was Sie anziehen können? Trotz der großen Auswahl, die Ihnen Ihr Kleiderschrank bietet? Sind Sie sich unsicher, wenn es darum geht, sich auf „Ihren" Stil festzulegen? Kaufen Sie immer wieder Kleidungsstücke, die Sie dann kaum oder gar nicht tragen?

Das ist ein Klischee, das man typischerweise Frauen zuschreibt. Doch ich habe auch schon Kleiderschränke von Männern gesehen, die einige Kubikmeter an Kleidung beinhalteten. Manche Männer besitzen auch weit über 30 Paar Schuhe. Sie dürfen sich hier also auch als Mann durchaus angesprochen fühlen …

Selbst wenn Sie nicht zu den Menschen gehören, die viele Kleider horten, regelmäßig shoppen gehen und über Jahre hinweg Kleidungsstücke angesammelt haben, kann es sinnvoll sein, Ihren Kleiderschrank einmal einer gründlichen Inspektion zu unterziehen. Bei unseren Fahrzeugen lassen wir diese regelmäßig durchführen, damit sie immer gut funktionieren. Warum also nicht auch den Kleiderschrank gründlich inspizieren? Diese Inspektion können wir radikal, auf einmal, oder in kleineren Schritten durchführen. Aus der Erfahrung mit anderen Menschen, die so auch meiner eigenen entspricht, lässt sich ein Kleiderschrank wunderbar ausmisten. Das wiederum befreit ungemein. Es dient einer sinnvollen Neuordnung und schafft Platz für mehr Übersichtlichkeit.

Das Wichtigste vorab: Sie sollten dabei die Methode wählen, mit der Sie persönlich sich am wohlsten fühlen.
Folgendes hat sich für mich bewährt, um langsam, aber sicher die „Ladenhüter" meines Kleiderschrankes, die ich wirklich nie trage, auszumachen und mich von diesen zu befreien:

- Meine Kleidung habe ich so sortiert, dass ich, wenn ich eben nicht gerade die „gute Kleidung" (badisch oder schwäbisch ausgedrückt: „Sunndighäs") benötige oder tragen will, die ältere, nicht mehr ganz neue Kleidung verwende. Diese liegt getrennt von der anderen und gut zu erreichen vorne im Schrank. So kann ich auch gut sehen, wie das Verhältnis von neuwertiger zu abgetragener Kleidung in meinem Schrank steht und wie sich dieses im Laufe der Zeit verändert.
- Auch sortiere ich die Kleidung so, dass diejenige, welche ich getragen und anschließend gewaschen habe, auf einem separaten Stapel landet. Die Kleidung, die ich über einen längeren Zeitraum hinweg wirklich nicht mehr trage, sammelt sich so auf einem extra Stapel. Diese sortiere ich aus, da es den Raum, den diese einnimmt, nicht rechtfertigt, wenn sie wirklich gar nicht mehr genutzt wird.

Das Bekannteste und gleichzeitig wohl radikalste Prinzip ist das von Marie Kondo, der Autorin von „Magic Cleaning". Obwohl dieses definitiv nicht für jeden geeignet ist, kann man daran jedoch sehr gut veranschaulichen, was möglich ist. Ein auf das Minimum abgespeckter Kleiderschrank hat durchaus seinen Reiz.
Wenn Sie das Minimalismus-Prinzip für sich wählen und umsetzen, können Sie sich dabei auf jeden Fall von jeder Menge Ballast befreien und werden zukünftig sicher nicht mehr darüber ins Grübeln kommen, was Sie anziehen sollen.
Ich selbst habe meinen Kleiderschrank auch einmal dahingehend sortiert und hätte die ca. acht Kubikmeter, die damals meine Kleidung eingenommen hatte, auf weniger als einen Kubikmeter reduzieren können.
Dabei bin ich, vom ökologischen Standpunkt her, nicht der Meinung, dass wir unsere Schränke ganz so radikal ausmisten sollten. Vielmehr gilt auch hier wieder die Devise: Was ist sinnvoll?

Ressourcenschonender Umgang mit Kleidung

Wenn Sie ebenfalls der Meinung sind, dass es wichtig ist Ressourcen zu schonen, und Sie diesbezüglich etwas tun möchten, finden Sie hier ein paar Anregungen und Alternativen, wie Sie vorgehen und was Sie dabei bedenken können ...

Werfen Sie Kleidung, die noch sehr gut aussieht, nicht weg, sondern spenden oder verkaufen Sie diese. Ich stelle solche Teile gerne der Caritas zur Verfügung, die die Sachen günstig verkauft, an Menschen, denen diese gefallen. So kann man sich meiner Meinung nach am sichersten sein, dass diese noch weiter getragen werden, was, wenn jemand etwas umsonst bekommt, eher nicht so sicher ist.

Folgendes waren für mich sinnvolle Gründe, das meiste in meinem Schrank zu behalten:

- Wenn man minimalistisch wenig Kleidung besitzt, jedoch alleine lebt, bekommt man niemals eine Waschmaschine voll, wenn es notwendig ist, etwas zu waschen. Eine Waschmaschine mit geringem Inhalt laufen zu lassen, ist jedoch alles andere als energiesparend, und ich warte grundsätzlich, bis ich eine komplette Maschinentrommel voll bekomme, bevor ich ein Waschprogramm starte.
- Über 80 Prozent meiner Kleidungsstücke sind über zehn Jahre alt, die Hälfte davon mehr als 15 Jahre und einige sogar über 20 Jahre alt. (Nach dem Tod meiner Mutter hatte ich mich dafür entschieden, manche ihrer Kleidungsstücke aufzutragen.) Bei meiner Kleidung handelt es sich entweder um absolute Lieblingsstücke oder auch um Teile, die bereits deutliche Verschleißspuren haben. Erstere werde ich so lange tragen, bis sie zusätzlich zur zweiten Kategorie gehören. Und Letztere sortiere ich im Laufe der Zeit, wenn die

Abnutzungen gar zu arg sind, nach und nach aus. Für zu Hause, die Gartenarbeit oder andere Tätigkeiten, bei denen die Kleidung beschädigt oder dauerhaft verunreinigt wird, bin ich so stets bestens gerüstet. Auch zum Joggen ziehe ich häufig eher verschlissene Kleidung an.

Für verschlissene Kleider, die kleine Defekte aufweisen, offene Nähte haben oder bereits geflickt wurden, haben leider auch Kleidersammelstellen oder Secondhandshops keine Verwendung mehr. Selbst, als ich zwei meiner sehr gut erhaltenen Blusen im Secondhandshop abgeben wollte, winkte die Ladenbesitzerin ab mit der Begründung, dass diese zu alt seien und sie diese nicht mehr verkaufen könne. Und das, obwohl man diesen das Alter nicht ansah – schade.

- Bezüglich meiner Geldausgaben beschränke ich mich derzeit allgemein. Dabei möchte ich jetzt und zukünftig auch möglichst auf den Kauf von neuen Kleidungsstücken verzichten. Da ich sowohl bezüglich meiner Hobbys als auch bezüglich meiner sonstigen Tätigkeiten weiterhin flexibel bleiben möchte und somit nie weiß, welche Art von Kleidung ich nutzen werde, werde ich diese behalten und bei entsprechendem Bedarf nutzen. Dieses Jahr will ich zum Beispiel mehr gärtnern und kann die alte Kleidung wunderbar nutzen. Sie ist also viel zu schade zum Wegwerfen.

Kleidung kompromisslos nachhaltig einkaufen

Wenn Sie nun den Bestand Ihres Kleiderschranks gesichtet und diesen reduziert haben, werden Sie dennoch auch einmal ein neues Kleidungsstück benötigen. („Neu" ist hier in dem Sinne gemeint, dass Sie auch Secondhandware kaufen können.) Wenn Sie nachhaltig mehr Zufriedenheit erzielen möchten, sollten Sie zielgerichtet, im Einklang mit dem Bedarf, der Freude, die es Ihnen bereitet, und Ihren Werten einkaufen. Es geht darum, keine „faulen Kompromisse" einzugehen. Wenn Sie eine neue Hose für die Arbeit benötigen, weil Ihre alte zerschlissen ist, hilft es weder, dass Sie eine Hose kaufen, die Ihnen nicht hundertprozentig passt und steht, noch, dass diese nicht zu Ihren übrigen Sachen passt, und auch nicht, dass diese für Ihre Tätigkeit ungeeignet ist, da sie dort auf Dauer unbequem wird.

Vielleicht ist es das Gefühl „leer ausgegangen zu sein", das viele von uns dazu bringt, etwas zu kaufen, das wir gar nicht von Herzen und hundertprozentig mögen. Dabei haben Sie in jedem Fall etwas gewonnen: Sowohl, wenn Sie ausschließlich Dinge kaufen, die Ihnen perfekt gefallen und Ihnen zudem sehr gut stehen, als auch, wenn Sie eben nichts finden, das diesen Anforderungen entspricht. Denn Sie haben entweder eine für Sie perfekte Hose erstanden oder eben das Geld gespart, mit dem Sie zu einem späteren Zeitpunkt etwas kaufen können, das Ihnen voll und ganz entspricht und über das Sie sich über eine lange Zeit hinweg immer wieder freuen können.

Die letzte Bluse, die ich mir gekauft habe, ist inzwischen über ein Jahr alt, und ich freue mich jedes einzelne Mal darüber,

wenn ich sie wieder anziehe. Was erfahrungsgemäß auch noch viele Jahre so sein wird.
Heute, mit 45 Jahren, besitze ich noch ein Oberteil, das ich bereits mit 16 gekauft habe. Es ist ein Sommer-Top im Retro-Stil und ich freue mich jedes Mal wieder daran, wenn ich es trage.
Ja, ich gehöre zu den vermeintlich gesegneten Menschen, die seit ihren Teenager-Jahren nicht zugenommen haben. Ist dies bei Ihnen ebenso, genießen Sie die Vorteile der Qualität, die früher die meisten Kleidungsstücke hatten. Diese scheinen fast unzerstörbar.
Haben Sie inzwischen zugenommen, sodass Ihnen die alten Kleider nicht mehr passen? Dann freuen Sie sich! Denn so haben Sie es leicht beim „Ausmisten". Schließlich können Sie erst einmal nur alles aus dem Kleiderschrank entfernen, das Ihnen nicht mehr passt. Dabei ist es vor allem wichtig zu sehen, dass man mit ein paar Kilo mehr genauso attraktiv sein kann wie mit ein paar Kilo weniger. Wenn Sie für sich Kleidung auswählen, in der Sie sich sehr wohlfühlen, die Ihnen sehr gut steht und die farblich zu Ihrem Typ passend gewählt ist, sind Sie auf jeden Fall schöner als der schönste Mensch der Welt, der sich in seiner zweiten Haut – was unsere Bekleidung nun einmal ist – nicht wohlfühlt.

Ökologisch wirksam für Ihr Wohlgefühl

Wahrscheinlich haben Sie es bereits in der Beschreibung meiner Kleiderschranksortierung bemerkt: Das am meisten Ressourcenschonende daran ist es, die Teile möglichst lange zu tragen und möglichst selten etwas Neues zu kaufen.

Ich selbst kaufe häufig eher teure, jedoch hochwertige Kleidungsstücke. (Das auch, weil ich mit minderwertiger Ware eben schlechte Erfahrung gemacht habe.) Dabei bin ich mir sicher, dass ich damit viel günstiger wegkomme als die meisten Menschen, die kostengünstige Produkte konsumieren.
Mein Paradebeispiel dafür ist mein inzwischen über 15 Jahre alter Wintermantel. Dieser hatte damals über 800 Euro gekostet, was bei der Nutzungsdauer auf das Jahr gesehen inzwischen 53,33 Euro macht. Das ist deutlich günstiger, als wenn ich mir jedes zweite Jahr einen Mantel von 150 Euro gekauft hätte und um ein Vielfaches ressourcenschonender.

Auch indem Sie Schuhe oder Kleider reparieren oder flicken lassen, können Sie deren Lebensdauer stark verlängern. Lassen Sie sich dabei nicht abwimmeln mit der Aussage, es rentiere sich nicht mehr. Schließlich hängt das davon ab, was sich Ihrer Meinung nach rentiert.
Ich besitze seit über zehn Jahren zwei Stühle, die mit Kunstleder bezogen sind. Dieses war inzwischen bereits das zweite Mal verschlissen. (Es hatten sich Risse auf der Sitzfläche gebildet.) Beide Male hatte die Reparatur fast so viel gekostet wie neue Stühle. Aber die Reparatur ist auf jeden Fall nachhaltiger. Da hier lediglich der Bezug ersetzt werden musste, also keine Energie für neues Metall, die anderen Materialien, Produktion und Transport eingesetzt werden musste.

Was es mir leicht macht, meine Kleidung viele Jahre nutzen zu können, ist auch mein klassisch-zeitloser Kleidungsstil. Dieser erlaubt es mir sehr gut, alt und neu zu kombinieren, ohne dass dadurch ein Stil-Mix zustande kommt.

Was auch immer Ihr Stil ist: Diesen gilt es, für Sie zu finden und zu pflegen. Eine Stilberatung, die sich vor allem darauf konzentriert, was genau zu Ihrem Typ und zu Ihrer Figur passt, lässt sich hervorragend mit der Reduzierung der Menge der Kleidungsstücke in Ihrem Schrank verbinden. Alles, was Ihnen nicht zu hundert Prozent entspricht, was Sie nicht in Farbe und Passform an Ihrem Körper anspricht, kann weg bzw. müssen Sie zukünftig gar nicht erst kaufen. Nicht nur aus Gründen der Nachhaltigkeit, sondern auch für mehr Klarheit und für das Wohlfühlklima in Ihrer zweiten Haut. Wagen Sie es, das zu tragen, wonach Ihnen der Sinn steht!

Vermeiden Sie „faule Kompromisse" beim Einkaufen.

Dabei sollten Sie sich bei der Kleiderauswahl immer folgende Fragen stellen:

- **Warum möchte ich das kaufen?**
- **Was gefällt mir persönlich? Stehe ich zu dem, was mir steht und entspricht? (Unabhängig von der Mode, Gesellschaft und Meinung anderer Menschen. Egal wie gut Letztere es mit Ihnen meinen.)**
- **Steht mir das?**
- **Fühle ich mich darin wohl?**

- Entspricht die Qualität meinen Vorstellungen (z.B. gute Stoffqualität und Verarbeitung zugunsten einer längeren Lebensdauer)?

Zudem können Sie möglichst nichts Neues mehr kaufen. Eher ersetzen und reparieren (lassen):

- Schuhe zum Schuhmacher
- Kleider zum Schneider

Vermögend versus arm

... oder wie Sie Ihr Geld richtig einsetzen

Wie auch immer Sie körperlich, psychisch, materiell und finanziell aufgestellt sind: Hier geht es um Sie. Sie selbst sind der wichtigste Mensch in Ihrem Leben! Auch – aber nicht nur – wenn Sie schon sehr vermögend sind.

Als ich einem bekannten Geschäftsmann erzählte, dass ich mich als Beraterin für mehr Zufriedenheit im Leben selbstständig mache, meinte er, dass er einige Millionäre als Kunden habe, die Interesse an meinem Angebot haben könnten. Inzwischen zählen zumindest keine bekennenden Millionäre zu meinen Kunden. Schließlich möchte ich, weitgehend unabhängig von den jeweiligen finanziellen Mitteln, gerne möglichst vielen Menschen auf ihrem Weg zu mehr Zufriedenheit verhelfen.

Tatsächlich ist es jedoch für einen Menschen oft umso schwieriger, sich auf das zu fokussieren, was ihm selbst wirklich wichtig ist, je mehr er sich leisten kann und je mehr er besitzt. Vor allem Menschen, die aus nicht so vermögenden Verhältnissen kommen und inzwischen deutlich mehr Geld zur Verfügung haben, verlieren sich häufig im Konsum der vielen schönen Dinge, welche sie sich nun endlich leisten können.

Warum es gut ist, Geld zu haben?

Weil es uns Möglichkeiten bietet, die wir ohne es nicht hätten:

1) Geld kann uns frei machen.
2) Geld kann zu unserem Glück beitragen.
3) Geld kann uns Sicherheit vermitteln.
4) Geld verschafft uns die Möglichkeit als Konsument „mit den Füßen abzustimmen".
5) Geld ermöglicht es uns, ohne Reue unvernünftig zu sein.

... Aber eben nur, wenn wir es sinnvoll einsetzen.

Es macht eben nicht unbedingt zufriedener, wenn man sich von drei Paar Schuhen, die man schön findet, nicht für eines entscheiden muss, sondern alle drei kauft, weil man es eben kann.
Das ist mir erst jetzt bewusst und bei der Begebenheit, an die ich mich hier erinnere, erst gar nicht in den Sinn gekommen: *Damals hatte ich wahrgenommen, wie einige Kundinnen in dem Schuhgeschäft grübelnd zwei verschiedene paar Schuhe begutachteten und sich sichtlich unsicher waren, welches sie kaufen sollten. Ich selbst habe mich darüber gefreut, dass ich mich nicht entscheiden musste, sondern einfach alle kaufen konnte, die mir gefallen hatten. Damals war mir jedoch noch nicht präsent, dass die Frauen vielleicht ja auch Geld für mehrere Paar Schuhe haben konnten, aber diesbezüglich bereits weiter waren als ich und sich bewusst entschieden haben.*
Wie auch immer es um Ihre finanziellen Mittel bestellt ist: Grämen Sie sich nicht, wenn Sie sich nicht alles oder sogar

eher sehr wenig leisten können. Nicht zuletzt aus eigener Erfahrung weiß ich, dass es mit weniger Optionen leichter ist, zufrieden zu sein, als mit zu vielen.
Darum ist es tatsächlich für Menschen mit viel Vermögen schwerer, sich durch die zahlreichen Möglichkeiten, die sie haben, nicht vom Wesentlichen ablenken zu lassen.

Aber zurück zu der Äußerung des Geschäftsmannes: Sein Gedanke war sicherlich, dass es sich nicht jeder leisten kann, sich für Geld beraten zu lassen.
Meiner Meinung nach kann dies jedoch heutzutage tatsächlich jeder in unserer Gesellschaft. Grundsätzlich findet man, wenn man wirklich etwas ändern will, immer einen Weg, dies zu tun. Für die allermeisten von uns ist es eine Frage der Priorisierung.

Leisten Sie sich nicht alles, was Sie sich leisten können, sondern nur das für Sie Wesentliche und präferieren Sie das, was Ihnen nachhaltig nutzt und gefällt.

Geben wir stets dem neuesten Trend der Mode den Vorrang und decken uns alle paar Monate mit neuen Accessoires und Kleidungsstücken ein, bevorzugen wir teure Exklusivmarken, kaufen oder leasen wir uns ein schickes teures Auto, fliegen wir in den Urlaub oder geben im Urlaub viel Geld aus? Kaufen wir uns Dinge, die wir eigentlich nicht brauchen, die wir teilweise sogar nie nutzen? Essen wir häufig auswärts, nehmen täglich etwas zu essen „auf die Hand" oder präferieren Coffee-

to-go-Angebote? Rauchen wir, kaufen wir Fleisch, schmeißen wir Lebensmittel weg …?
In all diesen Fällen fahren wir besser damit, einmal in unseren Gewohnheiten innezuhalten und unser Geld dort auszugeben, wo wir nachhaltig etwas für unser Wohlbefinden, unsere Gesundheit und unsere Finanzen tun können.

Wie aus „zu wenig" genug wird

Selbst wenn Sie derzeit finanziell so „blank" sind, dass Sie tatsächlich kein Geld übrig haben, möchte ich Ihnen in diesem Buch Mut machen. Sie finden hier schon sehr viele Tipps und Anregungen, wie Sie zu mehr Wohlbefinden in Ihrem Leben kommen können. Vor allem, wenn Sie anfangen, bewusst zu handeln, werden Sie schnell merken, dass Sie sich sehr viel (dabei auch Geld) sparen können.

> **Lenken Sie Ihr Bewusstsein zudem auf Menschen in Ihrer Umgebung, die mit ihrem wenigen Geld besser auskommen als Sie selbst. Haken Sie bei diesen nach, ob sie für Sie Tipps oder Hilfestellung haben, wie Sie dies auch schaffen können. Wenn es Ihnen bei einem oder zwei Menschen widerstrebt, diese zu fragen, ist das nur natürlich. Sicher sind diese anders als Sie selbst und sympathischer sind uns meist Menschen, die uns ähnlich sind. Aber bedenken Sie dabei, dass jeder Mensch seine Stärken hat. Und warum sollten Sie nicht von den Stärken anderer Menschen lernen, auch wenn Ihnen diese nicht ganz so sympathisch sind?**

Ich selbst lerne von Menschen, die extrem gegensätzlich zu mir sind, stets am meisten. Das, was man bereits kann, wie man selbst tickt, weiß man schließlich schon.

Da sich Menschen eigentlich immer darüber freuen, wenn man ihnen sagt, dass sie etwas gut können, freuen sich diese auch meistens, wenn sie jemandem helfen können. Der andere Mensch wird sich von Ihnen wertgeschätzt fühlen und Ihnen in der Regel sehr gerne sein Know-how zur Verfügung stellen. (Sicher könnten die Ratschläge für Sie auch einmal zu viel werden. Was insofern nicht schlimm ist, da Sie ja nicht alles annehmen müssen, was Sie an Vorschlägen erhalten.)

> **Insgesamt wird es Ihnen helfen, wenn Sie den Blick auf das richten, was Sie erreichen möchten. Finanziell bessergestellt, unabhängiger, zufriedener, freier, gesünder zu sein. Was auch immer Sie sich wünschen.**
>
> **Denn das, worauf wir unseren Fokus richten, erreichen wir auch.**

Vorausgesetzt, wir beantworten uns selbst dabei die Frage, was wir dafür tun können, um das Gewünschte zu erreichen, und es auch angehen.

Sehr gerne verweise ich an dieser Stelle auf Experten aus dem Finanzwesen:
Für meinen Begriff hervorragende Informationen stellen folgende zwei Geldratgeber kostenlos auf YouTube und über ihre Website zur Verfügung: „Finanztipp" und „Finanzfluss".

Wenn Sie den jeweiligen Namen in Kombination mit „Grundlagen" eingeben, erhalten Sie eine einfach erklärte Übersicht darüber, wie Sie sinnvoll mit Geld umgehen. Diese Geldratgeber haben es bei mir tatsächlich geschafft, meine bestehenden Bildungslücken zum Thema Finanzangelegenheiten innerhalb weniger Tage zu schließen. Zudem gibt es viele schöne Dinge, die Sie, ganz ohne Geld auszugeben, genießen können …

Anbei einige Beispiele:

- **Bewegung in der Natur.**
- **Bücher, CDs und DVDs ausleihen, die in offenen Bücherregalen einiger Gemeinden zum Holen und Bringen zur Verfügung stehen.**
- **Foodsharing-Verteilstellen nutzen, die „gerettete" Lebensmittel kostenlos zur Verfügung stellen.**
- **Freunde treffen, mit anderen Menschen Zeit verbringen.**
- **Einige Kunsteinrichtungen sind kostenfrei zu haben, wie z.B. das Museum Würth und die Kunsthalle Würth in Baden-Württemberg, auch einige andere Museen bieten an manchen Tagen freien Eintritt an.**
- **Kunst ansehen, die kostenlos in Parks ausgestellt ist.**
- **Architektur bewundern. (Ist in jedem Dorf und jeder Stadt zu finden.)**

- **Sehenswürdigkeiten wie Stadtmauern, Schlösser, Naturdenkmäler besuchen.**
- **Der Musik von Konzerten im Freien vor dem Zaun lauschen. (Verringert zudem die Wahrscheinlichkeit eines Hörschadens, da die Musik hier nicht zu laut ist.)**
- **Baden im und Sonnenbad am See.**

Ich wünsche Ihnen die notwendige Offenheit und Achtsamkeit dafür, weitere Angebote zu entdecken, die Sie genießen können, ohne dafür Geld ausgeben zu müssen.

Um mehr Lebenszufriedenheit zu gewinnen, hilft es auch, wenn man nicht viel Geld zur Verfügung hat, sich stets bewusst zu machen, was man hat: vielleicht einen gesunden Körper, einen klaren Verstand, die eigenen Talente, eine gute Sozialkompetenz … Jeder Mensch hat einiges, das ihm hilft, sich als selbstwirksam und wertvoll wahrzunehmen. Auch wenn jemand die Sonne oder einen Spaziergang genießen kann, Begegnungen mit anderen Menschen als wertvoll empfindet und anerkennt, ist er viel wohlhabender als ein reicher Mensch, der das alles nicht wahrnimmt.

Wahre Zufriedenheit ist unabhängig von finanziellen Mitteln

Je nach Ihren finanziellen Verhältnissen unterscheiden sich Ihre Probleme sicher von denen anderer Menschen. Der

Wunsch nach tiefer Zufriedenheit verbindet uns jedoch alle. Mit diesem Buch möchte ich Ihnen bewusst machen, wie Sie unabhängig von der Geldmenge, die Ihnen zur Verfügung steht, glücklich sein können. Dabei sind viele glückliche Menschen in sämtlichen Gesellschaftsschichten, Kulturen und Weltregionen der Beweis dafür, dass es nicht an den äußeren Umständen und damit auch nicht an den finanziellen Mitteln liegt, wenn wir zufrieden mit unserem Leben sind.

Die meisten Menschen wünschen sich, mehr Geld zu besitzen. Der Grund dafür leuchtet ein. Geld macht uns unabhängiger, es ermöglicht uns die Erfüllung vieler unserer Träume und gibt uns Sicherheit. Doch obwohl das alles zutreffen kann, hilft uns Geld alleine nicht, das alles zu erreichen – egal, wie viel wir davon besitzen. Vor allem jedoch benötigen wir viel weniger Geld, als wir glauben, um ein unabhängiges, erfülltes Leben zu führen und uns dabei sicher zu fühlen.

Leider sprechen wir in Deutschland nicht darüber, wie viel Geld wir für unsere Tätigkeit erhalten bzw. wie viel Geld uns monatlich zur Verfügung steht. Dennoch fällt einem aufmerksamen Beobachter auf, dass es Menschen gibt, die nicht viel Geld zur Verfügung haben und dabei nie in irgendwelche Geldschwierigkeiten kommen, während andere jedoch, denen monatlich viel mehr Geld zur Verfügung steht, ständig in Geldnot sind und sogar Schulden haben.
Wie kommt es zu solchen für den Verstand unstimmigen Differenzen?
Ich hatte einen Bekannten, der dank einer Schuldnerberatung langsam seine Schulden auf mehrere Tausend Euro reduziert

und dann unverhofft einen Geldbetrag geerbt hatte, der seine übrigen Schulden sogar überstieg. Welch wundervolle, unerwartete Fügung! Für mich war damit klar, dass er nun auf jeden Fall aus der Misere raus war. Schließlich konnte er seine Schulden tilgen und hatte nun einen vierstelligen Betrag für Notfälle in der Hinterhand. Ich wäre in einer solchen Situation folgendermaßen verfahren: Schulden tilgen und das übrige Geld auf einem anderen Konto aufbewahren – für Notfälle, eine größere, sinnvolle und notwendige Anschaffung, also als Sicherheitspuffer. Mit wenig Geld auszukommen, war besagter Mann als Geringverdiener zwar gewohnt. Doch meine Einschätzung war dennoch weit gefehlt. Kurze Zeit später war er wieder in Geldnot. Was war passiert? Jobverlust? Ein Unglück?
Er war umgezogen und hatte, trotz des Hilfsangebotes einiger Freunde und Bekannter, eine Umzugsfirma für den Transport seiner kleinen Habe aus der Einzimmerwohnung beauftragt. Außerdem hatte er Freunde ins Restaurant zum Essen eingeladen und sich einige Gegenstände geleistet, die eher Luxus als notwendig waren. Bereits diese Dinge wären mir, wäre ich in seiner finanziellen Situation gewesen, nicht in den Sinn gekommen. Er muss jedoch noch mehr Geld auf diese Art und Weise ausgegeben haben.
Gerade wenn man sowieso nicht viel Geld zur Verfügung hat, ist ein diszipliniertes Hinterfragen einer jeden Ausgabe auf ihren Sinn und Nutzen hin extrem wichtig. Das weiß ich auch aus eigener Erfahrung.

Noch ein anderes Beispiel aus gut situiertem Umfeld:

Eine Kollegin verbrachte, gemeinsam mit ihrer Familie, einige Zeit im Ausland. Sie hatten damals den Großteil ihres Besitzes für viele tausend Euro eingelagert, da der Auslandsaufenthalt auf zwei Jahre begrenzt war. Nachdem sie nun nach Deutschland zurückgekehrt waren, stellten sie fest, dass sie für kaum etwas von den eingelagerten Gegenständen wieder Verwendung hatten. „Das Geld hätten wir uns sparen können", teilte sie mir offen mit.

Ablenkungen vom Wesentlichen und die Verschwendung von Ressourcen, indem wir Dinge kaufen, die wir nicht wirklich benötigen, gehen viele Menschen immer wieder ein. Beides können wir so leben, es wird uns aber in keiner Weise zufrieden oder gar glücklich machen.

Besinnen Sie sich darum auf die Bewusstmachung dessen, was Sie wirklich erfüllt und glücklich macht. Wie im Teil „Bewusstsein Schaffen" bereits beschrieben, sind es meist die immateriellen Dinge, die langfristig am meisten zu unserer Zufriedenheit beitragen.

Wenn wir darauf schauen, was andere besitzen (wie zum Beispiel ein luxuriöses Fahrzeug, teure Markenkleidung etc.) oder sich alles leisten (wie teure Urlaube, regelmäßiges Essengehen, hochpreisige Konzerte oder Theaterbesuche u.v.m.), dann können wir schon das Gefühl bekommen, dass uns ohne diese Dinge etwas fehlt. Aber ist das tatsächlich so?

Wie wir bereits gelernt haben, entsteht wahre Zufriedenheit nur aus uns selbst heraus. Was auch der Grund dafür ist, dass wir eben nicht unbedingt zufriedener sind, wenn wir uns mehr leisten können.

Was wir uns dabei auch immer bewusst machen dürfen, ist, dass viele Menschen heutzutage gerne auf die freundlichen Kreditangebote von Banken und Konsumgüterherstellern zurückgreifen. Der Schein von größeren finanziellen Mitteln trügt also häufig.

Als ich in einem Unternehmen mit transparenter Gehaltspolitik arbeitete, hatte ich mich selbst immer wieder gewundert, was Kollegen, die deutlich weniger verdienten als ich, sich alles leisteten.

Sicher gibt es auch einige, die über ihre Familie von Haus aus Geld haben und durch Erbe und Schenkung besser versorgt sind als andere. Doch ich konnte immer wieder beobachten, dass es nicht darauf ankommt, wie viel Geld jemandem zur Verfügung steht, sondern wie dieser damit umgeht. Ein entscheidender Faktor dabei ist es, darauf zu achten, wofür wir unser Geld ausgeben.

Aus meiner bisherigen Lebenserfahrung weiß ich, dass Menschen, die sich viel leisten, nicht auch automatisch glücklicher sind. Umgekehrt sind Menschen mit weniger Geld nicht zwangsläufig unglücklicher als Reiche. Es ist vielmehr das Bewusstsein, mit dem wir unsere wahren Wünsche und Bedürfnisse befriedigen, das uns zufriedener und sogar glücklich macht.

Sicher können Sie Ihr Geld großzügig ausgeben, sofern Ihnen viel davon zur Verfügung steht – Möglichkeiten zum Geldausgeben gibt es viele. Aber das wird Sie nicht automatisch zufriedener machen und erst recht nicht dauerhaft glücklich. Vielmehr besteht – wie bereits erläutert – die Gefahr, sich in der Vielzahl des Angebots zu verlieren.

Das ist der Grund, warum das Gesicht eines Kindes, das im Slum lebt, dennoch vor Freude strahlt, und das eines Multimillionärs hart und verbissen oder auch geradezu leidend wirken kann.

Gleichzeitig Geld und Ressourcen sparen

Ganz einfach lässt sich eine Menge Geld sparen, wenn wir auf den Kauf von Gebrauchsgegenständen verzichten, die wir vielleicht nur ein Mal oder nur äußerst selten verwenden. Für solche Erfordernisse bietet es sich an, Gegenstände zu leihen. So ist inzwischen auch ein regelrechter Trend entstanden, sich nicht nur das jeweils passende Fahrzeug auszuleihen, wenn man sonst gut ohne auskommt, sondern auch auf die Angebote aus der Nachbarschaft zurückzugreifen, wenn es darum geht, ein selten benötigtes Gerät zu nutzen, wie zum Beispiel eine Bohrmaschine, ein Raclette-Gerät oder eine Leiter.
So können wir jedoch nicht nur Geld sparen, sondern stärken gleichzeitig unsere (nachbarschaftlichen) Beziehungen und agieren ökologisch-nachhaltig indem nicht jeder von uns etwas kauft, das er dann kaum nutzt, schonen wir außerdem wertvolle Energie-Ressourcen.
Unsere Beziehungen stärken wir ganz einfach nach dem Prinzip „Hilfst du mir, helf´ ich dir". Erfahrungsgemäß kommt man so stets in den Austausch, kommunikativ wie materiell. In ärmeren Bevölkerungsschichten ist es ganz normal, dass man sich mit Gegenständen aushilft. Auch innerhalb einer Familie ist dies gang und gäbe. Selbst Unternehmen teilen

Arbeitsgeräte und Maschinen, sodass diese nicht mehrfach angeschafft werden müssen.

Landwirte teilen sich Ackergrundstücke, um die Böden nicht einseitig auszulaugen, und Geräte, die nicht häufig verwendet werden.

Auch einer meiner früheren Arbeitgeber hatte den 3D-Drucker anderen Firmen zur Verfügung gestellt und damit die Auslastung des Gerätes verbessert.

Dies wird natürlich hauptsächlich aus ökonomischer Sicht so gehandhabt und gerne angenommen. Es hat jedoch immer auch einen ökologischen Nutzen im Sinne der Nachhaltigkeit. Außerdem stärkt es, wie im privaten Bereich, ebenfalls die Beziehungen – hier eben die Geschäftsbeziehung.

Grundsätzlich geht es also darum, möglichst nur das zu kaufen, was *wirklich* Sinn ergibt. Also nur das zu kaufen, wodurch Sie tatsächlich auch einen Mehrwert und möglichst nachhaltigen Nutzen haben.

Eine junge Familie übernahm das Haus der (Schwieger-)Eltern nach deren Auszug. Und es war ihnen gelungen, das komplett überfüllte Haus auszuräumen und nach ihren eigenen Vorstellungen eher minimalistisch einzurichten.

Einige Jahre später klagte die Familie wieder über ihr übervolles Haus, das inzwischen aus allen Nähten platze. Sichtlich unzufrieden damit kam die Frau auf mich zu, da sie endlich etwas ändern wollte.

Sicher hat diese Anhäufung von Gegenständen sehr viel Geld gekostet. Verwendet wurden die allermeisten davon kaum oder nur für kurze Zeit. Danach sind sie überflüssige

Raumfüller, die uns von den wirklich wichtigen und nützlichen Dingen ablenken. Sie machen es uns sogar schwerer, an benötigte Gegenstände heranzukommen, wenn man einmal an Schränke und Schubladen denkt, die bis zum Anschlag gefüllt sind.

Darum reicht es eben nicht aus, sich von Dingen zu trennen. Um nachhaltig nur die Dinge zu kaufen, die wir auch wirklich benötigen oder an denen wir eine echte und länger anhaltende Freude verspüren, ist es wichtig, dass wir ein Bewusstsein dafür entwickeln, was wir tatsächlich auch zukünftig nutzen werden.
(Die Anregungen aus dem Kapitel zur Kleiderschrankoptimierung können diesbezüglich sicher nützlich für Sie sein. Schließlich sparen Sie so auch mehr Geld.)

Wenn Sie erkannt haben, dass Sie manche, einige oder sogar sehr viele Dinge, die Sie besitzen, gar nicht (mehr) nutzen, kann vielleicht ein Mensch in Ihrer Umgebung diese gut gebrauchen. Auch etwas, von dem Sie selbst denken, dass es niemand haben will, findet meistens immer noch einen glücklichen Abnehmer.

> **Überlegen Sie auch, wem Sie vielleicht etwas, das für Sie keinen Mehrwert bietet, verkaufen können. Über eBay-Kleinanzeigen ist das problemlos möglich. Dort kann auch jemand anderes für Sie den Artikel einstellen und Ihre Telefonnummer angeben, dann melden sich die Interessenten bei Ihnen. So lässt sich sogar ein wenig Geld verdienen.**

Wann es sich lohnt, Geld auszugeben

„Wer kein Geld hat, hat immer noch mehr als der,
der Schulden hat."
– Thomas Anton Senn –

Es gibt eine goldene Regel, die sämtliche Finanzprofis empfehlen, wenn diese ehrlich sind und Ihnen keinen Kredit-, Leasing- oder Ratenzahlungsvertrag anbieten wollen. Wenn diese Ihnen etwas verkaufen wollen, werden sie es jedoch wohl eher verschweigen …

> **Verzichten Sie komplett darauf, Kredite für Konsumgüter aufzunehmen!**
>
> **Selbst bei Investitionsgütern, wie einer Immobilie, sollten Sie sich sehr gut überlegen, ob Sie sich Geld dafür leihen.**

Egal, wie viel oder wenig Geld Sie haben, Profiteur der Kreditaufnahme ist lediglich die Stelle, die Ihnen den Kredit gewährt. Die Zinsen zahlen Sie.
Ich will es einmal anhand eines bewährten und äußerst nützlichen Hilfsmittels im Haushalt verdeutlichen: In unserer Gesellschaft, in der jeder alles hat bzw. vermeintlich haben muss, ist es für viele zum Beispiel unvorstellbar, ohne Geschirrspülmaschine auszukommen. Machen Sie sich diesbezüglich einmal bewusst, dass es vor einem Jahrhundert

überhaupt erst die erste Geschirrspülmaschine für private Haushalte gab. Selbstverständlich war der Einsatz einer solchen auch lange Zeit danach noch nicht der Standard in unserer Gesellschaft. Meine Großeltern hatten ihr Leben lang keine Geschirrspülmaschine und kamen so gut zurecht. Ich selbst kam erst nach dem Zusammenziehen mit meinem damaligen Freund mit Mitte zwanzig in den Genuss einer Geschirrspülmaschine. Die Jahre davor, in denen ich bereits einen eigenen Haushalt führte, hatte ich, selbstverständlich, mein Geschirr von Hand gespült – was auch heute noch viele Menschen, vor allem in Einpersonenhaushalten, tun.
Dennoch kann eine Geschirrspülmaschine, wenn richtig und verantwortungsvoll genutzt, selbst in ökologischer Hinsicht sinnvoll sein. Da ich sehr gerne und häufig koche, ist sie auch für mich eines meiner liebsten Hilfsmittel im Haushalt. Dennoch würde ich, wenn ich finanziell nicht die Mittel hätte, auch darauf verzichten können. Sich für solch ein zwar nützliches Gerät, das aber auch ein Luxusartikel ist, zu verschulden, lohnt sich meiner Meinung nach überhaupt nicht. Auch Urlaubsreisen möchte ich in diesem Zusammenhang noch erwähnen. Tatsächlich gibt es Menschen, die Jahr für Jahr wieder für ihre Urlaubsreise im kommenden Jahr einen Kredit aufnehmen. Dies würde wirklich nur Sinn ergeben, wenn Sie dafür einen Frühbucherrabatt erhalten, der die Kreditzinsen komplett aufwiegt oder sogar noch toppt. Wissen Sie das im Voraus?
Was also tun, wenn man nun einen materiellen Wunsch hat, das notwendige Geld dafür aber – zumindest im Moment – nicht zur Verfügung steht?
Meine Antwort: Verzicht üben!

Da ist es wieder, das unbeliebte Wort „Verzicht". Doch ich kann nur wiederholen: „Befreien Sie sich vom Negativimage des Verzichts."

Wenn Sie sich etwas wünschen, es jedoch so teuer ist, dass Sie es sich derzeit nicht leisten können, haben Sie, meiner Meinung nach, zwei Möglichkeiten:
Entweder Sie verzichten auf das, was Sie gerne kaufen wollten. Oder Sie sparen so lange, bis Sie über das dafür notwendige Geld verfügen können. Vielleicht verzichten Sie dabei sogar zusätzlich auf den ein oder anderen nicht wirklich notwendigen Kauf in dieser Zeit, um Ihr Ziel schneller zu erreichen, was ein positiver Nebeneffekt wäre (vgl. Kapitel „Verzicht zugunsten des Wesentlichen" unter „Wie viel Mehrwert erreiche ich damit?").

Am besten ist es natürlich, wenn Sie nach dem Motto verfahren: „Früher für später vorsorgen". Meine eigene Strategie, mit der ich mein Leben lang bereits sehr gut fahre, ist Folgende: Ich spare monatlich einen Teil meines Einkommens. Wenn ich einmal sehr wenig Geld zur Verfügung habe, eben weniger. Das Geld kommt dann auf ein Konto, dass ich nicht anrühre, bis ich einmal eine größere Anschaffung tätigen möchte, die mir sehr wichtig oder dringend notwendig ist.
Kurz gesagt also: Ansparen für ein Sicherheitspolster. So habe ich dann immer das notwendige Geld zur Verfügung, wenn ich einen Herzenswunsch habe oder eine unvorhergesehene Ausgabe fällig wird.

Bewegung im Raum

… oder mehr Raum für Bewegung

Seit ich denken kann, bin ich ein absoluter Bewegungsmensch. Äußerungen meiner Familienmitglieder wie: „Die klettert an der glatten Wand hinauf" (was natürlich einer Übertreibung entspricht, sonst wäre ich jetzt Artistin), „Sie verbrennt die Kalorien bereits während des Essens", „Sie kann dem Teufel die Ohren weglaufen" (Sprichwort aus meiner Ursprungsumgebung) oder später eines DJs aus meiner Lieblingsdisco: „Das sah so aus, als hättest du drei Ecstasy eingeschmissen – und dann ab auf die Tanzfläche" (hatte ich nie) beschreiben es ganz gut.

Auch heute noch bin ich sehr freudig dabei, wenn sich die Möglichkeit bietet, mich zu bewegen: Bei meiner Tätigkeit im Vertriebsaußendienst hielt ich immer wieder gerne an einem Wanderparkplatz an, um meine Pause bei einem Spaziergang in der Natur zu verbringen.
Auch Hüpfburgen und Trampoline lasse ich nur selten aus. (Ungeachtet dessen, dass die Durchschnittsgröße der anderen Teilnehmer bei ca. einem Meter liegt – leicht bin ich ja.)
Das Barfußgehen habe ich im Zuge meiner Aktion für gesunde Füße angefangen und führe es weiter fort.
Das Wandern in Achtsamkeit praktizierte ich zunächst für mich allein, später mit Angehörigen und Freunden, um es schließlich zu meiner Berufung zu machen, den Menschen in der Natur

durch Bewegung in Achtsamkeit zu verhelfen. So lernen sie, die Verbindung zu ihrem Körper und der Natur wieder zu spüren.

Bereits häufiger wurde mein Bewegungsdrang auch mit Vorurteilen von Menschen kommentiert, die mich zum Nachdenken brachten ...
Grundsätzlich liebe ich es, mich zu bewegen. Wenn dies einmal für längere Zeit nicht der Fall ist, geht es mir körperlich und seelisch einfach nicht gut. Dabei bewege ich mich zudem eher schneller fort als viele andere Menschen. Teilweise laufe (bzw. für die Schwaben unter Ihnen: renne) ich gerne nicht nur beim Joggen, sondern auch auf meinen täglichen Wegen.

Hin und wieder bin ich auch auf meinen Wegen in meinem Wohnort im Lauftempo unterwegs.
Dabei passiert es mir immer wieder, dass Menschen mich fragen, ob ich es eilig hätte. Dies ist jedoch in den allerwenigsten Fällen so. Manchmal habe ich zum Beispiel meine Turnschuhe an, die ich vorwiegend fürs Joggen gekauft hatte. Diese laden geradezu dazu ein, sich schneller zu bewegen, also zu laufen.
Bei einem Kongress in München urteilte einer unserer damaligen Geschäftspartner, als er mich gesehen hatte, wie ich den Weg vom Fahrzeug zur Ausstellungshalle laufend zurückgelegt hatte, ich sei sehr gestresst – was in diesem Fall definitiv nicht so war. Und eigentlich sieht man einem Menschen diesen Unterschied auch im Gesicht an. Jedoch kam er wahrscheinlich gar nicht darauf, dass jemand rein aus Freude am Laufen rennen könnte. Abgesehen davon hatte ich

mich mit meinem Lauftempo unkonventionell verhalten, was bei vielen Menschen meistens Argwohn hervorruft.

Bereits als Kind rannte ich gerne. Zum Beispiel den Weg zu meinen Großeltern, die in der gleichen Ortschaft lebten, und nach Hause. Überhaupt bewegte ich mich ziemlich viel, was bei Kindern übrigens durch den natürlichen Bewegungsdrang ganz normal ist, wenn er ihnen nicht abtrainiert wird.

Immer wieder fällt mir auf, dass Erwachsene Kinder dazu auffordern, sitzen bzw. stehen zu bleiben, nicht mit den Beinen zu baumeln oder sich nicht aus einer Neugier heraus vom vorgegebenen Weg wegzubewegen. So gefährlich es auch sein kann, wenn ein Kind seine Bewegungsräume erweitert und sich zum Beispiel im Klettern ausprobiert, und so anstrengend es manche Erwachsene auch empfinden mögen, wenn das Kind sein eigenes Tempo geht und nicht im Buggy geschoben werden will – für das erwartungsgemäß lange Leben, welches das Kind noch vor sich hat, ist eine solide bewegungsmotorische Grundlage für seinen Körper sehr wichtig. Diese Basis schaffen wir gerade im Kindesalter. Auch wenn es im fortgeschrittenen Alter ebenfalls jederzeit möglich ist, seine körperliche Beweglichkeit, Ausdauer und Kraft zu steigern, fällt uns dies deutlich leichter, wenn wir die Strukturen in unserem Körper früher im Leben bereits einmal dahingehend trainiert haben.
Bei meinen Patienten aus der Physiotherapiepraxis konnte ich immer wieder feststellen, dass ehemals sportliche Menschen sich deutlich leichter taten, wenn es darum ging, Körperübungen durchzuführen und auch schneller wieder fit

waren. Das war selbst dann so, wenn die letzte sportliche Betätigung des Patienten bereits sehr viele Jahre her war.

Als Physiotherapeutin habe ich auch immer wieder gemerkt, dass es bei meinen Patienten vorwiegend darauf ankommt, dass sie Freude an der Bewegung haben und dass es einen starken Antrieb braucht, damit sie sich regelmäßig bewegen. Die beste Übung, das beste Training bringt also keinen nachhaltigen Erfolg, wenn nicht starker Antrieb und Freude Regelmäßigkeit fördern.
Darum ist es wichtig, dass jeder für sich seine Lieblingsbewegung, seinen Lieblingssport, sein Lieblingstraining findet.

So wie in anderen Bereichen gilt auch beim Thema Bewegung: Tun Sie es mit Freude und tun Sie es achtsam.

Was Bewegung angeht, ist auch immer wieder mangelnde Zeit ein Faktor, der als Begründung genannt wird, wenn jemand sich nicht bewegt. Seltener wird auch schlichtweg Bequemlichkeit genannt. Natürlich muss sich niemand bewegen, niemand kann und sollte Sie dazu zwingen. Doch wird wohl kaum ein Mensch mir widersprechen, wenn ich sage, dass es Ihrer Gesundheit zuträglicher ist, wenn Sie sich regelmäßig bewegen.

Sich durch Bewegung fit zu halten, ist auch für Menschen möglich, die in ihrer Mobilität, wie auch immer geartet, eingeschränkt sind. Wichtig ist, dass wir stets das tun, was möglich ist, ohne uns selbst zu überfordern.

Auch und gerade für Menschen, die vermeintlich gar keine Zeit übrig haben, gilt das ebenso. Vielleicht streichen Sie einfach ein paar Termine, die für Sie nicht wirklich wichtig und gut sind, und tun Ihrem Körper an deren Stelle etwas Gutes, indem Sie sich bewegen.

Über den Verzicht auf Aktivitäten, die uns nicht guttun, habe ich in diesem Buch bereits einiges geschrieben. Dabei liegt es teilweise auch an der Gestaltung unserer Aktivitäten, die sich sowohl zu unserem eigenen als auch zum Wohl aller Beteiligten verändern lassen.

Wenn Sie zum Beispiel mit jemandem, mit dem Sie gerne Ihre Zeit verbringen, in einem Café oder zu Hause verabredet sind, schlagen Sie doch einmal vor, gemeinsam einen Spaziergang zu unternehmen. Dabei können Sie sich auch wunderbar austauschen und ganz nebenbei bewegen Sie sich noch und tun Ihrem Körper dabei etwas Gutes.

Raum für Bewegung schaffen und nutzen

Vor allem für Menschen mit eher geringen finanziellen Mitteln, eingeschränkter Mobilität und/oder einem knappen Zeitbudget bietet es sich an, dass sie sich für zu Hause ein – wie auch immer geartetes – Work-out wählen. Über das Internet können Sie, zum Beispiel auf YouTube, auf zahlreiche Angebote zurückgreifen.

Sei es Tai Chi, Chi Gong, Power-Yoga, Step Aerobic, Bodyforming oder Zumba, um nur einige zu nennen.

Dies funktioniert auch auf Geschäftsreisen wunderbar, da mittlerweile in fast jedem Hotel eine WLAN-Internetverbindung angeboten wird. Haben Sie bei Ihren Reisen bequeme Schuhe dabei oder nutzen Sie die Möglichkeit, einmal barfuß zu gehen, funktioniert es auch stets mit einem Spaziergang.

Meine eigene Wohnungseinrichtung ist so konzipiert, dass ich schnell und unkompliziert so viel Raum schaffe, dass es für einen Wiener Walzer – natürlich zu zweit – ausreicht.

Damit Sie Platz für Ihr Workout schaffen, können Sie Ihre Möbel teilweise anders anordnen, in einen anderen Raum bringen oder sich gleich ganz von diesen verabschieden. Ganz egal, wie viel Platz Sie in Ihrem Wohnraum haben wollen: Je mehr Raum Sie schaffen, desto freier können Sie sich und die Dinge, die Sie im Moment interessieren, darin ausbreiten. Ob es nun eine spontane Tanzeinlage oder eine Bastelaktion ist oder Sie Ihre Pflanzen umtopfen: Es geht alles schneller und leichter, wenn Sie sich nicht jedes Mal erst Platz dafür schaffen müssen. Auch finden mehr Menschen darin Platz, was gerade dann praktisch ist, wenn Sie sich Gesellschaft wünschen oder es etwas zu feiern gibt.
Sie erinnern sich? Mehr wertvolle Sozialkontakte = mehr Zufriedenheit im Leben.

Was benötigt zum Beispiel in Ihrem Wohnzimmer den meisten Platz?

Wenn Sie Ihre Couch und den dazugehörigen Tisch herausnehmen, haben Sie mindestens drei Quadratmeter mehr Platz. Meistens ist es deutlich mehr.

... So können Sie dann bequem Ihre Yogamatte ausbreiten, eine Schrittabfolge fürs Tanzen einüben, ein morgendliches Work-out wie Step Aerobic oder Powerplate durchführen ... Tun Sie, wonach auch immer Ihnen der Sinn steht, aber bewegen Sie sich!

Noch ein Vorteil dabei: Wenn Sie keine Couch mehr besitzen, können Sie auf dieser auch nicht versacken. Ihre Muskeln bleiben aktiver oder Sie merken, wenn diese müde sind, und legen sich gleich in Ihr Bett, wo Körper *und* Geist Ruhe finden. Nicht so wie beim Medienkonsum im Sitzen auf der Couch und der Berieselung durchs Fernsehen.
Wo und wie auch immer Sie sich bewegen: Bleiben Sie beweglich!

Bewegung im Freien

Wenn Sie sich etwas ganz besonders Gutes tun möchten, bewegen Sie sich draußen in der Natur. Die Bewegung im Freien ist mehr als Kraft, Beweglichkeit und Ausdauer. Sie stärkt zudem unsere Abwehrkräfte.

Gehen wir alleine spazieren, befreien wir uns von Stressoren, senken Stresshormone, bekommen den Kopf wieder frei, bringen unser Herz-Kreislauf- und Lymphsystem wieder in Schwung, damit Schlacken ausgeschwemmt werden können, bewegen unsere Muskeln, sodass diese wieder kräftig und elastisch werden – um nur einige der Vorteile zu nennen, die uns zwar eigentlich bekannt sind, die wir uns jedoch selten bewusst machen.

Im Freien erschließt sich uns ein unendlicher Raum. Machen wir uns das bewusst, werden wir auch innerlich frei.

Um die Natur auf uns wirken zu lassen, benötigen wir kaum etwas. Gleichzeitig hat die Natur eine positive Wirkung auf unser gesamtes System. So wie es uns – wie bereits erwähnt – gezeigt wird, wenn wir das Wort „Freiheit" googeln und auf den meisten Bildern ein Mensch allein, meist in der Natur, mit ausgebreiteten Armen gezeigt wird. Also zeigt uns die größte und bekannteste Suchmaschine der Welt den Schlüssel zur Freiheit. Diesen dürfen wir in diesem Fall auch gerne zu unseren Gunsten nutzen. Wenn wir satt sind, ausreichend Schlaf und witterungsentsprechende Kleidung haben, können wir unsere Zeit eigentlich durchgehend im Freien – in Freiheit – verbringen.
Diesbezüglich freut es mich auch immer wieder, die zahlreichen Waldkindergärten zu sehen. Es gibt sogar ein Konzept, bei dem die Kinder ausschließlich im Freien betreut werden. (Für das Immunsystem gibt es sicher kaum etwas Besseres.)

Auch dass der Mensch auf den Bildern, die bei Google zum Stichwort „Freiheit" auftauchen, meist alleine zu sehen ist, weist symbolisch das Richtige aus. Nur wenn wir hin und wieder alleine sind, Entscheidungen alleine treffen, uns mit unseren Gedanken und Gefühlen bewusst auseinandersetzen, können wir unseren Raum einnehmen, den wir benötigen, um die Dinge zu tun, die richtig und gesund für uns sind.
Sind andere Menschen um uns, lassen wir uns nur allzu leicht ablenken, projizieren auf sie die Verantwortung dafür, dass es uns heute gut oder schlecht geht, gehen Kompromisse ein, die uns häufig nicht guttun. Darum ist es wichtig, dass jeder Mensch möglichst jeden Tag einige Zeit für sich alleine beansprucht. Danach ist es dann umso schöner, wenn wir uns wieder mit den Menschen, die uns lieb sind, in echter Begegnung treffen.

Der Weg zum Glück

... auch das Glück liegt auf dem Weg

„Echtes Glück bedeutet,
dass man sein Unglück annehmen kann.
Je mehr man nach Glück strebt,
desto unglücklicher fühlt man sich.
– Muhō Nölke –

Glücklich zu sein ist, was wohl die meisten Menschen sich wünschen.
Zufriedenheit und Dankbarkeit sind die Schlüssel, die uns die Tür zu diesem Glück öffnen. Doch was lässt uns dankbar und zufrieden sein? Wir haben doch scheinbar alles und doch spüren wir eine Unruhe, eine Last, sind selten dankbar und kaum zufrieden.
Es gibt drei Dinge, die in der Glücksforschung stets in den oberen Rängen für maximale Zufriedenheit und Glück rangieren:

1) gute Beziehungen zu anderen Menschen,
2) soziales Engagement,
3) sinnvolle Tätigkeiten.

Darum mein Appell an Sie: Pflegen Sie Ihre wertvollen Beziehungen! Helfen Sie anderen/engagieren Sie sich für die gute Sache. Gehen Sie einer sinnvollen Tätigkeit nach ... für mehr Sinn in Ihrem Leben.

Wenn man eine Rangliste dessen aufstellt, was uns zufrieden und glücklich macht, stehen ganz oben unsere sozialen Beziehungen. Diese sind nicht nur als Kind existenziell wichtig für uns. (Ein Baby stirbt, wenn es – neben der hygienischen Versorgung und Nahrung – keine Zuwendung bekommt.) Gute soziale Beziehungen verbessern unser Wohlbefinden und stärken so unsere körperliche und geistige Gesundheit.

Auch dass wir anderen Menschen helfen oder uns für eine gute Sache wie Umweltschutz, Tierschutz etc. einsetzen, gibt uns ein gutes Gefühl und macht uns zufriedener.

Gehen wir einer von uns als sinnvoll erachteten (beruflichen) Tätigkeit nach, führt dies nicht nur dazu, dass wir zufrieden mit der Arbeit an sich sind. Eine als sinnvoll erachtete Tätigkeit bewahrt uns vor Burnout, auch wenn das Arbeitsaufkommen hoch ist oder wir umgekehrt unterfordert sind.

Wertvolle Beziehungen pflegen

Wenn es um die Pflege unserer zwischenmenschlichen Beziehungen geht, ist es besonders wichtig, dass wir diejenigen klar priorisieren, die uns weiterbringen und guttun.

Wenn uns die Begegnung mit einem Menschen Energie raubt oder uns sogar regelrecht leiden lässt, ist es sicher besser, wenn wir diese hintanstellen. Vielleicht kennen Sie auch Menschen, die in Ihren Sorgen, Ängsten und allen möglichen Ereignissen verstrickt sind, also immer wieder die immer gleichen Probleme aufwärmen und selten einen Ansatz für eine Lösung finden, geschweige denn Lösungsansätze von anderen annehmen. Wir sind bei solchen Menschen häufig versucht, ihnen unsere Hilfe anzubieten und möchten zur Lösungsfindung beitragen. Schließlich wollen wir gerne helfen, und jedem von uns geht es hin und wieder mit einem Problem ähnlich. Wir hören dann zu, versetzen uns in die Lage des anderen, zeigen, dass wir für ihn da sind. Doch das alles hilft nichts. Selbst wenn sich eine Situation zum Positiven wendet, wird dies von diesen Menschen kaum angenommen. Schließlich taucht umgehend ein neues Problem auf, wenn das alte verschwunden ist. Es verändert sich nichts, da diese Menschen stets das Problem im Außen suchen, anstatt in sich selbst hineinzuhören. Anstatt vor ihrer eigenen Türe zu kehren. In so einem Fall ist es wichtig, dass wir zu der realistischen Einschätzung kommen, dass es besser ist, sich zu distanzieren. Zumindest so weit, dass wir insgesamt gestärkt aus unseren zwischenmenschlichen Begegnungen herausgehen. Dies vor allem auch, da es Menschen in unserer Umgebung gibt, die wirklich offen und dankbar für unsere Hilfe sind.

Ein Trugschluss, dem viele Menschen zudem unterliegen, ist nämlich, dass sie schlechte Menschen sind, wenn sie sich bei jemandem, dem es offensichtlich nicht gut geht, nicht regelmäßig melden. Dabei ist es so, dass Sie zunächst einmal nicht allen Menschen helfen können, wie oben beschrieben. Auch ist es wichtig, dass es vorrangig Ihnen selbst gut geht und Sie ausgeglichen und zufrieden sind, damit Sie überhaupt zu einer Bereicherung für andere werden können.

> **Pflegen Sie darum vor allem die Beziehung zu sich selbst. Sorgen Sie gut für sich und dafür, dass es Ihnen gut geht.**
>
> **Danach sollten Sie vor allem Beziehungen pflegen, die auf Augenhöhe stattfinden. Die Ihnen im gegenseitigen Austausch vermehrt Freude bereiten, Sie weiterbringen und aus denen Sie gestärkt hervorgehen.**
>
> **Also kümmern Sie sich um die Menschen, die Ihnen wirklich guttun. Treffen Sie sich mit allen Menschen, die für Sie wertvoll sind, regelmäßig ... und sagen Sie dafür nicht so wichtige und für Sie belastende Termine ab.**

Helfen Sie anderen oder engagieren Sie sich für eine sinnvolle Sache

Wie zu Beginn dieses Kapitels angedeutet, kann es eine große Bereicherung für uns sein, anderen Menschen zu helfen. Wenn Sie gut für sich sorgen, werden Sie merken, dass Sie auch die Energie erhalten, um anderen Menschen zu helfen, die Hilfe benötigen. Ja dies macht es erst möglich, dass Sie offen sind, um überhaupt erst zu sehen, wem Sie helfen können.

Aber auch, wenn Sie sich bewusst für eine andere, nach Ihrem Empfinden gute Sache engagieren, wirkt sich das positiv auf Ihr eigenes Wohlbefinden aus.

Die meisten Vereine in Deutschland freuen sich sehr über engagierte Mitstreiter. Wenn Sie zum Beispiel einen Sportverein für Kinder und Jugendliche unterstützen möchten, da Sie solche Einrichtungen für wichtig halten, tun Sie etwas sehr Gutes für unsere Kinder, also letztendlich für unsere Gesellschaft.

Vielleicht gehören Sie ja sogar zu den Menschen, die sich beruflich für etwas Gutes engagieren. In Pflegeberufen, bei vielen Stiftungen und NGOs (Non-Profit Organisationen) ist das der Fall.

Denken Sie bitte auch immer daran, dass Sie sich nicht gleich einer Organisation anschließen müssen. Auch im nachbarschaftlichen Bereich können Sie Menschen unterstützen, die weniger Möglichkeiten haben als Sie. Zum Beispiel kann es einem Menschen helfen, wenn Sie ihn mit Ihrem Fahrzeug an ein Ziel bringen, das mit den öffentlichen Verkehrsmitteln nur sehr schwer erreichbar ist. Auch können Sie für jemanden, der nicht mehr so mobil ist, einkaufen gehen. Besser ist es bei Letzterem sogar, wenn Sie sich die Zeit nehmen und gemeinsam mit diesem Menschen einkaufen gehen. So bleibt er mobil und erhält doch mehr Sicherheit durch Ihre Unterstützung.

Soziales Engagement möchte ich hier im weiter gefassten Rahmen darstellen. Von kleinen zwischenmenschlichen Gesten, wie zum Beispiel jemandem die Türe aufhalten, über Vereinsarbeit, Mitarbeit bei Umweltschutz und Tierschutzaktionen, aktive Mitarbeit beim Deutschen Roten

Kreuz bis hin zur Sterbebegleitung ... Sie können aus einer riesigen Auswahl an Möglichkeiten für Ihr Engagement wählen.

Ich selbst praktiziere, wie Ihnen sicher nicht entgangen sein wird, ein möglichst ökologisches und ressourcenschonendes Verhalten. So unterstütze ich mit meinem Lebensstil, als Konsument und Kunde, gezielt und bewusst, was ich gerne fördern möchte, was wiederum meine Lebenszufriedenheit steigert. Dies durch das Gefühl, selbst etwas bewirken zu können.

Wie für alles gilt auch für Ihr Engagement, dass Sie für sich etwas finden, das Ihnen wirklich Freude bereitet und bei dem Sie sich selbst für die Sache, die Sie für unterstützenswert halten, einbringen können.

Leben Sie im Moment

Immer wieder haben wir Dinge im Kopf wie:
- Ziele, die wir erreichen wollen,
- Termine, die es einzuhalten gilt,
- Begebenheiten, über die wir uns geärgert haben.

Dabei sind wir nicht bei dem, was wir gerade tun. Wir leben dann nicht in der Gegenwart, sind nicht bei uns, sondern mit unseren Gedanken an einem ganz anderen Ort und in einer anderen Zeit. Das bringt uns von uns selbst weg. Es hält uns davon ab, den Moment zu genießen und die schönen kleinen oder manchmal auch großen Dinge zu sehen, die sich derzeit direkt vor unserer Nase befinden. (Im Moment, in dem ich das schreibe, schaue ich unwillkürlich aus dem Fenster und beobachte das Prasseln starken Regens. Meine Augen richten sich weg vom Bildschirm, hin nach draußen, ich atme einmal tief durch, halte inne in meinem Tun. So entspannt sich meine Muskulatur, mein Körper erhält einen Sauerstoffschub, meine Augen erholen sich.) Probieren Sie es auch einmal aus. Ich stelle mir vor, wie Sie jetzt beim Lesen innehalten, in die Ferne sehen ... und muss unwillkürlich lächeln – vielleicht auch Sie?

Machen Sie sich bewusst, dass Ihr Leben immer nur im Hier und Jetzt stattfindet. Dass es nur im Hier und Jetzt stattfinden kann.

Natürlich ist es nützlich und auch durchaus wichtig, für die Zukunft vorauszuplanen. Für viele Ereignisse, für die Arbeit und das Zusammenleben mit anderen Menschen ist eine gewisse Planung erforderlich.
Mir geht es hier jedoch um Ihr Gefühl. Das Bewusstsein für den Augenblick. Wenn wir bewusst und konzentriert im Augenblick leben, stehen unsere Sorgen und nicht so schönen Erlebnisse der näheren oder ferneren Vergangenheit hintan. Auch Zukunftsängste kommen so gar nicht erst auf, da wir uns auf das konzentrieren, was wir eben jetzt, im Moment, tun können.

Akzeptieren was ist

Die Akzeptanz der Situation, in der Sie sich gerade befinden, soll nicht bedeuten, dass Sie sich hilflos in Ihr Schicksal ergeben. Vielmehr geht es darum, die aktuelle Situation klar zu sehen und anzuerkennen. Diese ist eben nun einmal so, wie sie ist. Dabei hilft es nicht, sich etwas schönzureden, jedoch hilft es ebenso wenig, es zu dramatisieren. Wenn Sie sich als Opfer Ihres Umfeldes wahrnehmen, schadet es gar Ihrem Selbstbewusstsein und schwächt Sie.

Darum ist es wichtig, dass Sie sich nun die Inspirationen, die Sie in den ersten Kapiteln dieses Buches gewonnen haben, zu Herzen nehmen: Nehmen Sie achtsam wahr, was ist, und machen Sie sich Ihre Situation ehrlich bewusst. Anschließend ist es wichtig, dass Sie sich von Vorstellungen, wie es eigentlich sein sollte, und Ihrem Leiden lösen. Sehen Sie den Tatsachen ins Auge, holen Sie sich gegebenenfalls Hilfe – und handeln Sie.

Zudem ist das Akzeptieren der Ist-Situation ein wichtiger Faktor für Resilienz. Es trägt also dazu bei, dass Sie Lebenskrisen besser meistern, was schließlich zu mehr Lebenszufriedenheit führt. Sie beeinflussen damit also direkt Ihr Lebensglück.

Als ich mich neulich mit einer ehemaligen Nachbarin unterhielt, war ich regelrecht verblüfft ob einer Erkenntnis, die ich zwar bereits erlangt hatte, die mir bis dato jedoch noch nie so klar bewusst war: *Ich hatte die ehemalige Nachbarin zufällig getroffen. Diese ist inzwischen weit über 70 und vor zwei Jahren wieder in ihre Heimatstadt, zwei Ortschaften weiter, gezogen. Sie erzählte mir, dass Sie dennoch immer wieder mit dem Bus in unseren Ort käme, um Freunde zu besuchen. Da ich noch nicht sehr erfahren bin, mit den Verbindungen der öffentlichen Verkehrsmittel in diese Richtung, hakte ich nach, ob diese gut seien.*

„Ja, einwandfrei", teilte sie mir voller Inbrunst mit. „Ich fahre bis an den Bahnhof und muss nur eine halbe Stunde warten, bis der Anschlussbus eintrifft. Ich schau dann immer den Leuten zu und das ist immer interessant."
Da war ich baff. Sie müssen wissen, dass man diesen Weg mit dem Auto in 15 Minuten zurücklegen würde. Selbst im stockenden Verkehr oder Stau würde es eher nur 30 Minuten dauern. Also die reine Wartezeit auf den Anschluss. Mit den öffentlichen Verkehrsmitteln dauert es also über eine Stunde, bis man von der einen in die andere Ortschaft gelangt. Als ich die Aussage der ehemaligen Nachbarin hörte, wurde mir bewusster denn je, wie sehr doch die eigene Einstellung zu den Gegebenheiten, die wir vorfinden, die Qualität unseres jeweiligen Erlebens beeinflusst.

Führen Sie einmal Folgendes Gedankenexperiment durch:

Sagen Sie laut zu sich selbst:
„Ich habe nichts"
oder
„Ich habe viel weniger als vorher".

Wie fühlen Sie sich dabei?

Dann sagen Sie sich:

„Ich gewinne viel Zeit",
„Ich habe viel Freiraum",
„Ich habe alles, was ich brauche",
„Ich genieße, was ich habe"
oder
„Ich genieße, was ich tue".

Wie fühlen Sie sich jetzt?

Unsere Einstellung und unsere Glaubenssätze sind für unsere jeweilige Sicht auf die Dinge entscheidend. Dies ist auch der Grund, warum jede Situation von jedem Menschen individuell anders empfunden wird. Was für einen Menschen schlimm oder schlecht ist, ist für einen anderen eben nicht schlimm. Was für einen Menschen ein Problem darstellt, ist für einen anderen gar keines.
Wo einer eine Gefahr sieht, ist diese für einen anderen kaum bis gar nicht vorhanden.
Unsere Einstellung beeinflusst auch, wenn wir krank sind, entscheidend unseren Krankheitsverlauf sowie den Heilungsprozess. Selbst wenn es darum geht, ob wir überhaupt erkranken, lässt sich das mit unserer Einstellung und Stimmung beeinflussen. Sind wir eher gestresst und geht es uns nicht gut, werden wir eher eine durch Viren oder

Bakterien verursachte Erkrankung bekommen, als wenn wir entspannt sind und es uns auch mental gut geht.

Zugegebenermaßen ist es gar nicht so einfach, den Einstieg für eine Veränderung der eigenen Einstellung zu bekommen. Einstieg schreibe ich deshalb, da ich mir sicher bin, dass jeder, der es einmal geschafft hat, seinen Blickwinkel zu verändern, dies auch wieder schafft, da er auf die positive Erfahrung zurückgreifen kann, dass es überhaupt möglich ist.
Wenn Sie gerne einmal eine andere Sicht auf Ihre eigenen Denkmuster werfen beziehungsweise diese verändern möchten, dann kann Ihnen eine Verhaltenstherapie oder ein Coaching helfen.
Eine Verhaltenstherapie richtet sich übrigens nicht, wie der Name vermuten lässt, lediglich auf Ihr Verhalten aus. Auch geht es dabei nicht nur darum, pathologische, also krankhafte, Verhaltensweisen zu verändern. Sondern es ist hier wie sonst auch häufig: Die Veränderung für mehr Wohlbefinden beginnt im Kopf. Also findet diese in Ihrem Denken statt.
Ob Sie also einen Therapeuten oder einen Coach aufsuchen oder sich selbstständig informieren, wie Sie lernen, Ihre Gedankenmuster zu hinterfragen und zu ändern – wie auch immer Sie vorgehen: Sie werden überrascht sein, wie sich Ihr Leben nur aufgrund Ihrer veränderten Einstellung zu den Umständen und Zukunftserwartungen verändert.
„Ich mach mir die Welt, wie sie mir gefällt." Der berühmte Spruch von Pippi Langstrumpf ist tatsächlich korrekt, weil er durchaus machbar ist. Eben, indem Sie Ihre Gedankenmuster verändern.

… Und wenn Sie Ihre Einstellung zu einer Situation partout nicht ändern wollen, diese Ihnen jedoch nicht gefällt, dann bleibt Ihnen immer noch, die Situation selbst zu ändern, ganz nach dem Zitat von Aristoteles: „Wir können den Wind nicht ändern, aber die Segel anders setzen."

Tun Sie, was für Sie stimmig ist

Vielleicht haben Sie Angst, dass Sie, wenn Sie etwas Neues beginnen oder Ihr Verhalten ändern, dabei keine gute Figur abgeben. Aber ist es das wert, dass Sie auf die Freude und etwas verzichten, das Ihnen guttut?
Auch wenn Sie sich gerne nach dem richten, was andere tun: Was für jemand anderen gut ist, muss für Sie nicht förderlich sein oder schadet Ihnen vielleicht sogar. Darum sollten wir uns auch nie allzu sehr nach anderen Menschen und deren Vorlieben richten. Es ist äußerst unwahrscheinlich, dass Ihnen ein anderer Mensch in allem entspricht. So also auch nicht in dem, was Ihnen zuträglich ist, Sie gar erfüllt.
Auch der Vergleich mit anderen bringt uns häufig eher von dem weg, was für uns selbst stimmig ist. So wichtig andere Menschen für uns auch sind. Wenn wir uns mit ihnen vergleichen, laufen wir Gefahr, in einigen Punkten schlechter abzuschneiden als diese. Selbst wenn es sich dabei um rein oberflächliche Vergleiche handelt, bleibt uns doch das schale Gefühl der Unvollkommenheit unserer selbst.
Im Vergleich mit anderen schauen wir meistens auf Äußerlichkeiten, wie das Materielle, das Aussehen, wie vorzeigbar, also verhaltenskonform die Familienmitglieder sind, wo diese ihren Urlaub verbringen etc.

Bezüglich der Berufstätigkeit gilt jemand als erfolgreich, der in der Hierarchie möglichst weit oben steht und möglichst viel Geld verdient. Vor allem diese Wertung der Berufstätigkeit entspricht nicht den tatsächlichen Werten von Sinn und Wichtigkeit in unserer Kultur und Gesellschaft. Eine Pflegekraft in einer Klinik oder einem Heim ist, vom Sinn und Wert der Arbeit her, viel höher einzuschätzen als ein Betriebswirt, der eine Abteilung leitet. Dies wird jedoch von den meisten Menschen weder monetär noch im Ansehen anerkannt. Erst wenn man, so wie ich mit diesen Zeilen, darauf aufmerksam macht, stimmen die meisten Menschen zu: „Sicher, eigentlich ist dieser Beruf höher einzuschätzen." Die Arbeit einer Pflegekraft ist körperlich deutlich fordernder als die der meisten anderen Berufe, und die Verantwortung, die damit einhergeht, extrem hoch. Schließlich hängen die Gesundheit und das Leben der Menschen, die von der Pflegekraft versorgt werden, von deren Wissen, Handlungen und Empathie ab. Ich selbst schätze auch Putzkräfte sehr. Stellen Sie sich einmal vor, wie es im Supermarkt innerhalb kürzester Zeit aussähe, wenn dort niemand putzen würde. Wie würden unsere Straßen und Plätze aussehen, wenn es nicht Menschen gäbe, die den Müll, der achtlos weggeworfen wird und dort landet, wegräumen würden?

Mir fällt immer wieder auf, dass sehr viele Menschen den Urlaub am Meer, möglichst im Süden, dem in anderen Gefilden vorziehen. Ich selbst hingegen entspanne am besten im Wald, in dem ich immer wieder an kleinen Bächen vorbeikomme und die Vögel zwitschern. Ich bin der Überzeugung, dass die Werbung überhaupt erst viele

Sehnsüchte – zum Beispiel nach dem Meer – weckt. Ich selbst wollte früher immer einmal in die Karibik reisen, da die weißen Traumstrände mit Palmen mir regelrecht paradiesisch erschienen. Das war jedoch sicher von der Hochzeitsreise meiner Tante beeinflusst sowie von wunderschönen Werbebildern im Fernsehen.

Es verhält sich wahrscheinlich ähnlich mit der Fahrzeuganschaffung in einer Einfamilienhaussiedlung. Hier konnte man ab Anfang der 2000er-Jahre auch regelrecht zusehen, wie sich eine Familie nach der anderen ein SUV-Fahrzeug zulegte.

Dabei sind die Gründe dafür mannigfaltig:

„Mein Auto muss einen Anhänger ziehen können", „Der Kinderwagen soll reinpassen", „Ich sollte besser ein- und aussteigen können", „Ich brauche so ein Auto, da ich damit einen besseren Überblick habe", „Wenn Freunde zu Gast sind, müssen diese mit ins Auto passen".

Ich erinnere mich auch gar nicht mehr daran, wie es eigentlich möglich war, in den 80er- und 90er-Jahren des letzten Jahrhunderts, ohne SUV auszukommen. Ich weiß nur, dass es auch funktioniert hat … Und das war damals ganz normal. So wie es heute eben ganz normal ist, SUV zu fahren.

Genau aus diesem Grund sollten Sie sich nicht zu sehr beeinflussen lassen. Sie brauchen eben nichts, nur weil alle anderen es auch haben. Sie müssen nichts tun, weil alle anderen es auch tun. Auch müssen Sie schon gar nicht so sein wie andere oder wie andere es von Ihnen erwarten.

So habe ich mich dafür entschlossen, ohne Auto auszukommen. In den seltenen Fällen, in denen ich eines benötige, leihe ich eben eines. Auch sonst habe ich einigen

Dingen entsagt, da ich mir vorgenommen habe, mit deutlich weniger Geld auszukommen und mich komplett auf die für mich wesentlichen Dinge zu konzentrieren. Dafür ernte ich Unverständnis bei vielen meiner Mitmenschen, auch im privaten Umfeld. Doch das zu tun, ist es, was mir eben entspricht.

So wie ich bereit bin, auf ein Automobil zu verzichten, verzichte ich auch auf Urlaub, Kino-, Opern- und Theaterbesuche, auf neue Kleidung, auf einen großen Teil des Verpackungsmülls, auf Restaurantbesuche und sogar häufig, wenn auch nicht immer, auf Torte von meinem Lieblingskonditor.

Auch praktiziere ich regelmäßig Digital Detox (also verzichte auf digitale Medien und Geräte) an mindestens einem bis zwei Tagen in der Woche. Dadurch gewinne ich:

- eine bessere Selbstwahrnehmung,
- mehr Kreativität,
- mehr Ruhe,
- eine höhere Produktivität,
- mehr Zeit,
- mehr Empathie,
- mehr Hilfsbereitschaft,
- mehr gute Gespräche,
- mehr Bewegung,
- mehr gelebte Zeit,
- mehr Wissen,
- mehr Zufriedenheit,
- mehr Ausgeglichenheit und
- mehr Fokus aufs Wesentliche.

Seien Sie es sich wert und handeln Sie ebenfalls ganz Ihren wahren Bedürfnissen entsprechend. Befreien Sie sich von den Erwartungen und Ansprüchen anderer. Handeln Sie selbstwirksam für Ihr Lebensglück.

Bewusste Konsequenzen konsequenten Handelns

Bei allem, was wir tun, tragen wir die Konsequenzen unseres Handelns letzten Endes selbst. Je nach Rechtsauslegung des Landes, in dem wir leben, kann das zwar rechtlich differieren, aber auf unseren Körper und unsere Psyche bezogen können wir davon ausgehen, dass sich alles, was wir tun, auf uns selbst in irgendeiner Art und Weise unmittelbar auswirkt. Wenn wir sensibel sind und dem nachspüren, fällt uns das auch auf. Und selbst wenn wir verdrängen, was wir spüren, oder dies nicht zulassen wollen, geschieht doch ständig das, was wir selbst mit unserem Tun auslösen. Sei es mit unserer Körperhaltung, sei es mit dem, was wir in uns aufnehmen oder was wir konsumieren.

Wir leben in einer Zeit und in einem Land, in dem die meisten von uns sehr gerne die Verantwortung an andere abgeben. Die Firma, für die wir arbeiten, soll dafür sorgen, dass wir immer mehr Geld und idealerweise auch mehr Freizeit bekommen. Der Arzt soll uns gesund machen. Die Politiker sollen dafür sorgen, dass wir vor Krankheit geschützt sind, sollen unsere Rente sichern, die Mieten deckeln, Sozialleistungen erhöhen, Energieknappheit vermeiden, die Inflation stoppen etc. Wenn wir so denken und die Verantwortung an andere abgeben, geben wir damit jedoch gleichzeitig unsere Handlungsmacht auf. Denn wir sind mitnichten den

Geschehnissen und den Gefühlen, die diese in uns auslösen hilflos ausgeliefert. Auch wenn es uns so vorkommen mag. Wir selbst beeinflussen tagtäglich viel mehr, als wir uns gemeinhin bewusst machen. Wir können selbst bestimmen, ob wir unseren Körper mit der richtigen Haltung stärken, und so auch Muskelverspannungen vermeiden. Je nachdem wie wir unseren Körper bewegen, wie wir sitzen, stehen oder gehen, verändert sich die Muskelspannung. Idealerweise verteilt sich diese auf den ganzen Körper gleichmäßig, sodass wir als Ganzes – was unser Körper ja auch ist – agieren.

Wir können selbst bestimmen, ob wir mit Alkohol oder sonstigen Drogen auf unseren Körper einwirken, um unser Bewusstsein zu verändern. Ob wir unseren Geist berieseln lassen mit seichter Unterhaltung oder gefangen halten mit Krimis und Horrorgeschichten.

Alkohol, Drogen oder andere Süchte und auch das unreflektierte Konsumieren vieler digitaler Medien, führen dazu, dass wir uns von uns selbst ablenken. Das kann hin und wieder sinnvoll sein oder angenehm, mit zunehmender Konsummenge schadet es jedoch mehr, als es gut für uns ist. Vor allem mit Krimis, Horrorgeschichten und der Negativberichterstattung in den Nachrichten werden wir in Bann genommen. Dies löst Emotionen aus, die wir sonst nicht spüren. Vielleicht, weil sich viele Menschen heute überhaupt nicht mehr spüren ... – nicht spüren wollen?

Eine Bekannte machte mir das bei einem Telefonat deutlich: Als ich danach fragte, was der Grund für die Ängste, die sie derzeit habe, sei, meinte sie, sie wolle jetzt nicht darüber sprechen, sondern sie schaue gerade einen Krimi an und wolle sich nicht dabei stören lassen. Ich hatte angeboten, dass sie sich jederzeit anschließend wieder melden könne. Dies ist jedoch nie geschehen.

Die Flucht ziehen viele Menschen der unangenehmen Konfrontation mit der Angst vor.

Sicher können wir unangenehmen Gedanken und Gefühlen immer wieder aus dem Weg gehen. Wir haben ja alle Möglichkeiten dazu. Aber unsere Gefühle und Gedanken zählen beide zu dem, was sich unmittelbar auf unseren Körper auswirkt. Es wird uns also wieder einholen – häufig in Form einer Erkrankung.

Angst wird, wenn wir uns nicht damit auseinandersetzen, häufig immer schlimmer. Es kann einem regelrecht weh tun, wenn man zuschaut, wie sich manche Menschen immer mehr in ihre Ängste verstricken. Um diese zu vermeiden, tun sie alles Mögliche: Sie lenken sich ab, betäuben sich, ergreifen Schutzmaßnahmen, die immer weiter gesteigert werden müssen, da sie nie ausreichend sind, bis hin zum völligen Rückzug in die eigenen vier Wände. Irgendwann benötigen sie dann keine Horrorgeschichten mehr. Diese erleben sie schließlich selbst.

Wäre es also nicht besser, sich mit den eigenen Gefühlen, Ängsten und Themen zu einem frühen Zeitpunkt aktiv auseinanderzusetzen und sich diesen zu stellen?

Viele Menschen bleiben in der Ablenkungs- bzw. Betäubungsspirale gefangen und entwickeln körperliche Symptome durch das Unterdrücken ihrer Gefühle. So weit muss es jedoch nicht kommen. Was Sie bisher gelesen haben, verdeutlicht es sicher: Ich bin der Überzeugung, dass wir im Leben keine Aufgabe erhalten, die wir nicht lösen können. Selbst wenn wir vielleicht beim ersten Mal vermeintlich scheitern, ist dies ein Lernprozess, der uns wertvolle Erfahrung bringt und mehr Wissen.

Wir entscheiden selbst, wie wir handeln, und unsere Handlungen führen zum entsprechenden Ergebnis. Zum Beispiel haben wir es selbst in der Hand, ob wir uns mit frischer, vollwertiger Nahrung, Bewegung an der frischen Luft und regelmäßigen Pausen dafür entscheiden, unserer Psyche und unserem Körper etwas Gutes zu tun.
Letztlich ist es heute für jeden so einfach wie noch nie in der Geschichte der Menschheit, sich Wissen anzueignen, das ihm hilft, die Zusammenhänge und Gründe für sein eigenes bisheriges Handeln zu begreifen. Dabei lernen wir auch automatisch, das Verhalten anderer Menschen nicht mehr zu verurteilen, sondern auch dort hinter die „Verhaltensfassade" zu blicken, die uns vielleicht stört. Sein eigenes und das Verhalten anderer Menschen besser zu verstehen, ist wiederum die Ausgangsposition, von der aus wir ins Handeln starten dürfen, wenn wir denn etwas an uns oder unserer Umgebung ändern wollen.
Jeder von uns kann sich selbst zu jedem Zeitpunkt in seinem Leben ändern, ganz wie es ihm beliebt. Dieser Veränderung folgt die Veränderung des eigenen Umfeldes. Und diese verschafft uns wiederum mehr Raum für die Weiterentwicklung unserer Persönlichkeit.
Letzteres ist für jeden einsichtig, wenn es um einen Drogenabhängigen geht, der nach einem erfolgreichen Entzug

nicht mehr im Kontakt mit seiner Drogenclique stehen sollte. Wenn es sich hingegen um ein Familiengefüge mit Kindern, sozialen und finanziellen Verpflichtungen handelt, fällt uns diese Einsicht schon schwerer. Das Leiden, welches in einem toxischen familiären Umfeld entstehen kann, wird dabei jedoch massiv unterschätzt. Ebenso die seelischen und körperlichen Folgen für alle Beteiligten.

Vor allem die Handlungskonsequenz, die der Bewusstmachung eines Missstandes folgen sollte, wird leider meistens negiert – teilweise aus Angst vor den vielleicht auch negativen Nebenerscheinungen, die daraus erfolgen.
Dabei stärkt uns gerade die Erfahrung, die wir damit machen: Nämlich, dass wir eine Handlung als Konsequenz auf erkannte Missstände in unserem Leben vollziehen. Denn die Folge ist, in den allermeisten Fällen, eine Erleichterung, da wir uns von etwas befreit haben, das uns gehemmt hat. Sicher gehen teilweise auch nicht so bequeme Veränderungen mit unseren gewünschten positiven Wandlungen einher. Das ist es erfahrungsgemäß jedoch immer wert, wenn wir unser Leben selbst in die Hand nehmen.

Solange wir selbst das Steuerrad unseres Lebens im Griff haben, können wir bei Bedarf jederzeit auch wieder gegensteuern. Nur, wenn wir dieses abgeben, sind wir anderen Menschen und den Umständen ausgeliefert.

Haben wir nun die gewünschte Veränderung vollzogen oder auch nur den ersten Schritt für die Veränderung getan, ist es wichtig, auch weiterhin konsequent zu handeln.
Dies wird besonders deutlich an der Reduzierung unseres materiellen Überflusses. Wenn wir die Gegenstände, die wir besitzen, auf ein geringes Maß reduziert haben, gilt es, nicht wieder in alte Muster des überflüssigen und kompensatorischen Konsums zurückzufallen. So ist auch eine nicht ausgeführte Handlung eine Art von Handlungskonsequenz.

Das folgende Kapitel kann Ihnen diesbezüglich den Rücken stärken, vor allem, wenn Sie sich dazu passende Ereignisse aus Ihrer eigenen Erfahrung bewusst machen.

Eigentum verpflichtet

Weniger Besitz befreit. An einigen Menschen (mich selbst miteinbezogen) habe ich es schon erlebt, dass Besitz dazu geführt hat, dass sie damit überfordert waren.
Erbt man zum Beispiel, im schlechtesten Fall noch in einer Erbengemeinschaft, ein Mehrfamilienhaus, so ist man unter Umständen zunächst überfordert mit den vielen Dingen, Regularien und Steuerverpflichtungen, die zu beachten sind. So gilt es stets abzuwägen, ob man sich des neuen Gutes selbst annimmt oder es Fachleuten überlässt, was beides teilweise recht teuer werden kann. Wohnt man selbst gar nicht in dem Gebäude, kann man höchstens von den Mieteinnahmen profitieren, die jedoch, entgegen der landläufigen Meinung, nicht immer die Instandhaltungs- und Sanierungskosten decken. Kennt man sich also nicht zufällig gut aus, kann einen ein solcher Besitz nicht nur überfordern, sondern sogar mehr kosten als er einbringt. Bei einer Erbengemeinschaft gibt es häufig zudem Streitigkeiten bezüglich des Vorgehens: Die einen wollen verkaufen, die anderen sanieren, wieder andere wollen selbst Hand anlegen oder selbst darin wohnen. Darum ist es gut zu überlegen, ob es wirklich wert ist, den Gegenstand – sei es ein Grundstück, ein Gewerbegebäude oder ein Wohneigentum – zu behalten, an diesem Besitz festzuhalten.

Auch die zahlreichen Konsumgüter, die wir anschaffen, weil wir glauben, diese zu brauchen, und von denen wir im Laufe der

Zeit immer mehr anhäufen, sind ein Beispiel für eine solche Belastung. Dabei ist uns häufig nicht bewusst, für wie viel Unnützes wir unser Geld ausgeben. Schließlich verlieren wir komplett den Überblick über die vielen Dinge, die wir eigentlich besitzen ...und fühlen uns in keiner Weise durch diese bereichert.

Mir ist diesbezüglich etwas passiert, das komplett unnötig war: Ich hatte die zwei Stühle, welche ich für den Balkon meiner ersten eigenen Mietwohnung gekauft hatte, vor einigen Jahren im Garten meines Lebensgefährten gelagert. Zu Anfang hatten wir diese zumindest noch, wenn Gäste da waren, benutzt. Die letzten beiden Jahre jedoch nicht mehr. Als ich die Stühle neulich sichtete, da ich sie gerne verschenken wollte, musste ich feststellen, dass sie komplett verschlissen waren. Es waren Plastikstühle, die sicher noch gut genug gewesen wären, wenn wir diese im Keller oder zumindest überdacht gelagert hätten. Bedingt durch die Witterungsverhältnisse waren sie jedoch nun nicht mehr dunkelblau, sondern komplett zerkratzt und eher grau. Es tut mir leid, dass ich mich in diesem Fall nicht um meinen Besitz gekümmert hatte oder, was definitiv am sinnvollsten gewesen wäre, sie nicht bereits vor Jahren verschenkt habe.

Wenn wir uns von Gegenständen und Gebrauchsgütern trennen, die wir nicht nutzen, an denen wir keine Freude haben, müssen wir uns automatisch um weniger kümmern. Wir müssen so weniger instand halten und weniger umräumen.

Meine Devise ist inzwischen: „Mach dich frei von allem, was dir keine Freude (mehr) bereitet."

Dadurch, dass eine Lücke entsteht, erhalten wir auch mental einen Freiraum, in dem wir zu uns selbst kommen können. Das, womit wir uns im Außen umgeben, lenkt uns eher vom Wesentlichen ab, und das Wesentliche sind letztendlich immer wir selbst und unsere wahren Bedürfnisse. Achten wir darauf und sorgen dafür, dass diese erfüllt werden, ist dies durchaus von großem Wert – nicht nur für uns, sondern für unser gesamtes Umfeld. Wenn wir weniger Ablenkung im Außen haben, sozusagen in uns ruhen, kommen wir auch leichter mit anderen Menschen in Kontakt. Wir sind ausgeglichener, sodass wir andere Menschen nicht vor lauter eigenem Frust übergehen, unseren Lieben nicht unwirsch begegnen und nicht aus Frust unserem Körper schaden, weil wir im Außen Ersatzbefriedigung suchen. Viele Neuanschaffungen und Käufe allgemein werden überflüssig, wenn wir rundum zufrieden sind. Wahrer Reichtum hat nichts mit Besitz zu tun, wir finden ihn stets nur in uns selbst und in echter Verbindung mit anderen Menschen.

Eine andere Form der Verpflichtung ergibt sich aus den Verträgen, die wir eingehen. Im Vertrag mit dem Fitnessstudio binden wir uns an dieses mit seinem Angebot, mit dem Mobilfunkvertrag an den Mobilfunkanbieter, mit dem Leasingangebot an unser Fahrzeug, mit dem Kredit an die monatliche Rate, die wir stets begleichen müssen, mit dem Theater-Abo an ein bestimmtes Theaterhaus für die ganze Saison. Dies alles ungeachtet dessen, dass sich unsere

Vorlieben jederzeit ändern können. Darum gilt es, sehr genau zu überlegen, welche Verträge wir eingehen, und ob wir diese wirklich benötigen. So ist es durchaus nützlich, jegliche Verträge, die wir abschließen, vorab genau zu prüfen und auch während der Laufzeit zu kontrollieren, ob es nicht doch sinnvoller ist, darauf zu verzichten.

Vorteile von weniger Besitz

- **Je weniger wir besitzen, desto weniger müssen wir pflegen und instand halten.**
- **Je weniger Geld wir an Besitz binden, desto mehr steht uns zur freien Verfügung.**
- **Je weniger wir besitzen, desto bewusster sind wir uns der Dinge, die wir unser Eigen nennen.**
- **Je weniger wir besitzen, desto größer ist die Chance, dass wir die verbliebenen Gegenstände auch wirklich (ge)brauchen.**
- **Je weniger wir besitzen, desto weniger Ressourcen verbrauchen wir.**
- **Je weniger wir besitzen, desto mehr wird unser Blick fürs Wesentliche geschärft.**

Selbstfürsorge

... warum es so wichtig ist zu tun, was uns guttut

Jeder, der schon einmal eine Flug- oder Schiffsreise unternommen hat, kennt es – die Anweisungen, was im Ernstfall zu tun ist, dürfen zu Beginn einer solchen Reise nicht fehlen. Hier wird stets darauf hingewiesen, zunächst sich selbst mit einer Atemmaske oder Schwimmweste zu versorgen, bevor man anderen Menschen hilft. Dies hat den einfachen Hintergrund, dass man auch niemand anderem mehr helfen kann, wenn man selbst am Ersticken bzw. Ertrinken ist.

Aus meinem ersten Lieblingsberuf als Physiotherapeutin und von meinen Kontakten im Bereich der Pflegeberufe weiß ich anhand von zahlreichen Erfahrungen, dass es niemandem nutzt, wenn ein Physiotherapeut, Masseur oder eine Krankenschwester den eigenen Körper selbstaufopfernd abnutzt. Arthrose oder Schäden an der Wirbelsäule sind häufige Resultate eines Arbeitsstils, der nicht achtsam sich selbst gegenüber, sondern ausschließlich auf die Patienten oder Pflegebedürftigen fokussiert erfolgt. Eigentlich wird in den jeweiligen Berufsausbildungen zu diesen Berufen auch gelehrt, wie wichtig es ist, zuerst nach sich selbst zu schauen. Auch viele ältere Kollegen weisen ihre jüngeren erfahrungsgemäß meist darauf hin, immer zuerst auf sich zu achten. Dennoch ist, gerade in so anspruchsvollen Berufen, die

Gefahr der Überforderung – und das nicht ausschließlich körperlicher Art – groß.
Dies leuchtet jedem ein. Im privaten Alltag jedoch ist in unserer Kultur häufig noch immer die Selbstaufopferung zugunsten anderer hoch angesehen, wobei Menschen, die vor allem nach sich selbst schauen, leicht als Egoisten abgestempelt und verurteilt werden. Dabei geht es nicht darum, dass Menschen egoistisch ihre Ellenbogen ausfahren, um ihre Interessen durchzusetzen und um andere zu übervorteilen. Sondern um das Quäntchen Durchsetzungskraft und Selbstbestimmung, das es braucht, um dafür zu sorgen, dass es einem selbst gut geht.

Wir können stets nur ein Leben leben: das Leben der anderen oder unser eigenes

Zusammengefasst schaffen wir die Grundlage für mehr Lebenszufriedenheit folgendermaßen: Indem wir uns auf das konzentrieren, was für uns persönlich wesentlich ist, und uns dabei auch die Veränderungen bewusst machen, die sich im Laufe der Zeit ergeben. Wenn wir bewusst achtsam wahrnehmen, was im Moment richtig und wichtig für uns ist, achten wir unwillkürlich auf uns. Unabhängig von unserer Umgebung ruhen wir dann in unserer Mitte.

Auch ich bin nicht ständig in meiner Mitte. Im Laufe der Zeit bin ich es jedoch immer mehr und ich finde immer schneller wieder in diese zurück. Dies macht mich stark, macht mich weniger verletzlich, weniger angreifbar – und ich lerne schneller, die Dinge, die so sind, wie sie sind, zu akzeptieren.

Sie tangieren mich nicht mehr in meiner Mitte, in meinem Innersten. So habe ich inzwischen stets ausreichend Kapazitäten frei, um mein Bewusstsein auch auf meine Umgebung zu richten. Ich sehe, wo jemand Hilfe benötigt, und bin auch rücksichtsvoller, da ich andere sehe, anstatt diese zu *über*sehen.

Es ist schon erstaunlich, wie rücksichtsvoll bis aufopferungsvoll sich viele Menschen bewegen. Häufig sind sie der Überzeugung, dass sie mit ihrer kollegialen und angepassten Art die Anerkennung der Menschen in ihrer Umgebung verdient hätten – und wundern sich, wenn diese ausbleibt. Dabei helfen wir häufig Menschen gar nicht wirklich, wenn wir diesen vermeintlich etwas abnehmen oder ihr Fehlverhalten decken.
Wenn wir zum Beispiel unseren Kindern alles Mögliche abnehmen, ihnen sämtliche Hindernisse aus dem Weg räumen und bei jeder Gelegenheit den Weg ebnen, werden diese kaum die Handlungskompetenz aufbauen und das Selbstvertrauen dafür entwickeln, dass sie etwas selbstständig schaffen können. Mit solch einem Verhalten verhindern wir, dass unsere Kinder sich als selbstwirksam Handelnde erfahren, und berauben sie der Möglichkeit, eigenständig Lösungen zu finden, zu ihren Handlungen zu stehen und aus Fehlern zu lernen.
Wenn wir einem Kollegen unter die Arme greifen, indem wir, immer wieder, einen Teil seiner Arbeit miterledigen, weil er diese aus welchen Gründen auch immer nicht bewältigen kann, lösen wir nicht das Grundproblem, sondern kaschieren nur die Auswirkungen. Dank dürfen wir hier zudem nicht

erwarten, da ein Mensch, der überfordert ist, oft keine Kapazitäten für die Dankbarkeit gegenüber anderen Menschen übrig hat. Zumindest können wir hier nicht von einer Gegenleistung ausgehen.

> **Helfen Sie, wenn es Ihnen Freude bereitet, zu helfen. Schreiten Sie zur Tat, wenn es Ihnen Spaß macht. Aber tun Sie dies nur, wenn es auch wirklich sinnvoll ist.**

Das kann der Fall sein, wenn es darum geht, akuten Schaden abzuwenden. Außerdem ist es das Beste, wenn Sie damit gleich das Problem bei der Wurzel packen und somit Hilfe zur Selbsthilfe leisten. Anstelle von oberflächlichem „Brände löschen", das nur die Auswirkungen behandelt. Und erwarten Sie keinen Dank. Denn Sie tun es für sich und für Ihr eigenes gutes Gefühl, das Richtige getan zu haben.

> **Hier ein für unsere Gesellschaft so unkonventioneller wie praktikabler Vorschlag:**
>> **Denken Sie immer erst an sich selbst. Sorgen Sie dafür, dass es Ihnen gut geht, Sie sich wohlfühlen und in Ihrer Kraft sind. Sie werden staunen, welche Kapazitäten sich Ihnen dann eröffnen, um anderen Menschen mit Freude zu helfen.**

Sechs Schritte,
um ins Handeln zu kommen

... oder der Tanz durchs Leben

Wenn Sie Ihr Leben in Ihrem Sinne positiv beeinflussen wollen, ist es prinzipiell am wichtigsten, schnell ins Handeln zu kommen. Das entspricht meiner Erfahrung, da ich schon einige Menschen dabei unterstützt habe den ersten Schritt, der ja bekanntlich immer der schwerste ist, in ein qualitativ besseres Leben zu wagen. Die Verbindlichkeit eines Coaching-Termins sorgt dabei dafür, dass das, was man sich vorgenommen hat, auch eingehalten wird. Mit Konsequenz, Disziplin und Ausdauer kann es Ihnen jedoch auch ohne professionelle Hilfe gelingen, die von Ihnen gewünschten Veränderungen zu bewirken. Auch sollen diese Kompetenzen Sie weiterführend begleiten in Ihrem neu ausgerichteten Leben.
Die hier aufgeführten sechs Handlungsschritte werden Ihnen dabei in Form einer Anleitung helfen, die Sie stets wieder zur Hand nehmen können, um sich daran zu erinnern, was für Sie wesentlich ist, um die von Ihnen gewünschte Veränderung zu bewirken. Die sechs Schritte können Sie zunächst in der genannten Reihenfolge anwenden und die jeweiligen Auswirkungen im wahrsten Sinne des Wortes „wirken" lassen. Dabei stehen diese Schritte in einer positiven Wechselwirkung zueinander, indem sie sich gegenseitig verstärken und unterstützen. So werden Sie eine Zeitlang den einen Punkt präferiert angehen und in einer anderen Zeitspanne einen

anderen. Auch Ihr individueller Charakter wird es erforderlich machen, dass Sie sich in einem der Punkte mehr üben und in einem anderen weniger. Es funktioniert also *nicht* nach dem Prinzip erstens, zweitens, drittens ... anschließend erfolgt der Abschluss und alles ist perfekt.

Diese sechs Bereiche sollen Sie von nun an als Gesamtheit in Ihrem Leben begleiten. Was Sie auch aus meinen Anmerkungen, die ich zu jedem Punkt noch einmal zur Verdeutlichung hinzugefügt habe, herauslesen können.

Die sechs Schritte können Sie sich daher eher als Tanzschritte vorstellen. Bewegen Sie sich mit diesen Schritten vor, zurück, seitwärts, schräg, wippend, steppend, ergibt dies die Choreografie Ihres neuen Lebens.

Auch wenn Sie mit jedem einzelnen Punkt, den Sie angehen, bereits Ihr Leben zum Positiven verändern werden, ist es doch die Gesamtheit, die das bewirkt, was wir alle uns tief in unserem Herzen wünschen: Wir selbst zu sein und uns so angenommen zu fühlen, wie wir sind, was schließlich zu tiefer Zufriedenheit führt. Dies nicht immer, aber immer wieder.
Die eigentliche Handlung fängt zunächst jedoch immer damit an, dass Sie eine Basis schaffen. Das erreichen wir, indem wir vermeintlich erst einmal nichts tun. Denn die Kreativität, mit der Sie Ihr weiteres Leben gestalten wollen, braucht Raum.

**Wenn wir scheinbar nichts tun,
geschieht viel mehr als wir denken.**

Also ist es hilfreich, wenn Sie einmal so mutig sind, etwas zu tun, das den meisten von uns von Kindheit an abtrainiert wurde und das wir uns als Erwachsene höchstens noch im Schlaf erlauben: Träumen und scheinbar gar nichts tun. Damit kommen Sie zunächst zu sich selbst. Sie finden damit Ihre innere Ruhe.

1. Schritt: Achtsamkeit

Nehmen Sie sich Zeit, fahren Sie runter. Spüren Sie in sich hinein.

So schwierig es Ihnen erscheinen mag, zunächst einmal „nichts" zu tun. Diese Ruhe ist unabdingbar dafür, dass Sie wieder lernen, auf Ihre eigenen Gefühle zu hören und sich selbst zu spüren. Wenn Sie sich erst einmal ausreichend Zeit eingeräumt haben, um sich selbst zuzuhören, werden Sie erstaunt sein, welche Impulse und Ideen Sie erhalten. Möglichst einmal am Tag und mindestens 15 Minuten bis eine Stunde lang dürfen Sie sich diese Aus-Zeit für sich einrichten. Bewährt hat sich die Routine, sich täglich eine kürzere Zeitspanne einzuräumen und immer dann, wenn Sie es einrichten können, einen längeren Zeitraum von mehreren Stunden, einem oder mehreren Tagen.
Erfahrungsgemäß ist es vor allem zu Anfang einfacher, wenn Sie sich mehr Zeit auf einmal nehmen, um in die Ruhe und Entspannung zu kommen, und dies anschließend als tägliche Routine im Alltag integrieren.

2. Schritt: Bewusstmachung

Seien Sie bewusst ehrlich zu sich.

… Und fragen Sie sich: „Was schadet, was ist zu viel, was brauche ich nicht?", „Was will ich wirklich?", „Was muss ich dafür ändern?", „Wie will ich vorgehen?", „Was lässt mich noch am Gewohnten festhalten – und: Ist es das wert?".

Je weniger Sie sich dabei „schön denken" und je weniger Entschuldigungen Sie für andere und sich selbst finden, desto besser. Denn nur, wenn Sie konsequent auch nicht so schönen Tatsachen ins Auge blicken, werden Sie merken, was Sie hemmt, stört und schwächt.

Wenn Sie sich bewusst machen, was wirklich gut und richtig für Sie ist, ist das wiederum eine gute Ausgangsbasis, um eine nachhaltige Veränderung zu bewirken, da Sie dann wissen, wofür Sie tun, was Sie tun, wofür Sie Ihr Leben verändern.

3. Schritt: Akzeptanz

Akzeptieren Sie den Ist-Zustand.

Aus meiner Yoga-Praxis habe ich folgende für unser Leben wichtige Sätze verinnerlicht, die jedem von uns in jeder Situation die notwendige Gelassenheit bringen, wenn wir diese denn wirklich annehmen: „So wie es jetzt ist, ist es richtig" und „Ich bin gut so, wie ich bin".

In einer leistungsorientierten Gesellschaft wie der unseren waren und sind diese Glaubenssätze schon eine Befreiung an sich.

Auch ist es wichtig, den derzeitigen Zustand zu akzeptieren, da Sie immer nur da anfangen können, wo Sie gerade sind. Der Zustand, in dem Sie sich im Moment befinden, ist stets Ihr Ausgangspunkt. Wenn Sie eine Reise beginnen, starten Sie schließlich auch nicht am Ziel Ihrer Reise, sondern zu Hause, da wo Sie gerade sind.

Also bedeutet diese Akzeptanz keineswegs aufzugeben, zu resignieren. Vielmehr setzt diese Ressourcen frei, die Sie vorher in die Abwehr dessen, was gerade ist, gesetzt hatten. So können Sie nun mehr Ressourcen für die Umsetzung dessen, was Sie ändern möchten, nutzen.

Mich ergreift manchmal noch immer eine Unruhe, die ich früher ablehnte, inzwischen jedoch als Energiequelle für meine Tatkraft zu nutzen weiß. So lasse ich diese unabhängig von Tages- oder Nachtzeit unmittelbar in meine Arbeit fließen, indem ich dem jeweiligen Impuls folge, sei es ins Schreiben, sei es in ein Bild oder in eine wie auch immer geartete neue Idee, um andere Menschen zu unterstützen.

4. Schritt: Hilfe annehmen

Nutzen Sie Beziehungen zu anderen Menschen.

Nehmen Sie Hilfe in Anspruch. Nutzen Sie stärkende Beziehungen.

Wenn sich eine Gelegenheit bietet, die Sie in Ihrer Handlung unterstützt, ergreifen Sie diese beherzt.
Denken Sie dabei auch daran, professionelle Hilfe in Anspruch zu nehmen. Gerade, wenn Sie in Ihrem näheren Umfeld nicht die gewünschte Unterstützung erhalten, kann der Blick von außen und ein professionelles Vorgehen einen echten Schub für die von Ihnen gewünschten Veränderungen bedeuten.

Ich selbst wäre sicher nicht da, wo ich heute stehe, wenn ich nicht immer wieder Menschen getroffen hätte, die mich in meiner jeweiligen Entwicklungsphase unterstützt haben.

5. Schritt: Das individuelle Tempo

Gehen Sie Ihr eigenes individuelles Tempo.

Die Vorstellungen in unseren Köpfen entspringen häufig den Konventionen in unserer Gesellschaft. Sich einen Zeitrahmen für die eigene Entwicklung zu setzen, ist jedoch ausgeschlossen. Dies nicht nur, da diese stetig voranschreitet, solange wir leben, sondern auch, weil immer einmal wieder ein Rückschritt vorkommen wird. Dies gilt es dann zu akzeptieren und dennoch weiterzumachen, um wieder zurück zum bereits Erreichten zu kommen. Sie sind als Kind schließlich sicher auch nicht vom ersten Schritt an perfekt gegangen, sondern einige Male hingefallen … und dennoch immer wieder aufgestanden und weitergegangen.
Jeder Mensch, also auch jedes Kind, ist einzigartig. Das auch in seiner Entwicklung. Eltern sorgen sich teilweise, wenn ihr Kind

zum Beispiel nicht so früh laufen lernt wie die meisten seiner Altersgenossen. Dies sagt jedoch nichts darüber aus, ob das Kind, welches erst spät lernt zu gehen, nicht sogar ein erfolgreicher Läufer wird, wenn es erwachsen ist. Auch entwickeln wir uns in verschiedenen Bereichen unterschiedlich schnell. So kann zum Beispiel ein Kind sehr schlecht die Anforderungen der Grundschule in Mathematik erfüllen. Ein paar Jahre später könnte es dabei aber in Mathematik schon zu den Besten seiner Stufe gehören.

6. Schritt: Selbstwirksam handeln

Folgen Sie Ihrer Eingebung, Ihrem Gefühl ... und tun Sie, was Sie tun müssen, jetzt! – Für mehr Lebenszufriedenheit.

Ins Handeln zu kommen, ist in dem Prozess der Entwicklung zu einem besseren Leben in zweierlei Hinsicht essenziell. Erstens ist nur durch die Handlung Veränderung überhaupt erst möglich. Zum „Handeln" kann dabei auch gehören, weniger zu tun oder einfach für eine Zeit innezuhalten. Zweitens bestärkt diese Handlung uns auf unserem Weg immer wieder, weil wir uns durch das eigene Handeln – oder auch das bewusste Unterlassen einer Handlung – als selbstwirksam erleben. Hierfür gibt es meiner Meinung nach keinen standardisierten Weg. Sondern nur einen: den für Sie individuell richtigen Weg. Diesen gilt es, herauszufinden und konsequent zu gehen, ihn also in Ihrem Sinne zu gestalten.
Ich bin der Überzeugung, dass Sie selbst am allerbesten spüren und wissen, was gut für Sie ist. Sie selbst kennen Ihr Potenzial

und nur Sie werden merken, wie es Sie stärkt, wenn Sie dieses ausschöpfen.

Was Sie durch die Umsetzung dieser sechs Handlungsschritte gewinnen:

- mehr Kreativität,
- mehr Flexibilität,
- mehr Entspannung,
- höhere Qualität Ihrer Beziehungen,
- mehr Freude,
- mehr Gelassenheit,
- mehr Zeit,
- mehr Bewusstsein,
- mehr Kraft,
- mehr Lebensqualität.

Sie werden der Meister Ihres Lebens!

Geschafft!

… und nun?

Sie haben es geschafft, Ihr Zuhause bietet Ihnen deutlich mehr Raum als zuvor. Sie fühlen sich wohl und befreit. Sie haben mehr Energie, um die Dinge anzugehen, die Sie für sich als sinnvoll erachten. Sie investieren Ihre Zeit in die Dinge, Tätigkeiten und Menschen, die Sie lieben.

Jetzt gilt es, dass Sie sich weiterhin bewusst machen, was Sie geschafft haben, wie sich das anfühlt und dass Sie dies auch so beibehalten wollen. Dabei ist es nur menschlich, also ganz normal, dass wir im Laufe der Zeit und in bestimmten Phasen unseres Lebens immer auch einmal wieder in alte Muster zurückfallen.
Doch das heißt nicht, dass Sie dauerhaft in der Ausgangssituation gefangen sind, die Sie eigentlich verlassen wollten …

Darum zum Schluss einige Tipps, wie Sie das Steuer für Ihr Leben immer wieder selbst in die Hand nehmen und dieses auch im Griff behalten:

- Verfolgen Sie die sechs Schritte aus dem vorherigen Kapitel konsequent weiter. Trainieren Sie diese und werden Sie so immer besser darin, Ihr Leben in Fülle zu führen.
- Kaufen Sie nur, was mit Ihren Werten und wahren Wünschen übereinstimmt, und überlegen Sie sich vorher, ob Sie es sich auch leihen können.
- Pflegen Sie das, was Sie besitzen, möglichst gut und tun Sie das am besten selbst.
- Tun Sie alles, was Sie tun, mit Freude.
- Bleiben Sie bei sich … und falls Ihnen dies einmal nicht gelingt, kommen Sie stets wieder bei sich an.
- Genießen Sie Ihren erfüllenden Lebensweg und das gute Gefühl, das damit verbunden ist, bewusst bei allem, was Sie tun, um sich zu stärken.

… Vor allem aber seien Sie sich stets darüber bewusst, was wirklich wesentlich ist!